Für Andreas Auer (1948–2018)
Professor em. der Universitäten Genf und Zürich
Direktionsvorsitzender des ZDA
von 2009 bis 2012

VORWORT
S. 6

EINLEITUNG UND ÜBERSICHT
Daniel Kübler, Andreas Glaser,
Monika Waldis
S. 8

VOM AUFSTIEG ZUM NIEDER-
GANG DER DEMOKRATIE?
Daniel Kübler, Sarah Engler
S. 18

WIE GEHT DIREKTE
DEMOKRATIE?
WIE DAS ZDA DIE MONGOLEI
ZUR DIREKTEN
DEMOKRATIE BERÄT
Corsin Bisaz
S. 36

DEMOKRATIE IM
DIGITALEN ZEITALTER.
DAS BEISPIEL VON
INITIATIVE UND REFEREN-
DUM IN DER SCHWEIZ
Katja Gfeller, Nadja Braun
Binder, Uwe Serdült
S. 48

DIE UMSETZUNG
ERFOLGREICHER VOLKS-
INITIATIVEN – WEGE VOLLER
HINDERNISSE
Corina Fuhrer, Andreas Glaser,
Nagihan Musliu
S. 66

«JA» STIMMEN UND «NEIN»
WOLLEN: KOMPENSATO-
RISCHE STIMMENTSCHEIDE
BEI VOLKSINITIATIVEN
Jasmin Gisiger, Thomas Milic
S. 82

DIE GRÜNDUNGSGESCHICHTE
DES ZENTRUMS FÜR
DEMOKRATIE AARAU
Béatrice Ziegler
S. 97

DER POLITISCHE KONSUM
ALS NEUE FORM POLITISCHER
PARTIZIPATION.
EMPIRISCHE BEOBACHTUNGEN
FÜR DIE SCHWEIZ
Birte Gundelach, Deborah Kalte
S. 106

RECHTSPOPULISMUS
UND DIE KRISE DER SOZIAL-
DEMOKRATIE
Tarik Abou-Chadi
S. 126

INTERVIEW MIT
HEINRICH ZSCHOKKE
Daniel Kübler,
Thomas Pfisterer
S. 141

DAS THEMA SCHWEIZ-
EUROPA IM KOMPETENZ-
ORIENTIERTEN UNTERRICHT
VERMITTELN.
EINE VERGLEICHENDE
FALLANALYSE
Monika Waldis, Jan Scheller
S. 154

DIE ENTWICKLUNG DER
GESCHICHTSDIDAKTISCHEN
FORSCHUNG AM
ZENTRUM FÜR DEMOKRATIE
AARAU UND IHR BEITRAG
ZUR POLITISCHEN BILDUNG
Martin Nitsche
S. 170

POLITIKSIMULATIONEN
ZUR VERMITTLUNG VON
POLITISCHEN KOMPETENZEN
Patrik Zamora, Stefan Walter
S. 184

TESTEN SIE IHR WISSEN:
FRAGEN AUS DEM
EINBÜRGERUNGSTEST DES
KANTONS AARGAU
S. 201

SCHWEIZER GEMEINDE-
DEMOKRATIE ZWISCHEN
GEMEINSCHAFT UND WETT-
BEWERB
Philippe E. Rochat,
Oliver Dlabac
S. 206

AUTORINNEN UND AUTOREN
S. 225

VORWORT

E-Voting, Gemeindeversammlungen, die Umsetzung von Volksinitiativen, die Rolle der Medien in der direkten Demokratie oder die Vermittlung politischen Wissens an unseren Schulen – das Zentrum für Demokratie Aarau (ZDA) beschäftigt sich seit einer Dekade mit brandaktuellen Themen, die einen weitreichenden Einfluss auf unser politisches Leben haben. Zehn Jahre nach ihrer Gründung hat sich diese einzigartige und aussergewöhnliche Institution zu einer bedeutenden Akteurin in der Schweizer Hochschul- und Forschungslandschaft entwickelt.

Die Beiträge des ZDA zur Demokratieforschung und zur politischen Bildung finden sowohl national als auch international Beachtung und prägen den wissenschaftlichen Diskurs – auch dank der vierfachen Trägerschaft, bestehend aus Stadt Aarau, Kanton Aargau, Universität Zürich (UZH) und Fachhochschule Nordwestschweiz (FHNW). Zugleich sichert das ZDA den Transfer von Forschungsergebnissen in die universitäre Aus- und Weiterbildung sowie in die Öffentlichkeit.

Das ZDA ist im vergangenen Jahrzehnt zu einem festen Bestandteil der Bildungs- und Kulturstadt Aarau geworden. Die inhaltlichen Schwerpunkte referenzieren auf eine bedeutende Zeit der heutigen Aargauer Kantonshauptstadt, als verschiedene Impulse für den werdenden Bundesstaat von Aarau ausgingen. Die Lokalisierung des Zentrums im ehemaligen Privathaus von Heinrich Zschokke, einem glühenden Vertreter von Bildung, Partizipation und Demokratie, könnte passender nicht sein.

Im Nicht-Universitätskanton Aargau prägt das ZDA als universitäre Hochschulinstitution massgeblich die gesellschaftliche Innovationskraft des Kantons. Diese ist in hohem Masse von einem leistungsfähigen Hochschulnetz abhängig, in das sich das ZDA erfolgreich eingegliedert hat. Dadurch ergeben sich vielfältige Möglichkeiten, wie der Kanton, die Gemeinden sowie Vertreter aus Wirtschaft und Zivilgesellschaft miteinander in Dialog treten können.

Diese effiziente, hochschul- und fachübergreifende reelle Kooperationsplattform, auf welcher hochqualifizierte Fachpersonen Wissen schaffen, ist auch für die Pädagogische Hochschule der FHNW von grosser Bedeutung. Das generierte Wissen wird via Aus- und Weiterbildung von Lehrpersonen in die Schulpraxis transferiert und fliesst in national weit beachtete Materialien zur Politischen Bildung.

Die UZH ist über ihre Philosophische und Rechtswissenschaftliche Fakultät am ZDA beteiligt und profitiert ebenfalls in hohem Masse von den Kooperationen im Rahmen des Zentrums. Besonders hervorzuheben sind die einzigartigen Möglichkeiten zur interdisziplinären Demokratieforschung. Die Zusammenarbeit von Forschenden aus den Rechts-, Politik- und Erziehungswissenschaften, wie sie am ZDA stattfindet, hat schweizweit Modellcharakter und wird auch in Zukunft wertvolle Impulse setzen – sowohl in der Wissenschaft als auch in der Öffentlichkeit.

Das zehnjährige Bestehen des ZDA ist ein willkommener Anlass, die vielseitigen Tätigkeiten des Zentrums sowie seine fundierten Beiträge zur Erforschung, Analyse und Vermittlung der Demokratie im Rahmen einer Jubiläumspublikation sichtbar zu machen. Verfasst von Wissenschaftlerinnen und Wissenschaftlern des ZDA, fokussiert das Buch auf Herausforderungen für die Demokratie in der Schweiz und weltweit, die uns aktuell, aber auch in Zukunft mit Sicherheit beschäftigen werden.

Im Namen der vier Trägerinstitutionen danken wir allen, die in den vergangenen zehn Jahren die Entwicklung des ZDA ermöglicht und unterstützt haben, und wünschen viel Freude bei der Lektüre.

Dr. Hanspeter Hilfiker, Stadtpräsident Aarau
Alex Hürzeler, Regierungsrat Kanton Aargau
Prof. Dr. Michael Hengartner, Rektor Universität Zürich
Prof. Dr. Crispino Bergamaschi, Direktionspräsident Fachhochschule Nordwestschweiz

Einleitung und Übersicht

Daniel Kübler,
Andreas Glaser,
Monika Waldis

9   Demokratie als Staats- und Regierungsform ist zwar ein allgemein bekanntes und attraktives, aber auch ein ungemein komplexes Gebilde. Zur Umsetzung der Herrschaft des Volkes braucht es zunächst einmal eine Definition dessen, was das Volk überhaupt ist. Die Rechtsordnung muss also festlegen, wer zum Volk gehört und unter welchen Voraussetzungen Menschen zu Stimmbürgerinnen oder Stimmbürgern werden. Sodann braucht es Institutionen und Verfahren, mit denen die Bürgerinnen und Bürger ihre Anliegen ausdrücken und durchsetzen können. Dazu gehören in erster Linie Wahlen, aber auch Abstimmungen, Referenden, Volksinitiativen und vieles mehr. Diese wiederum stehen in Beziehung zu anderen Grundelementen der Rechtsstaatlichkeit, wie die Meinungsäusserungs-, die Versammlungs-, die Medien- und die Abstimmungsfreiheit, aber auch Gleichheit, Verhältnismässigkeit, Gesetzmässigkeit und Gewaltentrennung. Das institutionelle staatliche Geflecht, das die Demokratie ermöglicht, vermag sie aber nicht allein zu gewährleisten. Demokratie steht und fällt mit der Lebendigkeit der Zivilgesellschaft, also einer sozialen Beziehungsstruktur, die es den Einzelnen erlaubt, ihre politischen, sozialen, kulturellen, religiösen und wirtschaftlichen Bedürfnisse unabhängig vom Staat zu erfüllen und in diesem Sinne auf den Staat einzuwirken. Genährt wird dieses komplexe Beziehungsgeflecht durch bestimmte soziale Vorstellungen bezüglich seiner Nützlichkeit und Effizienz – durch eine politische Kultur –, die dem Ganzen zur notwendigen Legitimität verhelfen.

Diese Demokratie zu erfassen, zu verstehen und zu erforschen hat sich das Zentrum für Demokratie Aarau (ZDA) zur Aufgabe gemacht. Wir massen uns nicht an, die Demokratie zu verbessern, sie zu verbreiten oder sie zu verändern. Wir müssen uns darauf beschränken, sie darzustellen, zu durchleuchten, zu erklären und zu diskutieren. Demokratie ist kein einmal erreichter Zustand, dessen man sich für alle Zeiten sicher sein kann. Sie ist eine dauernde Herausforderung für die Bürgerinnen und Bürger, aber auch für die Regierenden. Demokratie muss kontinuierlich reflektiert und ihre Regeln müssen immer wieder neu ausgehandelt werden. Dafür die wissenschaftlichen Hintergrundinformationen und Entscheidungsgrundlagen zu liefern – darin sehen wir die Rolle des ZDA.

Das ZDA ist in vielerlei Hinsicht einzigartig. Zunächst einmal, weil hier Forschung über Demokratie stattfinden kann, in einer interdisziplinären Zusammenarbeit zwischen Rechtswissenschaft, Politikwissenschaft und politisch-historischer Bildung. Aber das ZDA ist auch deswegen einzigartig, weil es auf einen direktdemokratischen Entscheid der Stimmbürgerinnen und Stimmbürger der Stadt Aarau zurückgeht, die am 17. Juni 2007 den Beschluss zur Schaffung des ZDA angenommen haben. Es ist damit weltweit das einzige wissenschaftliche Demokratieforschungsinstitut, das nicht nur Demokratie untersucht, sondern auch auf einem demokratischen Entscheid begründet ist. Weiter einzigartig ist der Standort in der Villa Blumenhalde in Aarau. Mit der Eröffnung des ZDA im Januar 2009 ist das von Heinrich Zschokke errichtete Gebäude, nach bald 200 Jahren, wieder zu einem Begegnungsort für Demokratieforschung und Demokratieentwicklung geworden. In den vergangenen zehn Jahren haben wir hier Dutzende von Seminaren, Konferenzen und öffentlichen Veranstaltungen durchgeführt. Wir haben Gäste aus aller Welt empfangen, die sich für die Schweizer Demokratie und für unsere Arbeiten interessieren. Und wir haben natürlich geforscht: Daten analysiert, interpretiert, Resultate diskutiert, neue Erkenntnisse gewonnen, aufgeschrieben und zur Publikation vorbereitet. In den Mauern der Blumenhalde hatten wir unzählige «Heureka-Erlebnisse»: wenn sich nach langem Nachdenken über eine Frage oder nach intensivem Brüten über einem Datensatz die Erkenntnis einstellt, dass man gerade etwas Neues herausgefunden hat. Das sind Momente voller Glücksgefühle, die uns als Wissenschaftlerinnen und Wissenschaftler antreiben.

Wissenschaft bedeutet aber nicht Rückzug in den Elfenbeinturm, weltfremdes Forschen um des Forschens willen, Flucht vor Stellungnahmen und Verweigerung jeglicher Verantwortlichkeit. Das ZDA wird aus öffentlichen Geldern finanziert. Hauptsächlich von der Stadt Aarau und vom Kanton Aargau sowie von der Fachhochschule Nordwestschweiz und der Universität Zürich. Auch die Auftraggeber unserer Drittmittelprojekte sind grösstenteils öffentlich finanzierte Institutionen. Die Öffentlichkeit hat also ein Recht darauf zu erfahren, wie das ZDA diese Mittel verwendet und welchen Mehrwert die Arbeiten des ZDA für sie darstellt. Die seit der Gründung des ZDA jedes Jahr im Frühling durchgeführten Aarauer Demokratietage, mit ihren sowohl wissenschaftlichen wie kulturellen Anlässen, dienen genau diesem Zweck – ebenso die vielen anderen öffentlichen Veranstaltungen, welche wir durchführen, und die Kommunikationsanstrengungen und Auftritte in den Medien, an welchen die Mitarbeitenden des ZDA beteiligt sind. Mit dem vorliegenden Buch möchte das ZDA den Anlass seines zehnjährigen Jubiläums nutzen, seine Tätigkeiten einer breiteren Öffentlichkeit zu präsentieren.

Zehn Beiträge zur Forschung am ZDA

Von Wissenschaftlerinnen und Wissenschaftlern des ZDA in einer verständlichen Sprache verfasst, bieten die zehn in diesem Band versammelten Beiträge nicht nur einen Einblick in die Fragestellungen und in die Arbeitsweise der drei unterschiedlichen Disziplinen, sondern zeigen auch den Bezug zur Aktualität der erforschten Themen auf. Gemeinsam ist ihnen, dass sie sich jeweils aktuellen oder zukünftigen Herausforderungen widmen, welche die Demokratie in der Schweiz oder anderswo auf der Welt zu gewärtigen hat.

Den Auftakt machen Daniel Kübler und Sarah Engler, die sich in ihrem Beitrag den aktuellen Entwicklungen der Demokratie weltweit widmen. Sie zeigen auf, wie sich die Demokratie im Laufe des 20. Jahrhunderts in der Welt ausgebreitet hat, und erörtern die seit etwa 2008 feststellbare Stagnationsphase. Zwar wäre es verfrüht, von einer generellen Krise der Demokratie oder vom Zerfall demokratischer Ordnungen zu sprechen. Die Auswertungen des am ZDA mitentwickelten Demokratiebarometers zeigen jedoch für einige Länder Europas einen drastischen Rückgang der Demokratiequalität seit der Jahrtausendwende. Die sinkende Demokratiequalität in diesen Ländern hängt mit der Rezession nach der globalen Finanz- und Wirtschaftskrise zusammen (Griechenland, Spanien), mit verschärften Sicherheitsvorkehrungen nach terroristischen Anschlägen (Frankreich) oder wurde willentlich herbeigeführt von demokratisch gewählten politischen Akteuren (Italien, Ungarn, Polen).

Die folgenden drei Beiträge befassen sich mit aktuellen Herausforderungen der direkten Demokratie in der Schweiz. Katja Gfeller, Nadja Braun Binder und Uwe Serdült widmen sich der Rolle der digitalen Technologien bei Referenden und Volksinitiativen. Ihre Ausführungen zur elektronischen Stimmabgabe, zur Dematerialisierung von Abstimmungsinformationen und zur elektronischen Unterschriftensammlung legen nahe, dass der Weg in eine digitale direkte Demokratie in der Schweiz alles andere als klar und unbestritten ist. Die Erfahrungen mit Pilotprojekten zeigen, dass mit den digitalen Technologien oftmals überhöhte Hoffnungen verbunden waren und dass für eine vertrauenswürdige Umsetzung von papierlosem E-Voting bisher noch keine geeignete technische Lösung existiert.

Um die Umsetzung von Volksinitiativen nach einem Abstimmungserfolg geht es im Beitrag von Corina Fuhrer, Andreas Glaser und Nagihan Musliu. Aufgrund einer Analyse der Umsetzungsprozesse erfolgreicher Volksinitiativen in Bund und Kantonen zeigen sie, dass es sich dabei um einen steinigen Weg voller Hindernisse handelt. Generell scheinen die Bedingungen in den Kantonen besser zu sein als auf Bundesebene. Bei angenommenen Volksinitiativen in den Kantonen handelt es sich oftmals um Gesetzesinitiativen und somit um direkt anwendbare Rechtstexte. Auf Bundesebene hat das Parlament einen grösseren Gestaltungsspielraum – nicht zuletzt deshalb, weil die fehlende Verfassungsgerichtsbarkeit dem Parlament ermöglicht, Umsetzungsgesetze zu erlassen, die den durch eine Initiative neu eingeführten Verfassungsbestimmungen widersprechen.

Vom Willen der Stimmberechtigten bei Volksinitiativen handelt auch der Beitrag von Jasmin Gisiger und Thomas Milic. Ihre Untersuchung ist die erste politikwissenschaftliche Studie überhaupt, die das strategische Stimmen bei Volksinitiativen in der Schweiz analysiert. Konkret geht es um das sogenannte kompensatorische Abstimmen, das heisst wenn Stimmberechtigte einer Volksinitiative, die ihnen eigentlich zu radikal ist, zustimmen in der Annahme, dass die Initiative sowieso keine Mehrheit findet oder, falls sie doch angenommen werden sollte, in der Umsetzung verwässert und somit entradikalisiert wird. Die Auswertungen von Abstimmungsbefragungen zwischen 1993 und 2015 zeigen, dass im Schnitt rund sechs Prozent der Stimmberechtigten kompensatorisch abstimmen. Es ist also durchaus möglich, dass die eine oder andere knapp angenommene Volksinitiative in den letzten Jahren nur deshalb eine Mehrheit fand, weil ein erheblicher Anteil der Stimmberechtigten strategisch stimmte.

Die nächsten beiden Beiträge widmen sich aktuellen Entwicklungen des politischen Verhaltens in modernen Demokratien. Vor dem Hintergrund des seit einigen Jahrzehnten anhaltenden Rückgangs der politischen Beteiligung bei Wahlen und Abstimmungen gehen Birte Gundelach und Deborah Kalte der Frage nach, inwiefern auch Konsumentscheide als politisches Verhalten verstanden werden können. Eine eigens durchgeführte Bevölkerungsbefragung in der Schweiz zeigt das Ausmass und die Verbreitung des sogenannten politischen Konsums. Fast die Hälfte der Befragten gab an, aus politischen Gründen (v. a. Umwelt- und Tierschutz, Schutz von Menschen- und Arbeitsrechten) bestimmte Konsumgüter zu boykottieren beziehungsweise bewusst zu kaufen. Politischer Konsum scheint die traditionellen Formen politischer Beteiligung aber nicht zu verdrängen, sondern eher als zusätzliches Partizipationsinstrument zu ergänzen.

Tarik Abou-Chadi widmet sich in seinem Beitrag einer Entwicklung, die zurzeit in vielen etablierten Demokratien zu beobachten ist: ein Wahlerfolg von rechtspopulistischen Parteien bei gleichzeitigem Rückgang der Wähleranteile für sozialdemokratische Parteien. Aufgrund einer Analyse von Wählerwanderungen in mehreren europäischen Ländern im Zeitraum von 1996 bis 2016 kommt Abou-Chadi zum Schluss, dass die Krise der sozialdemokratischen Parteien keineswegs auf ihren schwindenden Rückhalt in der Arbeiterklasse zurückzuführen ist, die zunehmend zum Rechtspopulismus tendiert. Für den Wahlerfolg der Sozialdemokratie ist die gebildete Mittelschicht bedeutsamer: Sie wendet sich von sozialdemokratischen Parteien jedoch ab, wenn diese sich nicht für gesellschaftliche Offenheit und Gleichberechtigung einsetzen.

Es folgen weiter drei Beiträge, die sich mit aktuellen Herausforderungen im Bereich der politischen und historischen Bildung in der Schweiz befassen. Monika Waldis und Jan Scheller berichten aus einer Studie über den Schulunterricht, welcher zum Ziel hatte, den Schülerinnen und Schülern Wissen und Kompetenzen zu den Beziehungen zwischen der Schweiz und der Europäischen Union zu vermitteln. Sie zeigen, dass die Unterrichtsgestaltung durch die Lehrpersonen sehr stark auf die Vermittlung von Grundlagenwissen abzielt. Die Förderung von politischem Denken und Handeln würde jedoch bedingen, verschiedene Perspektiven auf das Thema sowie Einblicke in Gestaltungsmöglichkeiten stärker zu betonen. Hier sind Lehrpersonen und Schulen gefordert – aber auch das ZDA, welches die entsprechenden didaktischen Hilfsmittel dafür entwickeln könnte.

Wie es um die politische Bildung in der Schweiz bestellt ist, diskutiert Martin Nitsche in seinem Beitrag anhand von Untersuchungen über die Kenntnisse und Fähigkeiten von Schülerinnen und Schülern sowie angehenden Geschichtslehrpersonen. In der Tat findet die politische Bildung in der Schweiz aktuell vor allem im Rahmen des Geschichtsunterrichts statt. Die von Nitsche referierten Studienresultate zeigen aber, dass die Kenntnisse der Schülerinnen und Schüler im Bereich der politischen Bildung bescheiden sind und dass es auch den Lehrpersonen schwerfällt, die relevanten fachlichen Fähigkeiten zu entwickeln und einzusetzen.

Mit dem Einsatz und der Wirkung von geeigneten Lehrmitteln in der politischen Bildung befassen sich Patrik Zamora und Stefan Walter in ihrem Beitrag über Politiksimulationen zur Vermittlung politischer Kompetenzen. Anhand von zwei am ZDA entwickelten politischen Simulationsspielen («Politik.Macht.Gesetz» und «Schulen nach Bern») stellen sie diese alternative, praxisorientierte Lernmethode vor. Die bisherigen Erfahrungen sind durchwegs positiv: Abgesehen von nachweisbaren Lerneffekten empfinden die meisten Jugendlichen die Teilnahme an den vom ZDA angebotenen Simulationen als bereichernd und interessant.

Der letzte Beitrag befasst sich mit einer weiteren «Schule der Demokratie»: der Gemeinde. Philippe E. Rochat und Oliver Dlabac untersuchen in ihrem Beitrag den Zustand der Demokratie in Schweizer Gemeinden. Gemeindeversammlungen bleiben in kleinen, ländlichen Gemeinden gut besucht und sind sicherlich ein taugliches Instrument zur demokratischen Beschlussfassung. Bei der Wahlbeteiligung kann trotz eines stetigen Rückgangs in den letzten Jahrzehnten nicht von einer Krise gesprochen werden. Dennoch leidet die Gemeindedemokratie – vor allem in kleinen Gemeinden – an der abnehmenden Bereitschaft von Bürgerinnen und Bürgern, ein Milizamt zu übernehmen. Fusionen können diesbezüglich Abhilfe schaffen; sie bewirken jedoch oftmals einen Rückgang der politischen Beteiligung, wenn die gesellschaftliche Verankerung nicht vorübergehend durch die entsprechende Gestaltung von Wahlkreisen oder längerfristig durch Einbindung lokaler Kräfte in die etablierten Parteien sichergestellt wird.

Feldbericht, Hintergrund und Praxis

Weitere Einblicke in die Geschichte des ZDA und seine Tätigkeiten bieten vier gesonderte Beiträge. Der Feldbericht von Corsin Bisaz über die Beratungstätigkeit des ZDA in der Mongolei, die im Rahmen eines von der Schweizer Direktion für Entwicklung und Zusammenarbeit geförderten Austausches stattgefunden hat, vermittelt einen Eindruck von den Schwierigkeiten der Demokratieförderung in der Praxis. Der Beitrag von Béatrice Ziegler zeichnet die Gründungsgeschichte des ZDA nach und zeigt, wie die universitären Ambitionen der Stadt Aarau zur Einrichtung dieses Hochschulinstituts führten. Das exklusive – aber nicht minder fiktive – Interview mit Heinrich Zschokke alias Thomas Pfisterer führt aus, welche Rolle der Erbauer der «Blumenhalde» beim Aufbau des modernen Schweizer Bundesstaates gespielt hat und wie er Wissenschaft und Bildung stets als Instrument für die gesellschaftliche und demokratische Entwicklung verstanden hat. Zu guter Letzt wird der geneigten Leserin und dem geneigten Leser Gelegenheit geboten, ihr beziehungsweise sein staatsbürgerliches Wissen zur Schweiz zu testen: anhand ausgewählter Fragen aus dem Einbürgerungstest, welcher vom ZDA im Auftrag des Kantons Aargau ausgearbeitet wurde und heute in Einbürgerungsverfahren zum Einsatz kommt. Bilder von Veranstaltungen und Projekten erlauben ausserdem einen visuellen Eindruck von den Tätigkeiten des ZDA.

Dank

Dass dieses Buch publiziert werden konnte, ist zunächst einmal der Verdienst unserer Autorinnen und Autoren, denen unser grösster Dank gebührt. Die Finanzierung dieses Buchprojekts konnte dank namhafter Beiträge folgender Organisationen sichergestellt werden: Swisslos-Fonds des Kantons Aargau, Verein Freunde des ZDA, Hans und Lina Blattner Stiftung Aarau, Kulturstiftung der Neuen Aargauer Bank. Weitere Personen, die entscheidend zum Erscheinen der Publikation beigetragen haben waren Bruno Meier, Stephanie Mohler und Naima Schalcher vom Verlag Hier und Jetzt sowie Nathalie Baumann und Marion Banholzer vom ZDA, die sich konzeptuellen Vorarbeiten angenommen und sich um organisatorische Belange gekümmert haben. Herzlichen Dank!

Zum Schluss möchten wir auch den Vertretern unserer Trägerschaft herzlich danken: Hanspeter Hilfiker (Stadtpräsident Aarau), Alex Hürzeler (Regierungsrat des Kantons Aargau), Crispino Bergamaschi (Direktionspräsident der Fachhochschule Nordwestschweiz) sowie Michael O. Hengartner (Rektor der Universität Zürich). Nicht nur für das Verfassen des Vorworts zum vorliegenden Buch, sondern auch für die Unterstützung des ZDA in den letzten zehn Jahren und für das Wohlwollen und Vertrauen, das sie der Direktion des ZDA und seinen Mitarbeitenden immer entgegengebracht haben.

Das Zentrum für Demokratie Aarau (ZDA) forscht in der Villa Blumenhalde, die vom Politiker, Philosophen und Bildungspionier Heinrich Zschokke entworfen und von ihm und seiner kinderreichen Familie 1818 bezogen wurde. Das klassizistische Gebäude befindet sich seit 1956 im Besitz der Ortsbürgergemeinde Aarau. Foto: Zentrum für Demokratie Aarau.

Um den zunehmenden Platzbedarf des ZDA zu decken, wurde die Villa Blumenhalde in zwei Etappen erweitert. Die neuen Elemente orientieren sich an der Geometrie und der Ausstrahlung der historischen Anlage und sprechen zugleich ihre eigene, heutige Sprache. Foto: Roman Zwicky.

Vom Aufstieg zum Niedergang der Demokratie?

Daniel Kübler,
Sarah Engler[1]

19 Demokratie als politische Ordnung entstand erstmals im 5. Jahrhundert vor Christus in einigen Stadtstaaten des antiken Griechenlands. Der bekannteste davon war Athen, wo die «Volksherrschaft» über 300 Jahre lang Bestand hatte. Mit dem Ende der Antike geriet aber auch die Demokratie während langer Zeit in Vergessenheit. Selbstregierung als politisches Organisationsprinzip wurde erst in den italienischen Stadtrepubliken der Renaissance wieder aufgegriffen, beispielsweise in Florenz oder Venedig. Aber erst mit der Englischen (1688/89), der Amerikanischen (1763–1788) und schliesslich der Französischen Revolution (1789) wurden die Grundlagen für die moderne Demokratie gelegt. Verstanden als Herrschaft eines als souverän angesehenen Volkes aus gleichberechtigten Bürgern im Rahmen eines Nationalstaates, beruht die moderne, repräsentative Demokratie nicht nur auf dem demokratischen Prinzip einer durch die Bürgerinnen und Bürger in freien und fairen Wahlen bestimmten Regierung, sondern auch auf den liberalen Prinzipien der Gewährung von Menschen- und Bürgerrechten sowie der Gewaltenteilung.

Seither hat sich die Demokratie als Staatsform auf der ganzen Welt ausgebreitet – und heute, zu Beginn des 21. Jahrhunderts, scheint sie die einzige legitime Regierungsform zu sein. Demokratie ist zu einem universellen Wert geworden. Sicher ist die Demokratie nicht perfekt. Bereits die Denker der griechischen Antike kritisierten ihre Mängel wie etwa Instabilität, fehlerhafte Entscheidungen durch inkompetente Volksvertreter oder die Anfälligkeit für die Verführungen von Demagogen. Dennoch gibt es bis heute keine Staatsform, die besser geeignet ist, das Zusammenleben der Menschen friedlich zu regeln. Demokratie ermöglicht, Entscheidungen in einvernehmlichem Miteinander zu treffen. Sie garantiert individuelle Freiheit, Selbstbestimmung und Mitsprache. Demokratien führen weniger Kriege und die Bevölkerung demokratischer Länder ist in der Regel wohlhabender, als das bei Nicht-Demokratien der Fall ist. Dass viele Menschen immer wieder grosse persönliche Risiken im Kampf für Demokratie eingehen, zeigt, wie attraktiv diese Regierungsidee nach wie vor ist.

Nichtsdestotrotz stehen Demokratien heute weltweit unter Druck. Viele Bürgerinnen und Bürger sind unzufrieden mit ihren Regierungen und mit der Politik oder deren Ergebnissen. Das Misstrauen gegenüber den etablierten Parteien und Eliten hat zugenommen. In mehreren Ländern sind demokratische Errungenschaften rückgängig

gemacht worden. Und selbst in einigen der ältesten Demokratien der
Welt sind Personen an die Macht gekommen, welche die Grundprinzipien der liberalen Demokratie offen in Frage stellen.
Demokratische Veränderungen treten oft geografisch und zeitlich gehäuft auf. Das gilt sowohl für Demokratisierungsprozesse wie auch für ihr Gegenteil: den Zusammenbruch von Demokratien. Bedeutet dies, dass wir heute an der Schwelle von dramatischen Veränderungen stehen? Wie ist der Zustand der heutigen Demokratien zu beurteilen? Und welche Entwicklungen sind für die unmittelbare Zukunft zu erwarten? In diesem Kapitel werden wir versuchen, diese Fragen zu beantworten, unter anderem mithilfe eines vom Zentrum für Demokratie Aarau (ZDA) mitentwickelten Forschungsprojekts, welches die Demokratiequalität im Zeit- und Ländervergleich untersucht: dem Demokratiebarometer.

Entwicklung der Anzahl Demokratien weltweit

Gemäss der gängigen, minimalistischen Definition kann ein Land als Demokratie bezeichnet werden, wenn das allgemeine Stimm- und Wahlrecht gilt und regelmässig Wahlen mit offenem Wettbewerb zur Besetzung der wichtigsten Regierungsämter abgehalten werden. Gemessen an diesen beiden Kriterien stellt sich die weltweite Ausbreitung der Demokratie als wellenartiger Prozess dar (Huntington 1993), wie auch in Abbildung 1 ersichtlich wird. Die erste Welle begann mit der Amerikanischen und der Französischen Revolution, schwoll mit den europäischen Revolutionen von 1830 und 1848 weiter an und erreichte ihren Höhepunkt nach dem Ersten Weltkrieg. In der Zwischenkriegszeit brachen viele junge Demokratien wieder zusammen, als Folge von Militärcoups oder durch die Machtergreifung faschistischer Parteien. Die zweite Welle begann 1945, als die westlichen Siegermächte des Zweiten Weltkriegs die Demokratie in den Ländern ihrer Einflusssphäre einführten. Auch in Lateinamerika und in den im Zuge der Entkolonialisierung neu entstandenen Staaten Afrikas wurden in der Folge demokratische Verfassungen verabschiedet. Oftmals konnte sich die demokratische Ordnung dort aber nicht festigen, und auch in Europa kam es zu Staatsstreichen (z. B. Griechenland, Türkei), weshalb in den 1960er-Jahren ein erneuter Rückgang des Anteils der demokratischen Staaten zu verzeichnen war. Die dritte und bisher umfangreichste Demokratisierungswelle begann in den 1970er-Jahren mit dem Ende der Militärdiktaturen in Südeuropa (Portugal, Griechenland, Spanien) und erreichte nach dem Zusammenbruch der kommunistischen Regime in Mittel- und Osteuropa einen ersten Höhepunkt. Anfang der 2000er-Jahre überstieg die Anzahl Demokratien weltweit erstmals diejenige von Nicht-Demokratien. Sodann deutet sich ein weiterer Höhepunkt an mit den sogenannten Farbrevolutionen (z. B. Serbien, Georgien, Libanon, Kirgistan) und dem Arabischen Frühling, der in mehreren Ländern Nordafrikas und des Nahen Ostens zu Regimewechseln führte – aber nur in den wenigsten zu einer nachhaltigen Demokratisierung. Seit Mitte der 2000er-Jahre hat der Anteil demokratischer Staaten nicht weiter zugenommen. Gemäss dem Demokratieindex Polity IV hat sich seit 2006 die Anzahl Demokratien bei etwa 95 eingependelt, was rund 60 Prozent aller Staaten weltweit entspricht.

Befinden wir uns in einer demokratischen Rezession?

Worauf ist die seit rund zehn Jahren zu beobachtende «Stagnation» der Demokratie zurückzuführen und wie ist sie zu beurteilen? Einige Beobachter neigen zu einer optimistischen Interpretation (so z. B. Levitsky und Way 2015). Zwar bezeichnen auch sie die Auffassung eines definitiven Sieges der liberalen Demokratie – von Francis Fukuyama (1989) als «Ende der Geschichte» gefeiert – als Ausdruck einer übersteigerten Hoffnung, wie sie während der dritten Demokratisierungswelle weit verbreitet war. Aber sie weisen darauf hin, dass die Anzahl Demokratien weltweit auch in der Stagnationsphase weitgehend stabil geblieben ist. Rückfälle in die Autokratie seien Einzelereignisse und beträfen vor allem Staaten, die kurz zuvor demokratisiert worden waren; aufgrund der noch nicht gefestigten Strukturen war die demokratische Ordnung dort instabil und ohnehin gefährdet. Ausserdem sei es nicht verwunderlich, dass die Demokratisierung mit zunehmender Verbreitung der Demokratie irgendwann ins Stocken geraten musste. Während die Anzahl Demokratien heute weltweit so hoch ist wie noch nie zuvor in der Geschichte, finden sich unter den Nicht-Demokratien viele stabile Autokratien, die gegenüber Demokratisierungsbestrebungen besonders resistent sind: die sozialistischen Einparteienstaaten wie die Volksrepublik China, Nordkorea, Laos, Vietnam oder Kuba, die

VOM AUFSTIEG ZUM NIEDERGANG
DER DEMOKRATIE?

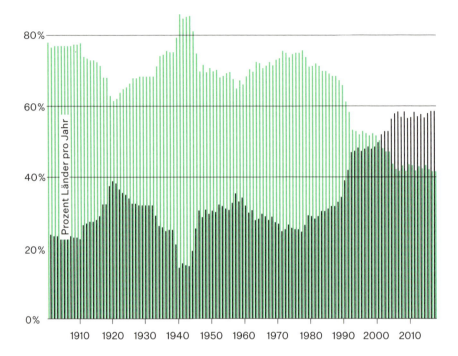

- Nicht-Demokratien
- Demokratien

Abb. 1
Entwicklung der Demokratie weltweit, 1900–2017 (Polity IV).
Quelle: Eigene Berechnungen mit Daten des Demokratieindexes Polity IV (www.systemicpeace.org). Als Demokratien kodiert wurden Länder mit einem Polity-Score von +6 und mehr im jeweiligen Jahr. Anokratien (Polity-Score zwischen −6 und +6) sowie Autokratien (Polity-Score kleiner als −6) wurden als Nicht-Demokratien kodiert.

arabischen Golfmonarchien sowie die post-kommunistischen Diktaturen Zentralasiens. Demokratische Transitionen sind in diesen Staaten in absehbarer Zeit nicht zu erwarten. Die Phase der Stagnation, so die optimistische Sichtweise, sei eher ein Zeichen für die Widerstandsfähigkeit der Demokratie – besonders wenn man bedenkt, dass sie zusammenfällt mit einer weltweiten wirtschaftlichen Rezession im Nachgang zur globalen Finanzkrise von 2008.

Andere sind jedoch pessimistischer und sehen in dieser Stagnation einen Hinweis für einen bevorstehenden oder bereits beginnenden Niedergang der Demokratie. Der amerikanische Demokratieforscher Larry Diamond (2015) ortet hinter dem gegenwärtigen Seitwärtstrend eine eigentliche «demokratische Rezession». Diese gründet seiner Meinung nach in drei Entwicklungen: Erstens ist in den stabilen Nicht-Demokratien eine Vertiefung des Autoritarismus zu beobachten, die auch anderswo zur Verbreitung autokratischer Werte und Regierungstechniken geführt hat. Als Beispiel nennt er die zunehmende Unterdrückung von Menschenrechten und bürgerlichen Freiheiten in der Volksrepublik China und das Liebäugeln einiger ihrer Wirtschaftspartner mit dem «chinesischen Modell» von wirtschaftlicher Entwicklung ohne Demokratie. Zweitens findet eine Erosion von demokratischen Prinzipien statt. Besonders betroffen sind die liberalen Prinzipien der Demokratie wie die Rechtsstaatlichkeit und die Gewährleistung politischer Rechte und bürgerlicher Freiheiten, die die Bürger vor der «Tyrannei der Mehrheit» schützen sollen. Machtmissbrauch, Korruption und Begünstigung haben weltweit zugenommen und zeugen von der mangelhaften Durchsetzung rechtsstaatlicher Regeln. Zur Verschleierung ihrer Untaten versuchen Herrschende oft, Kontrollmechanismen zu umgehen, Kritik zu unterdrücken und politische Gegner einzuschüchtern. Drittens, und dies ist besonders besorgniserregend, sind auch in den etablierten Demokratien des Westens die Institutionen unter Druck geraten. Parteipolitische Polarisierungen und Auseinandersetzungen beeinträchtigen die Stabilität demokratischer Regierungen und auch ihre Fähigkeit, wichtige öffentliche Probleme anzugehen und wirksam zu lösen. Das Selbstvertrauen leidet, das Vertrauen in die Demokratie als geeignete Regierungsform schwindet.

Die zunehmend «gelenkte» Demokratie in Russland, das immer autokratischere Auftreten des türkischen Präsidenten Recep Tayyip Erdogan, die demokratiefeindlichen Äusserungen von Regierungsvertretern in etablierten Demokratien wie den USA, Italien, Ungarn oder Polen – die Häufung einschlägiger politischer Ereignisse in letzter Zeit unterstreichen die intuitive Plausibilität der These einer demokratischen Rezession. Trotzdem wird diese Entwicklung in den gängigen Demokratieindizes bisher nicht sehr deutlich abgebildet. Auf der Grundlage des Polity IV-Indexes zeigt Abbildung 2 das Verhältnis der Länder, in denen sich die Demokratiequalität verbessert beziehungsweise verschlechtert hat. Auch wenn der Anteil der Länder, in welchen sich die Demokratiequalität verschlechtert, gegen Ende des beobachteten Zeitraums leicht zuzunehmen scheint – eine eindeutige Tendenz ist nicht ersichtlich.

Demokratischer Rückschritt als schleichender Prozess

Im Unterschied zu den autokratischen Backlashes der 1960er-Jahre ist der Niedergang der Demokratie seit Mitte der 2000er-Jahre schwieriger zu messen, da es sich um einen schleichenden Prozess handelt (Bermeo 2016). Früher wurde der Demokratie häufig mit Staatsstreichen oder mit gefälschten Wahlen der Garaus gemacht. Heute wurzelt der Anfang vom Ende einer demokratischen Ordnung in anderen Vorgängen.

Dies können etwa vorsorgliche Staatsstreiche («promissory coups») sein: Demokratisch gewählte, aber handlungsunfähige Regierungen werden gewaltsam abgesetzt, wobei die neuen Machthaber sogleich Neuwahlen und die Wiederherstellung der Demokratie versprechen – was dann aber erst viel später oder gar nie geschieht. Ein Beispiel dafür ist Thailand, wo die Armee im Jahr 2006 den polarisierenden Premierminister Thaksin Shinawatra aus dem Amt jagte und kurz darauf Neuwahlen zuliess, welche Shinawatras Partei wiederum gewann. Aber schon 2014 putschte die Armee erneut und setzte auch die neue Premierministerin ab.

Neben solchen Staatsstreichen durch nicht gewählte Akteure wird die Demokratie bisweilen auch von den demokratisch gewählten Amtsinhaberinnen oder Amtsinhabern selbst untergraben: durch Ausdehnung der Regierungsgewalt («executive aggrandizement»). Dies kann etwa durch eine stetige Aushöhlung der Verfahren und Institutionen erfolgen, welche die Exekutivgewalt kontrollieren und zurückbinden. Manchmal geschieht das mit Unterstützung von Le-

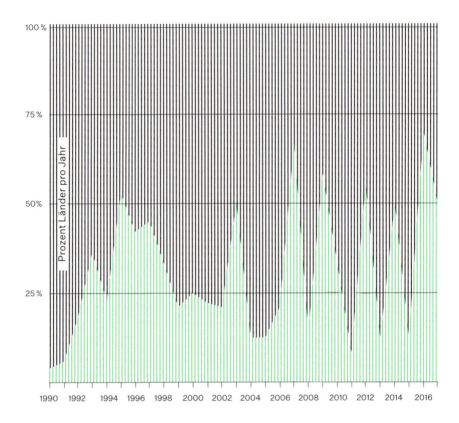

Abb. 2
Entwicklung der Demokratiequalität weltweit, 1990–2017 (Polity IV; nur Länder, in denen Veränderungen beobachtet werden können).
Quelle: Eigene Berechnungen mit Daten des Demokratieindexes Polity IV (www.systemicpeace.org). Lesebeispiele: Im Jahr 1991 war in 96 Prozent aller Länder mit Veränderungen die Demokratiequalität im Vergleich zum Vorjahr höher; im Jahre 2016 war in 70 Prozent aller Länder mit Veränderungen die Demokratiequalität tiefer als im Vorjahr.

gislativen oder Gerichten, wenn diese von Regierungskräften dominiert werden. Unmittelbares Ziel ist es zwar lediglich, den Einfluss der Opposition zu schmälern; die langfristige Folge ist jedoch eine Unterwanderung der Gewaltenteilung mit einer Verschiebung des Gewichts zugunsten der Regierung. Der türkische Präsident Erdogan hat diesen Weg eingeschlagen. Nachdem seine Partei mehrere Wahlen hintereinander gewonnen hatte, nutzte sie die Parlamentsmehrheit zur Verabschiedung einer Reihe von Gesetzen, welche ihren Einfluss auf die Judikative ausdehnten oder die Presse- und Meinungsfreiheit einschränkten, um der Opposition das Leben schwerzumachen. Im Jahr 2017 schliesslich wurden in einer – nicht über jeden Verdacht erhabenen – Referendumsabstimmung Verfassungsänderungen beschlossen, die in der Türkei ein Präsidialsystem einführten und eine weitere Bündelung der Exekutivbefugnisse und mehr Einfluss auf die Justiz in der Hand des Präsidenten bedeuten.

Manche demokratisch gewählten Amtsinhaber versuchen auch, den Ausgang von Wahlen strategisch zu beeinflussen und sich so einen Vorteil gegenüber ihren Gegnern zu verschaffen. Dies kann auf vielfältige Weise geschehen: durch den Einsatz von staatlichen Mitteln für die eigene Wahlkampagne, durch die Beeinflussung der Medien, durch Drangsalierung von Oppositionskandidaten, durch das Erschweren der Wählerregistrierung, durch die Veränderung von Wahlkreisen oder Wahlsystemen oder durch Druck auf Wahlkommissionen. Beispiele strategischer Wahlbeeinflussung finden sich in vielen Ländern (siehe Beaulieu und Hyde 2009, Donno 2013). In den peruanischen Präsidentschaftswahlen im Jahr 2000 etwa sicherte sich der amtierende Präsident Alberto Fujimori mit Bestechung und Einschüchterung die Gunst der Medien, der Wahlbehörde und der Justiz. Auch wenn solche Vorgänge nicht mit offenem Wahlbetrug gleichzusetzen sind und oftmals lange vor dem eigentlichen Wahltermin beginnen, wirken sie sich dennoch negativ auf die Qualität der Demokratie in einem Staat aus, da sie das Prinzip von freien und fairen Wahlen beeinträchtigen.

Wie steht es um die Qualität der europäischen Demokratien?

Der Niedergang von Demokratien erscheint somit als Konsequenz einer langsamen, sich über viele Jahre hinziehenden Entwicklung von (kleinen) Rückschritten, die in der Summe irgendwann zu einem Zusammenbruch und zum Ende der demokratischen Ordnung führen können. Um diese Entwicklung erkennen zu können, braucht es ein Messinstrument, das bereits kleine Veränderungen der Demokratiequalität im Zeitvergleich sichtbar macht. Mit dem vom ZDA mitentwickelten «Demokratiebarometer» ist das möglich. Der Demokratiebarometer misst den Zustand von 70 Demokratien in verschiedenen Weltregionen sowie deren Entwicklung von 1990 bis heute. Dabei erlaubt er auch die Erfassung von kleinen Qualitätsunterschieden und -veränderungen. Das Konzept des Demokratiebarometers (siehe Bühlmann et al. 2012) beruht auf der Annahme, dass die Qualität einer Demokratie sich darin ausdrückt, wie umfangreich die drei demokratischen Prinzipien Freiheit, Gleichheit und Kontrolle der Regierenden realisiert sind und untereinander im Gleichgewicht stehen. Konkret gemessen wird die Qualität der Demokratie in einem Land auf der Basis von 100 jährlich aktualisierten Indikatoren; diese sind insgesamt neun Demokratiefunktionen zugeordnet, welche die Erfüllung der drei Grundprinzipien gewährleisten.[2]

Anhand der aktuellen Daten des Demokratiebarometers lässt sich der Zustand und die Entwicklung der Qualität der europäischen Demokratien zwischen 1990 und 2016 auf einer Skala von 1 bis 100 ablesen (Abbildung 3). Zunächst ist festzustellen, dass Europas ältere Demokratien im Durchschnitt eine deutlich höhere Qualität aufweisen als die jüngeren Demokratien der dritten Demokratisierungswelle. Weiter fällt auf, dass die Kurve der Demokratiequalität insgesamt nur kleine Schwankungen aufweist. Von einem generellen Qualitätsverfall kann somit weder bei den etablierten noch bei den jüngeren Demokratien in Europa gesprochen werden (siehe auch Merkel 2015).
Bei näherer Betrachtung zeigen sich jedoch deutliche Unterschiede zwischen einzelnen Ländern. Während in den meisten die Demokratiequalität stabil geblieben ist oder sogar zugenommen hat, war in 6 der insgesamt 30 im Demokratiebarometer abgebildeten europäischen Staaten ein deutlicher Rückgang zu verzeichnen (Abbildung 4).

Am stärksten zurückgegangen ist die Demokratiequalität in Griechenland, die sich heute im europäischen Vergleich auf einem sehr tiefen Niveau befindet. Die drastische Negativentwicklung in Griechenland ist vor allem eine Konsequenz der Wirtschafts- und Schuldenkrise, in der sich das Land seit Mitte der 2000er-Jahre befindet. Viele einschneidende Massnahmen zur Sanierung der öffentlichen

VOM AUFSTIEG ZUM NIEDERGANG DER DEMOKRATIE?

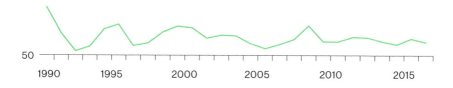

● etablierte Demokratien
● neue Demokratien

Abb. 3
Entwicklung der Demokratiequalität in Europa, 1990–2016 (Demokratiebarometer). Quelle: Eigene Berechnungen mit Daten des Demokratiebarometers (www.democracybarometer.org). Die etablierten Demokratien sind: Belgien, Dänemark, Deutschland, Finnland, Frankreich, Griechenland, Irland, Island, Italien, Luxemburg, Malta, Niederlande, Norwegen, Österreich, Portugal, Schweden, Schweiz, Spanien, Vereinigtes Königreich. Die neuen Demokratien sind: Bulgarien, Estland, Kroatien, Lettland, Litauen, Moldawien, Polen, Rumänien, Slowenien, Tschechien, Ungarn.

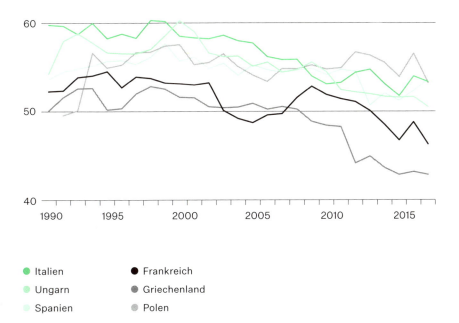

Abb. 4
Entwicklung der Demokratiequalität in ausgewählten Ländern, 1990–2016 (Demokratiebarometer).
Quelle: Eigene Berechnungen mit Daten des Demokratiebarometers (www.democracybarometer.org). Ausgewählt wurden Länder mit einem überdurchschnittlichen Rückgang der Demokratiequalität im Beobachtungszeitraum.

- Italien
- Ungarn
- Spanien
- Frankreich
- Griechenland
- Polen

Finanzen beschlossen die griechischen Regierungen per Notdekret, unter Umgehung oder Einschränkung des parlamentarischen Mitspracherechts. Neuwahlen in aufgeheizter Stimmung brachten keine klaren Mehrheiten hervor und bewirkten politische Instabilität in Parlament und Regierung. Fortgesetzte Haushaltskürzungen schränkten nicht nur die Handlungsfähigkeit von Staat und Regierung ein, sondern führten auch zu sozialen Protesten und zur Abnahme des Vertrauens in die Regierung.

In Frankreich war im Beobachtungszeitraum ebenfalls eine deutliche Abnahme der Demokratiequalität zu verzeichnen. Ähnlich wie in Griechenland wurzelt diese Entwicklung teilweise in der vergleichsweise geringen und seit Mitte der 1990er-Jahre weiter abnehmenden Handlungsfähigkeit der Regierung. Aufgrund häufiger Ministerwechsel war die Instabilität der Kabinette hoch. Soziale Proteste gegen die Regierung oder Streiks waren zahlreich und oftmals von gewalttätigen Ausschreitungen begleitet. Aber auch Einschränkungen der demokratischen Freiheiten haben in Frankreich zugenommen. Das betraf einerseits die Schmälerung der Religionsfreiheit im Laufe der 1990er-Jahre (z. B. das Verbot des Tragens sichtbarer religiöser Zeichen in öffentlichen Schulen bzw. in der Öffentlichkeit). Andererseits haben Fälle von Polizeigewalt zugenommen, besonders gegenüber Immigranten. Schliesslich wurde die Demokratiequalität auch durch die Häufung islamistischer Terroranschläge ab 2012 beeinträchtigt. Nicht nur weil sie eine Zunahme der politischen Gewalt bewirkten, sondern auch weil sie politische und gesetzgeberische Reaktionen zur Folge hatten (z. B. die Verhängung des Ausnahmezustands und die Verabschiedung neuer Anti-Terror-Gesetze), die auf eine weitere Beschränkung der Freiheitsrechte hinausliefen.

Auch in Italien ist seit der Jahrtausendwende ein stetiger Rückgang der Demokratiequalität zu beobachten. Dieser ist vor allem auf die seit 2001 sinkende Qualität der Rechtsstaatlichkeit durch verschiedene Regierungen unter Ministerpräsident Silvio Berlusconi zurückzuführen. Seit 2004 ist die Pressefreiheit ausserdem beeinträchtigt: Nicht nur nahm die Regierung zunehmend Einfluss auf die Programmgestaltung der öffentlichen Fernsehsender, sie übte auch bei unabhängigen Medienerzeugnissen Druck aus mit dem Ziel, kritische Berichterstattung zu unterbinden. Auch die individuellen Freiheiten erfuhren im beobachteten Zeitraum Einschränkungen; etwa durch neue Anti-Terrorismus-Gesetze im Jahr 2005, aber auch im

Rahmen von Auseinandersetzungen über die Religionsfreiheit (z. B. hinsichtlich der Platzierung von Kruzifixen in Amtsstuben und Schulzimmern). Dazu kommt die in Italien notorische Instabilität der Regierungen, welche deren Handlungsfähigkeit einschränkte. Zu guter Letzt sind auch verschiedene Reformen des Wahlsystems zu erwähnen, welche im Beobachtungszeitraum erfolgten und nicht nur die Verzerrung des Wählerwillens in den repräsentativen Institutionen verstärkten, sondern auch starke Schwankungen der Wahlbeteiligung zur Folge hatten.

In Spanien ist seit der Jahrtausendwende ein leichter Rückgang der Demokratiequalität zu verzeichnen. Dieser ist auf mehrere, voneinander unabhängige Faktoren zurückzuführen. Zunächst wirkten sich die ab 2001 intensivierten Massnahmen der Zentralregierung gegen den baskischen Separatismus negativ auf die Gewährleistung individueller Freiheitsrechte aus. Am einflussreichsten waren aber die Konsequenzen der Wirtschafts- und Währungskrise von 2008 bis 2014, welche Spanien hart traf. Die Austeritätspolitik der Regierung schränkte nicht nur deren finanzielle Handlungsfähigkeit ein, sondern rief auch grosse und dauerhafte soziale Proteste wie zum Beispiel die sogenannte Indignados-Bewegung hervor, die 2011 ihren Höhepunkt erreichten. Zur gleichen Zeit heizte eine vom Verfassungsgericht beschlossene Relativierung des Autonomiestatuts von Katalonien den dortigen Separatismus an und führte zu einer Intensivierung des Konflikts mit der Zentralregierung, begleitet von umfangreichen Strassenprotesten in katalanischen Städten.

Besonders bemerkenswert ist der Fall Ungarn. Nach dem Ende des Kommunismus zu Beginn der 1990er-Jahre stieg die Demokratiequalität stark an, bevor sie seit der Jahrtausendwende wieder zu sinken begann und gegen Ende der beobachteten Zeitperiode sogar einen Tiefpunkt erreichte. Zurückzuführen ist dies zunächst auf die Schwächung des Rechtsstaates durch verschiedene ungarische Regierungen, welche die Unabhängigkeit der Judikative beschränkten. Auch die individuellen Freiheiten wurden beschnitten, was etwa in der zunehmenden Missachtung der Freiheitsrechte von gesellschaftlichen Minderheiten wie den Roma, Migranten und Asylsuchenden zum Ausdruck kommt. Aber das eindeutig schwächste Glied in der ungarischen Demokratie ist das Prinzip der Gleichheit, welches besonders unter der zweiten Regierung von Ministerpräsident Viktor Orban stark gelitten hat. Nicht nur führte eine neue Mediengesetzgebung zu drastischen Einschränkungen der Pressefreiheit und zu ungleich langen Spiessen zwischen Regierungs- und Oppositionskräften. Auch die 2014 wirksam gewordene Reform des Wahlsystems führte zu einer Benachteiligung der (kleinen) Oppositionsparteien und einer verzerrten Repräsentation des Wählerwillens zugunsten der Regierungspartei im neu gewählten Parlament.

Auch Polen weist im europaweiten Vergleich eine überdurchschnittlich hohe Anzahl Jahre mit sinkender Demokratiequalität auf. Diese Verschlechterungen sind in erster Linie auf die abnehmende Qualität der Rechtsstaatlichkeit zurückzuführen. Sie wurzeln in der mangelnden Unabhängigkeit der Judikative und der grossen Ineffizienz vieler Gerichte. Auch erfuhr die Unabhängigkeit der Presse aufgrund einer fortschreitenden Medienkonzentration Einschränkungen.

Gründe und Ursachen von demokratischen Rückschritten

Zwar zeigt der kurze Blick auf diese sechs Länder, dass demokratische Rückschritte jeweils einer eigenen Dynamik folgen und in jedem Land auf die spezifische Kombination unterschiedlicher Faktoren zurückzuführen sind. Dennoch werden gewisse Muster sichtbar.

Zunächst bestätigt sich die altbekannte Erkenntnis der Demokratieforschung, dass die Wirtschaftslage als Kontextfaktor für die Qualität liberaler Demokratien von grosser Bedeutung ist (vgl. Lipset 1959). Rezessionen können die öffentlichen Finanzen unter Druck setzen und die Handlungsfähigkeit gewählter Regierungen einschränken, soziale Konflikte verschärfen und Protestbewegungen hervorbringen, welche sich durch die etablierten Institutionen nicht mehr kanalisieren lassen – wie in Griechenland und Spanien geschehen.[3] Zweitens zeigt sich das Spanungsverhältnis zwischen Sicherheit und Freiheit (vgl. dazu Tanneberg 2015). Die Verschärfung der Anti-Terror-Gesetzgebung brachte in vielen Ländern eine Einschränkung der individuellen Freiheiten mit sich. Besonders gut sichtbar ist diese Entwicklung in Frankreich, wo nicht nur im Nachgang zu den islamistischen Terrorattacken vom 11. September 2001 in den USA die Gesetze verschärft wurden, sondern aufgrund der Häufung terroristischer Akte im eigenen Land weitergehende Sicherheitsmassnahmen ergriffen wurden.

Schliesslich finden sich auch Hinweise dafür, dass in einigen Ländern Europas ein demokratischer Rückschritt von politischen Akteuren willentlich herbeigeführt wird. Konkret legen die Entwicklungen in Italien und Ungarn – weniger deutlich auch diejenigen in Griechenland und Polen – nahe, dass der Aufschwung des Populismus[4] die Qualität der Demokratie gefährden kann. In der Tat hat die illiberale Agenda, welche von Populisten in der Regierung verfolgt wird, in einigen Ländern bereits zu einer messbaren Reduktion der Demokratiequalität geführt (Bochsler und Juon 2018). Besonders betroffen vom populistischen Umbau der Demokratie sind die liberalen Prinzipien, zu denen nicht nur die Gewaltenteilung und die Institutionen des Rechtsstaates gehören, sondern auch die Menschenrechte, der Minderheitenschutz sowie Transparenzregeln und Pressefreiheit. Dennoch führt der Einzug von Populisten in die Regierung nicht automatisch zu Einbussen bei der Demokratiequalität: In der Schweiz – wo populistische Kräfte schon lange an der Regierung beteiligt sind – sind solche Tendenzen jedenfalls bisher nicht zu beobachten.

Die Kunst des demokratischen Regierens

Die Ausführungen in diesem Kapitel zeigen, dass es verfrüht wäre, von einer generellen Krise der Demokratie oder vom Zerfall demokratischer Ordnungen zu sprechen. Auch wenn die dritte Demokratisierungswelle seit einigen Jahren an Dynamik verloren hat: Die Mehrheit aller Länder hat heute ein demokratisches Regierungssystem und ihre Anzahl bleibt einigermassen stabil. Auch in den europäischen Demokratien gibt es bisher keine Anzeichen für eine generelle Krise oder einen allgemeinen Niedergang. In Meinungsumfragen ist die Zustimmung zu den Prinzipien der Demokratie anhaltend hoch (Ferrin und Kriesi 2016). Die Auswertungen des Demokratiebarometers zeigen jedoch, dass in einigen Ländern Europas ein Rückgang der Demokratiequalität stattgefunden hat. Betroffen von dieser Entwicklung sind vor allem Länder, deren Regierungssysteme besonderen Herausforderungen ausgesetzt und die damit möglicherweise überfordert sind, oder aber einige jüngere Demokratien in Osteuropa, wo Tendenzen der Machtzementierung sichtbar sind.

Demokratie als Regierungsmodell bringt zwei widersprüchliche Anforderungen mit sich (Mair 2009). Einerseits verlangt das Prinzip

der Volkssouveränität von den Regierenden, dass sie auf die Anliegen 34
der Bürgerinnen und Bürger eingehen, ihre Forderungen aufnehmen
und diese in konkreten politischen Programmen umsetzen («responsiveness»). Andererseits müssen Regierungen wirksame Politik machen, um gesellschaftliche Probleme tatsächlich zu lösen. Dabei können sie nicht einfach nur das tun, was ihren Wählerinnen und Wählern am Herzen liegt. Sie müssen verschiedene Zwänge und Abhängigkeiten berücksichtigen, in die sie aufgrund ihrer Regierungsverantwortung eingebunden sind («responsibility»). Zum Beispiel können Entscheidungen von Vorgängerregierungen nicht einfach rückgängig gemacht werden oder es muss Rücksicht auf Koalitionspartner genommen werden. Viele politische Probleme machen ausserdem nicht an den Landesgrenzen halt und erfordern eine Zusammenarbeit mit anderen Regierungen oder internationalen Organisationen.

Zwischen Bürgernähe und Regierungsverantwortung besteht also ein Spannungsfeld. Aufgrund zunehmender Globalisierung und Komplexität der Politikbereiche sind die demokratischen Regierungen von heute den Spannungen zwischen Wählerwillen und Regierungsverantwortung in verschärfter Weise ausgesetzt (Kübler und Kriesi 2017). Gleichzeitig führt der Wandel der Mediensysteme zu einem steigenden und permanenten öffentlichen Druck auf die Regierenden, den Anliegen der Bürgerinnen und Bürger nachzukommen. Die Kunst des demokratischen Regierens besteht darin, dieses Spannungsfeld zu überbrücken. Politische Akteure in Demokratien sind nur dann dauerhaft erfolgreich, wenn sie die beiden Anforderungen von Bürgernähe und Regierungsverantwortung gleichzeitig erfüllen, oder zumindest ins Gleichgewicht bringen können. Die Ausführungen in diesem Kapitel legen nahe, dass ein Überborden auf die eine oder die andere Seite dieses Spannungsfelds auch die Qualität der Demokratie beeinträchtigt. Für die Beständigkeit der Demokratie ist es wichtig, dass sich die relevanten Akteurinnen und Akteure um ausgewogene, moderate Lösungen zwischen diesen beiden Anforderungen bemühen und Extremismus eine Absage erteilen.

ANMERKUNGEN

1 Die Autoren bedanken sich bei Daniel Bochsler für hilfreiche Kommentare und Hinweise.
2 *Freiheit* kombiniert die Funktionen individuelle Freiheiten, Rechtsstaatlichkeit und Öffentlichkeit; *Gleichheit* setzt sich zusammen aus den Funktionen Transparenz, Partizipation und Repräsentation; *Kontrolle der Regierenden* umfasst die Funktionen Wettbewerb, Gewaltenkontrolle und Regierungsfähigkeit.
3 Wichtig ist jedoch die Erkenntnis, dass Wirtschaftskrisen nicht notwendigerweise einen Rückgang der Demokratiequalität zur Folge haben. So ist etwa in Irland, Island und Portugal die Demokratiequalität im Beobachtungszeitraum nicht signifikant gesunken – obwohl diese drei Länder ebenfalls hart von den Folgen der globalen Finanzkrise getroffen wurden.
4 Wir verstehen Populismus im Sinne von Cas Mudde (2004) als eine politische Ideologie, die einen Gegensatz zwischen einem als tugendhaft verehrten Volk und einer negativ wahrgenommenen Elite betont und die ungebremste Ausübung der Souveränität durch das Volk befürwortet.

LITERATUR

Beaulieu, Emily; Hyde, Susan D.: In the Shadow of Democracy Promotion: Strategic Manipulation, International Observers and Election Boycotts. In: Comparative Political Studies 42 (2009), 392–415.
Bermeo, Nancy: On Democratic Backsliding. In: Journal of Democracy 27 (2016), 5–19.
Bochsler, Daniel; Juon, Andreas: Authoritarian Footprints: the Transformation of Democracy, 1990–2016. ECPR General Conference Hamburg, 22.–25. August 2018.
Bühlmann, Marc; Merkel, Wolfgang; Müller, Lisa; Giebler, Heiko; Wessels, Bernhard: Demokratiebarometer: ein neues Instrument zur Messung von Demokratiequalität. In: Zeitschrift für Vergleichende Politikwissenschaft 6 (2012), Supplement 1, 115–159.
Diamond, Larry: Facing up to the Democratic Recession. In: Journal of Democracy 26 (2015), 141–155.
Donno, Daniela: Defending Democratic Norms: International Actors and the Politics of Electoral Misconduct. Oxford 2013.
Ferrin, Monica; Kriesi, Hanspeter (Hg.): How Europeans View and Evaluate Democracy. Oxford 2016.
Fukuyama, Francis: The End of History? In: The National Interest 16 (1989), 3–18.
Huntington, Samuel P.: The Third Wave: Democratization in the Late Twentieth Century. Norman 1993.
Kübler, Daniel; Kriesi, Hanspeter: How Globalisation and Mediatisation Challenge our Democracies. In: Swiss Political Science Review 23 (2017), 231–245.
Levitsky, Steven; Way, Lucan: The Myth of Democratic Recession. In: Journal of Democracy 26 (2015), 45–58.
Lipset, Seymour Martin: Some Social Requisites of Democracy: Economic Development and Political Legitimacy. In: American Political Science Review 53 (1959), 69–105.
Mair, Peter: Representative versus Responsible Government. Köln 2009.
Merkel, Wolfgang (Hg.): Demokratie und Krise. Zum schwierigen Verhältnis von Theorie und Empirie. Wiesbaden 2015.
Mudde, Cas: The Populist Zeitgeist. In: Government and Opposition 39 (2004), 542–563.
Tanneberg, Dag: Warum missachten etablierte Demokratien das Recht auf körperliche Unversehrtheit? In: Merkel, Wolfgang (Hg.): Demokratie und Krise. Zum schwierigen Verhältnis von Theorie und Empirie. Wiesbaden 2015, 373–406.

Wie geht direkte Demokratie?

Wie das ZDA die Mongolei zur direkten Demokratie berät

Corsin Bisaz

37 Die Geschichte der mehrjährigen Demokratieberatung des Zentrums für Demokratie Aarau (ZDA) beginnt mit einem spontanen Besuch des Präsidenten der Mongolei, Tsakhiagiin Elbegdorj, im Januar 2011. Fasziniert von den Bürgerbeteiligungsformen in der Schweiz bringt der mongolische Präsident eine kleine Gruppe enger Mitarbeiterinnen und Mitarbeiter ans ZDA, um mehr über das Funktionieren direkter Demokratie in der Schweiz zu erfahren.

Die Mongolei und die Schweiz – das sind offensichtlich sehr unterschiedliche Staaten. Der Kontrast zur Schweiz wird augenfällig, wenn man sich ein paar Eckdaten zur Mongolei vor Augen führt: Das Land umfasst beinahe 40-mal die Fläche der Schweiz, zählt aber nur rund drei Millionen Einwohnerinnen und Einwohner. Die Mongolei ist ein Schwellenland inmitten Zentralasiens mit kommunistischer Vergangenheit, ist umgeben von den zwei mächtigen Nachbarländern Russland und China, ist reich an Bodenschätzen, hat ein ansehnliches Wirtschaftswachstum, kämpft mit grossen Einkommens- und Vermögensunterschieden und grassierender Korruption. Zum Bezug der Mongolei zur Schweiz wird regelmässig und gern folgende Geschichte erzählt: In der Mongolei habe man, kurz bevor sie Anfang der 1920er-Jahre zum sowjetischen Satellitenstaat wurde, das Modell der Schweiz als anzustrebende Zukunftsvision diskutiert: neutral, inmitten von mächtigen Nachbarstaaten, mit einer mehrköpfigen Exekutive und – vor allem auf lokaler Ebene – weitreichenden demokratischen Selbstbestimmungsrechten. Die Geschichte verlief anders, doch lebt die «Schweizer» Vision in der Erinnerung vieler Mongolinnen und Mongolen weiter.

So schwebt sie auch dem mongolischen Präsidenten bei seinem Besuch am ZDA vor. Er möchte die von der kommunistischen Ära geprägten und als korrupt und verkrustet wahrgenommenen Strukturen des mongolischen Staates durch neue Formen der Bürgerbeteiligung aufbrechen und mittelfristig reformieren. Dabei hofft er, von den reichen Erfahrungen der Schweiz lernen zu können. Aus dem spontanen, zweitägigen Seminar entwickelt sich eine von der Schweizer Direktion für Entwicklung und Zusammenarbeit (DEZA) finanzierte Zusammenarbeit zwischen der Mongolei und dem ZDA, die von September 2012 bis März 2017 dauern und mehrere Delegationsbesuche am ZDA sowie Arbeitsbesuche des ZDA in der Mongolei umfassen wird. Federführend ist dabei der erste Direktor des ZDA, Staatsrechtsprofessor Andreas Auer.

Im September 2012 reisen Andreas Auer und ich auf Einladung des mongolischen Präsidenten für zehn Tage in die Mongolei. Ziel ist es, der mongolischen Öffentlichkeit die direkte

Demokratie vorzustellen und interessierten Personen aus der Verwaltung, der Zivilgesellschaft und der Wissenschaft die wichtigsten Instrumente der direkten Demokratie näherzubringen. Für uns geht es auch darum, die Rahmenbedingungen kennenzulernen und die Gründe für eine allfällige Aufnahme direktdemokratischer Instrumente in das mongolische Staatssystem besser zu verstehen. Irritierend ist nämlich, dass der Präsident, der die direkte Demokratie befürwortet und dessen Partei die Mehrheit im Parlament besitzt, in einer direkten Demokratie an Macht einbüssen würde.

Wie kontrovers und offen die Mongolinnen und Mongolen die Diskussionen austragen, ist beeindruckend. Zu diesem Zeitpunkt interessiert auf mongolischer Seite, wie die Bürgerschaft auf lokaler Ebene am Staat beteiligt werden kann. Differenzierungen bezüglich rechtlicher Verbindlichkeit der Bürgerbeteiligung wie auch die Unterscheidung zwischen einzelnen direktdemokratischen Instrumenten stehen noch völlig im Hintergrund. Schon bald wird sich zeigen, dass die fehlende Autonomie der lokalen Staatsebene einer sinnvollen Einführung direktdemokratischer Instrumente auf lokaler Ebene entgegensteht.

Unsere Hauptaufgabe besteht darin, auf Anfrage des mongolischen Parlaments oder des Präsidenten Rechtsgutachten zu Gesetzesvorhaben im Bereich der Bürgerbeteiligung zu verfassen und den dafür zuständigen Gremien beratend zur Seite zu stehen. Im Zentrum steht dabei von Anfang an der Gesetzesentwurf zur Einführung des «Referendums». Daneben verfassen wir auch Rechtsgutachten zum Petitionsrecht zuhanden des parlamentarischen Petitionsausschusses oder zum Gesetz über die finanzielle Dezentralisierung, welches Formen der Bürgerbeteiligung bei der Budgetierung auf lokaler Ebene vorsieht. Die Arbeit kann grösstenteils in Aarau verrichtet werden. Als Schwierigkeit stellt sich früh – wenn auch nicht unerwartet – die Sprache heraus. Zwar sprechen einzelne der mongolischen Beamtinnen und Beamten Deutsch, jedoch sind ihre Englischkenntnisse im Allgemeinen besser, sodass die ganzen Arbeiten auf Englisch durchgeführt und anschliessend ins Mongolische übersetzt werden müssen. Als grösste Hürde erweist sich jedoch nicht der Umweg übers Englische, sondern die fehlenden Fachbegriffe im Mongolischen. Wenn ein fakultatives Referendum und eine Volksinitiative mit ein und demselben Begriff übersetzt werden und dieser Begriff gleichzeitig auch eine unverbindliche Umfrage bezeichnet, ist es gerade aus grosser räumlicher Distanz schwierig, fachlich notwendige Differenzierungen verständlich zu machen.

41 Nicht zuletzt aus diesem Grund werden bis 2017 mehrere Delegationen von Parlamentarierinnen sowie von Beamten der Mongolei das ZDA zu Studienzwecken besuchen.[1] Im Gegenzug werden auch wir insgesamt viermal in die Mongolei reisen; anfänglich, um die direktdemokratischen Instrumente zu erklären, und danach, um mit den für die Ausarbeitung diesbezüglicher Gesetze zuständigen Personen zusammenzusitzen und Gesetzesentwürfe zu besprechen. Das DEZA organisiert diese Reisen, stellt Kontakte zu den wichtigsten Akteuren her und hält uns mit Hintergrundinformationen über politische Entwicklungen in der Mongolei auf dem Laufenden.

Die ersten Gesetzesentwürfe konzentrieren sich auf die Einführung von Bürgerbeteiligungsinstrumenten auf lokaler Ebene. Sie sind äusserst kompliziert und inhaltlich disparat. So sehen sie einen bunten Strauss unterschiedlicher partizipativer und direktdemokratischer Instrumente vor, die kaum aufeinander abgestimmt sind und sich zum Teil widersprechen. Neben dieser euphorischen Überladung ist auch ein paternalistischer Zug sichtbar. So sehen die ersten Gesetzesentwürfe strenge Beteiligungsquoren vor; nur wenn sich mindestens 50 Prozent der Stimmberechtigten an einer Abstimmung beteiligen, soll der Entscheid gültig zustande kommen. Auch sei das Volk in staatlichen Kampagnen darüber «aufzuklären», dass die direkte Demokratie gut, ja sogar die beste Regierungsform sei. Wir versuchen, in unseren Kommentaren eine differenziertere Sicht einzubringen, plädieren für eine Vereinfachung der Gesetzestexte und nehmen zu Indoktrinierungsabsichten kritisch Stellung. Der Grat zwischen Rechtsberatung und politischer Einflussnahme ist schmal, weshalb wir unsere Rolle immer wieder von Neuem hinterfragen.

Die mehrfache Überarbeitung des Gesetzesentwurfs zur Einführung von «Referenden» lässt die Konturen der einzelnen Instrumente immer klarer sichtbar werden und führt inhaltlich zunehmend zu einer Ausweitung von der lokalen auf die nationale Ebene. Unerwarteterweise kommt es im Jahr 2015 zu einem Wechsel des kompletten Gremiums, welches für die Ausarbeitung des Gesetzesentwurfs zuständig ist. Das Verfahren beginnt von vorn: Das nun weniger interdisziplinäre, sondern von jungen mongolischen Juristinnen und Juristen dominierte Gremium lernt in Aarau die Grundlagen direkter Demokratie kennen und macht sich danach in der Mongolei daran, einen von Grund auf neuen Gesetzesentwurf auszuarbeiten.

Auch der neue Gesetzesentwurf ist mit einer Vielzahl an partizipativen und direktde-

Das Bild zeigt den am 7. Dezember 2018 verstorbenen Staatsrechtsprofessor Andreas Auer, nachdem er auf einer Wandertour in einer abgelegen, menschenleeren Gegend im Landesinneren der Mongolei mit Bündner Dialekt und Witz einen mongolischen Hirten dazu «überredet» hat, ihn für das Foto auf sein Pferd steigen zu lassen. Foto: Corsin Bisaz.

mokratischen Instrumenten überladen. Wir wähnen uns an den Start unseres Beratungsauftrags zurückversetzt. Doch stellt sich dieser Entwurf nach kleineren Anpassungen und nach seiner eingehenden Erklärung durch die Verantwortlichen als juristisch solide heraus. Es finden sich darin sogar originelle neue Instrumente, die auf das mongolische Staatssystem massgeschneidert sind. Die wichtigsten Bedenken unsererseits betreffen nun die Verfassungsmässigkeit der vorgeschlagenen Instrumente, umfassen sie doch neben Instrumenten auf lokaler Ebene auch eine Verfassungsinitiative und ein Gesetzesreferendum auf nationaler Ebene. Der Gesetzgebungsauftrag ist offensichtlich ausgeweitet worden und ambitiöser.

Bei den Parlamentswahlen vom 29. Juni 2016, welche nach dem Majorzwahlsystem durchgeführt werden, erhält die zuvor oppositionelle Mongolische Volkspartei eine solide Mehrheit von 65 der insgesamt 76 Parlamentssitze, während die bisher dominierende Kraft, die Demokratische Partei, zu der auch der Präsident gehört, auf bloss neun Sitze kommt. Zudem wird die Amtszeit von Präsident Tsakhiagiin Elbegdorj bereits im Juli 2017 enden. Die Arbeiten am Referendumsgesetz werden trotz diesen geänderten Rahmenbedingungen weitergeführt und der Entwurf wird nach unserem letzten Besuch im Dezember 2016 dem

Parlament am 27. Dezember 2016 eingereicht. Der Entwurf ist schlanker geworden und sieht unter anderem das fakultative Referendum auf lokaler und nationaler Ebene vor. Am 26. Januar 2017 entscheidet das Parlament, nicht auf den Entwurf einzutreten.

Rückblickend konnten wir im Rahmen der Zusammenarbeit mit dem mongolischen Präsidialamt und der DEZA Mongolei eine sehr interessante Bewegung in Richtung der direkten Demokratie beobachten und begleiten. Es war beeindruckend, zu sehen, wie selbstbewusst und engagiert mongolische Bürgerinnen und Bürger ihre Amtsträgerinnen und Amtsträger kritisierten und nach mehr Bürgerbeteiligung verlangten. Über die Jahre haben wir nicht nur bemerkt, wie die Absicht, direktdemokratische Instrumente einzuführen, stärker wurde, sondern auch wie vereinzelte Experimente auf lokaler Ebene auf die regionale Ebene und zuletzt auf den gesamten Staat ausgeweitet wurden. Wir wurden gerufen, um die Einführung direkter Demokratie auf lokaler Ebene zu begleiten, und fanden uns schliesslich in der Rolle, die Verantwortlichen daran zu erinnern, dass die geltende mongolische Verfassung es nicht erlaubt, die Verfassungsinitiative einzuführen.

Es war keine Überraschung, dass das mongolische Parlament nicht auf den Gesetzesentwurf zur Einführung direktdemokratischer Instrumente eintrat. Ohne politischen Druck wird ein Parlament kaum auf politische Macht verzichten. Mit den Parlamentswahlen im Sommer 2016 endete eine besondere politische Konstellation, welche die Einführung direkter Demokratie begünstigt hätte. Es wäre interessant gewesen, zu sehen, wie das direktdemokratische Experiment in der Mongolei ausgegangen wäre. Unsere Rolle beschränkte sich darauf, dazu beizutragen, dass die Gesetzesentwürfe möglichst keine Schwächen aufwiesen respektive dass deren Stärken und Schwächen den Verantwortlichen beim Entscheid über die Annahme bekannt waren. Wir hatten die Aufgabe, die Gesetzesentwürfe kritisch zu begutachten und nach Widersprüchen, Lücken und Hintertüren zu suchen sowie auf Erfahrungen verschiedener Staaten mit ähnlichen Regelungen hinzuweisen.

Für uns war dieses Projekt den grossen Aufwand wert. Wäre der Gesetzesentwurf ein Jahr früher bereit gewesen und ins Parlament eingebracht worden, so wäre es realistisch gewesen, dass die Mongolei nicht bloss eine demokratische Ausnahmeerscheinung in Zentralasien geblieben, sondern gar zur direktdemokratischen Ausnahme geworden wäre. Gerade tiefgreifende Änderungen benötigen oft mehrere Anläufe – wie uns die Schweizer Geschichte lehrt. Inzwischen hat die Mongolei das Wissen und eine Vorlage, auf denen bei weiteren Anläufen zur Einführung direktdemokratischer Instrumente aufgebaut werden kann.

ANMERKUNGEN

1 Einen Eindruck eines solchen Besuchs vermittelt Matthias Daum: Wie geht Mitsprache? Neun Mongolen auf Bildungsreise in der Schweiz. In: Die Zeit, Nr. 18/2013, 25. April 2013, editiert am 29. April 2013, abrufbar unter https://www.zeit.de/2013/18/mongolen-schweiz-demokratie (8.1.2019).

Demokratie im digitalen Zeitalter

Das Beispiel von Initiative und Referendum in der Schweiz

Katja Gfeller,
Nadja Braun Binder,
Uwe Serdült

49 Das Internet verändert die Rahmenbedingungen der Demokratie: Informationen sind ubiquitär verfügbar, klassische Medien verlieren immer mehr ihre Gatekeeper-Funktion, die elektronische Stimmabgabe anlässlich von Wahlen und Abstimmungen kommt als weiterer Stimmabgabekanal – jedenfalls für einen Teil der Stimmberechtigten – dazu und erfolgreiche politische Kampagnen sind ohne die Nutzung sozialer Medien kaum mehr vorstellbar. Seit dem Aufkommen und der Verbreitung des Internets, also seit rund 20 Jahren, begleitet die Wissenschaft diese Veränderungen und konstatiert sowohl Chancen als auch Risiken. Das Internet, so die Hoffnung rund um die Jahrtausendwende, führe zu einer Stärkung der Demokratie (Siedschlag, Bilgeri und Lamatsch 2001), etwa indem die Netzöffentlichkeit neue Dimensionen der Kommunikation eröffne (Marschall 1998, 47ff.), oder weil das Internet aufgrund seines «bottom-up»-Charakters die deliberative Demokratie befördere (Barber 2001, 214). Mit Blick auf die elektronische Stimmabgabe wurde zudem bisweilen das Potenzial, die Stimmbeteiligung zu erhöhen, als Argument angeführt (optimistisch: Auer und Trechsel 2001, 48ff.; kritisch: Linder 2003, 107f.; neutral: Kriesi 2003). Gleichzeitig wurden Probleme benannt. Dazu gehört etwa die Angst vor einer Fragmentierung der Gesellschaft beziehungsweise einer digitalen Spaltung (Holtz-Bacha 1998, 226). Mit Blick auf die elektronische Stimmabgabe wurde die Befürchtung geäussert, dass die Digitalisierung zu einer verfrühten und unüberlegten Stimmabgabe (Kley und Rütsche 2002, 275f.) oder zu einer Deritualisierung des Abstimmungsvorgangs führen könnte (Papadopoulos 2003, 324ff.). Ausserdem wurde von Beginn an das Risiko von Wahlmanipulationen und der Verletzung des Stimmgeheimnisses bei der elektronischen Stimmabgabe thematisiert (vgl. nur Braun 2006, 203ff.).

Auch die Politik sieht in der Digitalisierung sowohl Chancen als auch Risiken für die Volksrechte. Eine zentrale Motivation zur Einführung der elektronischen Stimmabgabe etwa ist im Selbstverständnis des Staates als Dienstleistungserbringer für die Bürgerinnen und Bürger zu finden. Bereits ganz zu Beginn der Versuche mit «Vote électronique» hielt der Bundesrat fest, dass es Aufgabe des Staates sei, den Stimmberechtigten diejenigen Mittel zur Stimmabgabe zur Verfügung zu stellen, die sie im täglichen Leben benutzen. Er war sich durchaus bewusst, dass die Einführung der elektronischen Stimmabgabe mit grossen Herausforderungen verbunden war – sowohl in finanzieller als auch in technischer Hinsicht. Vor allem die Erleichterung der Stimmabgabe für körperlich behinderte Personen (Sehbehinderte können ihre Stimmunterlagen so selbst ausfüllen) und für stimmberechtigte Auslandschweizer machten es für den Bundesrat aber lohnenswert, «Vote électronique» zu prüfen (BBl 2002 645).

Seit 2004 wurde in der Schweiz die elektronische Stimmabgabe im Rahmen von Bundesabstimmungen in mehr als 300 Fällen getestet. Zwischenzeitlich waren 15 Kantone an den Versuchen beteiligt.[1] Nach einem ersten Machbarkeitsbericht aus dem Jahr 2002 (vgl. BBl 2002 645) wertete der Bundesrat die Fortschritte im Bereich «Vote électronique» 2006 und 2013 jeweils in einem weiteren Bericht aus (BBl 2006 5459 und BBl 2013 5069). Parallel dazu wurden die rechtlichen Grundlagen für die elektronische Stimmabgabe erlassen und aktualisiert. Während die elektronische Unterschriftensammlung (E-Collecting) noch nicht aktiv verfolgt wird, hat der Bundesrat die Bundeskanzlei im April 2017 beauftragt, eine Expertengruppe einzusetzen, um die Überführung der elektronischen Stimmabgabe in den ordentlichen Betrieb zu prüfen. Ferner hat der Bundesrat festgelegt, Schritte hin zur papierlosen Stimmabgabe (sog. Dematerialisierung) an die Hand zu nehmen.

Im Zentrum dieses Beitrags steht die Analyse der direktdemokratischen Instrumente im digitalen Zeitalter. Dazu zählt neben der elektronischen und der dematerialisierten Stimmabgabe auch die elektronische Unterschriftensammlung. Die Instrumente werden jeweils kurz beschrieben, bevor die Chancen und Herausforderungen diskutiert werden. Den Abschluss bildet ein Fazit.

Elektronische Stimmabgabe (E-Voting)

Das Abstimmen und Wählen via Internet begann in der Schweiz mit einer ersten rechtlich bindenden Volksabstimmung in der Gemeinde Anières im Kanton Genf im Jahr 2003 und wird – eigentlich nicht ganz korrekt – E-Voting («Vote électronique») genannt. Im internationalen Vergleich spricht man von E-Voting aber auch dann, wenn eine elektronische Wahlmaschine oder sogar E-Mail zur Stimmabgabe verwendet werden kann. Weltweit wird die Stimmabgabe via Internet nur in relativ wenigen Staaten praktiziert. Es sind dies in erster Linie: Estland, Australien (vor allem im Bundesstaat New South Wales) und Kanada (in der Provinz Ontario; Goodman und Smith 2017). Norwegen hat nach zwei Versuchen (in zuerst drei, dann zwölf Gemeinden) den elektronischen Kanal aus politischen und wegen grundsätzlicher Bedenken bezüglich der Stimmabgabe aus einer ungesicherten Umgebung eingestellt (Saglie und Bock Seegard 2016). In der Schweiz mit rekordhohen Anteilen an brieflich Stimmenden von durchschnittlich 80 Prozent sind diese Art von Bedenken aus pragmatischen Gründen nicht mehr vorrangig.

AUSGESTALTUNGSMÖGLICHKEITEN UND ENTWICKLUNGSSTAND
Die Einführung von E-Voting in der Schweiz ist den Kantonen, wie generell die Organisation von Wahlen und Abstimmungen, innerhalb der geltenden Bundesgesetze freigestellt. So haben sich zu Beginn der Versuche die drei Kantone Genf, Neuenburg und Zürich in enger Zusammenarbeit mit dem Bund als Pioniere ausgezeichnet (Driza Maurer 2016). Weitere Kantone haben sich dann – im Wesentlichen aus Kostengründen – den drei und später zwei bestehenden Systemen angeschlossen und vertraglich abgesicherte Konsortien gebildet. E-Voting stellt aber stets nur einen zusätzlichen Kanal dar, der dem Abstimmen und Wählen an der Urne oder per Brief beigestellt wird, diese aber nicht ersetzt. Die Kantone, die sich für den Einsatz von E-Voting entschieden haben, legen fest, ob der neue Kanal nur den Auslandschweizerinnen und Auslandschweizern (Germann und Serdült 2014) oder zusätzlich auch im Inland zur Verfügung gestellt wird. Auch in weiteren organisatorischen Belangen unterscheiden sich die Versuchsanlagen deutlich. So hat der Kanton Neuenburg sein E-Voting von Beginn weg in eine umfassende E-Government-Plattform («guichet unique») eingebunden. Potenzielle E-Voter müssen bei ihrer Gemeindeverwaltung vorstellig werden und einen Nutzervertrag für die gesamte Plattform abschliessen, um den elektronischen Stimmkanal nutzen zu können. Der Kanton Genf bot aufgrund bundesrechtlicher Beschränkungen E-Voting zunächst nur in ausgewählten Gemeinden an, hat in diesen jedoch auf der Stimmkarte aufgedruckt die notwendigen Identifikationscodes vorerst an alle Stimmberechtigte verschickt. Ende 2017 ist er aber auch zu einem System mit vorgängiger Registrierung übergegangen. Wer nicht registriert ist, kann E-Voting nicht verwenden. Wer als E-Voter registriert ist, kann jedoch stets auf die anderen beiden zur Verfügung stehenden Kanäle ausweichen, wenn ihm oder ihr danach ist.

E-Voting ist vom Design und den Abläufen her in der Schweiz so nah 52
wie möglich an die Routinen des brieflichen Abstimmens angelehnt.
Die Stimmen werden verschlüsselt in einem gesicherten Kanal via
Internet an die virtuelle Urne übermittelt, wo sie nach kryptografischem Mischen erst am Abstimmungssonntag wieder entschlüsselt und ausgezählt werden (Serdült et al. 2017). Die Korrektheit der Stimmabgabe sowie die Ankunft beim Server kann mithilfe von individuell spezifischen Bestätigungs-Codes überprüft werden (individuelle Verifikation). In einem weiteren Schritt soll es dereinst auch möglich sein, nicht nur seine eigene, sondern auch die Korrektheit aller anderen elektronischen Stimmen zu überprüfen (universelle Verifikation).

E-Voting in der föderalen Schweiz hat bereits eine wechselhafte Geschichte hinter sich (Gerlach und Gasser 2009; Serdült et al. 2015). Als besonders einschneidend lassen sich die folgenden Ereignisse erwähnen: der Entscheid des Kantons Zürich, sich als einer der Pioniere vorläufig und bis heute von E-Voting zu verabschieden; längere Unterbrüche im Kanton Genf aufgrund rechtlicher Probleme; Berichte über vermeintlich gehackte E-Voting-Systeme in der Presse sowie die Auflösung eines der drei – insgesamt acht Kantone umfassenden – Konsortien kurz vor den Nationalratswahlen 2015. Die Einführung von E-Voting in der Schweiz erfolgt gemäss dem von der Bundeskanzlei geprägten Credo «Sicherheit vor Tempo» und dauert nun seit den ersten Versuchen in Genf 2003 bereits 15 Jahre. Den einen ist dies zu langsam, den anderen zu schnell. Obwohl deklariertes Ziel des Bundesrats, wird der elektronische Kanal anlässlich der 2019 stattfindenden Nationalratswahlen wohl in weniger als zwei Dritteln der Kantone zur Verfügung stehen. Gemessen an der rund 30 Jahre dauernden Einführung des brieflichen Stimmens in allen Kantonen wäre es jedoch unrealistisch, auf eine rasche Generalisierung zu hoffen. Wohl auch als Reaktion auf die Absicht des Bundesrats, den elektronischen Stimmkanal definitiv im Bundesgesetz über die politischen Rechte zu verankern, ist in letzter Zeit wieder vermehrt politischer Widerstand gegen E-Voting aufgekommen. Eine Volksinitiative für ein fünfjähriges Moratorium von E-Voting in der Schweiz wurde im Frühjahr 2019 lanciert.[2] Die notwendige Unterstützung für die Initiative soll übrigens online, über das Portal wecollect.ch, mobilisiert werden. Ausserdem hat die Genfer Regierung am 28. November 2018 entschieden, ihr E-Voting-System wegen überbordender Kosten per 2020 zu stoppen.

53   CHANCEN UND HERAUSFORDERUNGEN
Regelmässig wird die Frage aufgeworfen, ob die Bevölkerung E-Voting überhaupt will. Die erste gesamtschweizerische Bevölkerungsumfrage, die sich exklusiv dem Thema E-Voting gewidmet hat – notabene zu einer Zeit, in der sich E-Voting in ruhigerem Fahrwasser befand als heute – hat eine sehr breite Nachfrage und Unterstützung in allen Alters- und Bildungsschichten sowie Landesteilen zu Tage gebracht. Die Unterstützung gemäss Altersgruppen reicht von 90 Prozent bei den unter 30-Jährigen bis zu knapp 50 Prozent bei den über 70-Jährigen. Allerdings hatten die allerwenigsten Befragten je direkten Kontakt mit E-Voting gehabt. Auffällig ist, dass die Unterstützung in den urbanen und etwas abgelegenen Landesteilen am höchsten war. Unter denjenigen Teilnehmenden mit einer klaren Parteisympathie waren Unterstützende der Grünen sowie der SVP am kritischsten gegenüber dem neuen Stimmkanal eingestellt. Trotz hohen Unterstützungsraten ist man sich jedoch der Sicherheitsproblematik bei E-Voting bewusst. So geniesst der traditionelle, aber kaum mehr praktizierte Urnengang auf einer Skala von 0 bis 10 mit einem durchschnittlichen Wert von 8.5 am meisten Vertrauen, gefolgt vom Abstimmen per Post mit 8.2 und mit einigem Abstand (aber immer noch über dem Mittel von 5) der elektronische Kanal mit 6.6 (Milic et al. 2016, 13).

Wenn man die Nutzerraten von E-Voting über die Zeit verfolgt, sieht man, dass sie auf Unterbrechungen jeglicher Art sowie bei Berichten in der Presse über Hacking negativ reagieren. Bei einer Neueinführung von E-Voting in einer Gemeinde kann damit gerechnet werden, dass nach einer anfänglich relativ hohen Nutzerrate von 30–40 Prozent des Elektorats die Nutzung absinkt, schlichtweg weil sich das viele Personen einmal ansehen und ausprobieren, dann jedoch wieder zurück auf den gewohnten Stimmkanal wechseln. Wie auch generell bei der Stimmbeteiligung ist die jüngere Generation hier nicht treibende Kraft. Sowohl aufgrund von Umfragen als auch angesichts der eindeutigen Auswertungen von Stimmregisterdaten lässt sich aufzeigen, dass nicht die jüngsten, sondern eher Personen ab 35 Jahren zu jenen Nutzern zählen, die dem elektronischen Kanal am treusten sind (Mendez und Serdült 2017). Am eindeutigsten ist der Nutzen von E-Voting für die Auslandschweizerinnen und Auslandschweizer gegeben, was sich auch in entsprechend hohen Nutzerraten niederschlägt. In allen Kantonen, die E-Voting seit 2008 auch dieser Personengruppe anbieten, stieg die Nutzung sukzessive auf über 50

Prozent bis zu zwei Drittel des Elektorats an – nicht zu verwechseln mit der Stimmbeteiligung (Germann und Serdült 2014). Auch hier hat sich gezeigt, dass Unterbrüche dem Vertrauen in den Stimmkanal nicht guttun. So sind beispielsweise im Kanton Aargau die Werte für Auslandschweizerinnen und Auslandschweizer von zwei Dritteln zu Zeiten des ungestörten Betriebs nach dem Ausfall des Konsortiums und dem darauffolgenden Unterbruch auf 54 Prozent gesunken, danach aber bis heute wieder auf deutlich über 60 Prozent angestiegen.

Die Frage nach den Auswirkungen von E-Voting auf die Stimmbeteiligung ist schwierig zu beantworten, weil sie von vielerlei Faktoren abhängt, die über die Zeit nicht unbedingt stabil bleiben. Zudem muss sie erstens genau und zweitens vergleichbar erfasst werden, was wegen föderalistischer Unterschiede bezüglich des für eine Abstimmung zugelassenen Elektorats nicht trivial ist. Im internationalen Vergleich mit Gemeinden in Kanada sehen wir, dass vor allem die jeweils erste Erleichterung des Abstimmungsprozesses (sog. «convenience reform») einen Effekt auf die Stimmbeteiligung von rund drei bis vier Prozent (bei den Jüngeren auch schon mal neun Prozent) bringt. In Kanada ist das dann der Fall, wenn Gemeinden E-Voting zusätzlich zum Urnengang anbieten, brieflich aber nicht abgestimmt werden kann (Goodman und Stokes 2018). Ähnliches liess sich in der Schweiz beobachten, als der briefliche Kanal eingeführt wurde und die Stimmbeteiligung im schweizerischen Mittel um rund vier Prozent anstieg (Luechinger et al. 2007). Die zweite Reform, also in der Schweiz die Einführung von E-Voting, scheint dann aber keinen Effekt mehr zu haben auf die Stimmbeteiligung. Sämtliche Studien in der Schweiz zeigen in diese Richtung (Germann und Serdült 2017). Nicht auszuschliessen ist allerdings ein möglicher Generationeneffekt, den wir aber erst beobachten können, wenn in einem Kanton E-Voting generell ohne Unterbrechung so lange zur Verfügung steht, bis die jüngere – beinahe nicht an Urnengängen teilnehmende – Generation ins Alter reinwächst, in dem sie vermehrt abstimmt.

Dematerialisierung

Die Stimmberechtigten erhalten heute vor dem Abstimmungstermin sämtliches Stimm- und Informationsmaterial in Papierform per Post zugestellt. Dies gilt für den Stimmrechtsausweis, die Stimmzettel für

55 die briefliche Stimmabgabe, Informationen zur Vorlage wie auch – sofern der Kanton E-Voting praktiziert – die Codes für die elektronische Stimmabgabe. Unter Dematerialisierung der Stimmabgabe versteht man nun die teilweise oder vollständige Reduktion dieses Versands des brieflichen Stimm- und Informationsmaterials beim E-Voting (Bericht EXVE, 5).

AUSGESTALTUNGSMÖGLICHKEITEN UND ENTWICKLUNGSSTAND
Es wird unterschieden zwischen teilweiser (sog. papierarmes E-Voting) und vollständiger Dematerialisierung (sog. papierloses E-Voting): Bei einem papierarmen E-Voting würden die Stimmberechtigten nur noch den Stimmrechtsausweis mit den für das E-Voting erforderlichen Codes in Papierform erhalten. Alle anderen Unterlagen zur Abstimmung, insbesondere die Abstimmungserläuterungen, wären nur noch digital verfügbar. Papierloses E-Voting würde den kompletten Verzicht auf den Versand von brieflichem Stimm- und Informationsmaterial bedeuten. Auch der Stimmrechtsausweis mit den Codes für das E-Voting würde also nicht mehr brieflich per Post, sondern auf elektronischem Weg – beispielsweise per E-Mail, SMS oder in einer App – zugestellt. Papierloses E-Voting würde ein sogenanntes medienbruchfreies Abstimmen ermöglichen (Bericht EXVE, 5).

Zusammen mit der Überführung von E-Voting in den ordentlichen Betrieb sollen die bundesrechtlichen Grundlagen für eine teilweise Dematerialisierung geschaffen werden (Bericht EXVE, 36f.). Der Bund soll die Rahmenbedingungen für papierarmes E-Voting festlegen (Mindestanforderungen an Kommunikation und Sicherheit, Notfallszenarien etc.), die konkrete Ausgestaltung soll dann jedoch durch die Kantone erfolgen. Für die vertrauenswürdige Umsetzung von papierlosem E-Voting existieren laut der Expertengruppe technisch noch keine hinreichenden Lösungen. Insbesondere der erforderliche Schutz für die elektronische Übermittlung der Codes sowie die individuelle Verifizierbarkeit kann mit den heutigen technischen Mitteln beim papierlosen E-Voting noch nicht gewährleistet werden.

CHANCEN UND HERAUSFORDERUNGEN
Von der Dematerialisierung der Stimmabgabe erhofft man sich in erster Linie Kosteneinsparungen. Diese sollen der Kompensation der Mehrkosten dienen, die die Einführung von E-Voting verursacht.

Allerdings ist laut der Expertengruppe bei den Kantonen mit nur geringen und beim Bund mit praktisch keinen Einsparungen zu rechnen (Bericht EXVE, 32ff.). Insbesondere die umfangreichere digitale Aufbereitung des Informationsmaterials könnte auch bei der Dematerialisierung Mehrkosten verursachen. In ökologischer Hinsicht wäre eine Dematerialisierung aber auf jeden Fall wünschenswert. Bereits bei einem papierarmen E-Voting müsste deutlich weniger Papier bedruckt werden, was im Vergleich zum heutigen Standard eindeutig umweltfreundlicher wäre. Ein praktischer Vorteil der Dematerialisierung liegt ausserdem in der mit ihr einhergehenden verbesserten digitalen Verfügbarkeit der Abstimmungsunterlagen. Übers Internet könnte jederzeit und einfach auf die Unterlagen zugegriffen werden. Bei einem papierlosen E-Voting könnte die Stimmabgabe rein elektronisch erfolgen, was insbesondere auch den Ausländerschweizerinnen und Auslandschweizern zugutekäme.

Damit eine Dematerialisierung der Stimmabgabe im Rahmen von E-Voting organisatorisch überhaupt möglich ist, müssten sich die Stimmberechtigten vor dem Urnengang – beispielsweise durch ein Anmeldeverfahren – für die elektronische Stimmabgabe entscheiden. Wer sich für E-Voting angemeldet hat, erhielte in der Folge ausschliesslich den Stimmrechtsausweis mit den Codes beziehungsweise gar keine Unterlagen mehr zugestellt. Diese sogenannte Entkoppelung des elektronischen Stimmkanals wäre jedoch eine Abkehr vom heutigen Grundsatz der Komplementarität aller Stimmkanäle (Bericht EXVE, 24). Danach soll der Stimmkanal bis zum Abstimmungstag frei gewählt werden können. Mit der Garantie der politischen Rechte (Art. 34 BV[3]) wäre die Pflicht zur vorgängigen Wahl des elektronischen Stimmkanals jedoch vereinbar (Bericht EXVE, 28). Eine grössere Herausforderung stellt der Umgang mit Systemausfällen und Manipulationsversuchen bei der dematerialisierten Stimmabgabe dar. Für solche Fälle müssten Notfallszenarien definiert werden, damit die Möglichkeit der Stimmabgabe gewährleistet bleibt. Mindestens die Möglichkeit der persönlichen Stimmabgabe an der Urne müsste als Notfallszenario bestehen bleiben (Bericht EXVE, 28ff.). Schliesslich besteht im Vergleich zur brieflichen Stimmabgabe wohl ein leicht erhöhtes Risiko, dass die Codes in falsche Hände geraten und eine andere, fremde Person anstelle der Berechtigten abstimmt. Ob Passwörter und Codes von der richtigen Person verwendet werden, lässt sich nur schwer nachweisen. Allerdings bestehen bereits aus anderen

57   Bereichen bekannte Techniken wie die 2-Faktor-Authentisierung, die dieses Risiko zu senken vermögen.

Elektronische Unterschriftensammlung (E-Collecting)

Auch die Unterschriftensammlung für Volksinitiativen und fakultative Referenden ist immer stärker von der Digitalisierung betroffen. Die Idee ist, dass Volksbegehren nicht mehr ausschliesslich von Hand, sondern auch auf elektronischem Weg unterzeichnet werden können. Auch wenn der Bundesrat dies – vorerst – ablehnt, fordern verschiedene politische Vorstösse die Einführung von E-Collecting (z. B. die Motion Grüter 18.3062 «Stärkung der Volksrechte. Unterschriftensammlung für Initiativen und Referenden im Internet» oder die Motion Fehr 08.3908 «Stärkung der Demokratie durch E-Collecting»). Nebst dem herkömmlichen Verfahren zum Sammeln von Unterstützungsbekundungen für Volksinitiativen und fakultative Referenden sollen also neue, elektronische Kanäle zur Unterschriftensammlung geschaffen werden.

AUSGESTALTUNGSMÖGLICHKEITEN UND ENTWICKLUNGSSTAND
Ein E-Collecting-System hat gewissen Anforderungen zu genügen, um das Funktionieren der direktdemokratischen Instrumente weiterhin gewährleisten zu können. So muss insbesondere die unterzeichnende Person eindeutig identifiziert und ihre Stimmberechtigung verifiziert werden können. Mehrfachunterzeichnungen sollen verhindert und die datenschutzrechtlichen Anforderungen eingehalten werden (vgl. Art. 27q VPR[4]). Zu betonen ist jedoch, dass das heutige manuelle System betreffend Missbrauchsverhinderung und Datenschutz keineswegs absolute Sicherheit zu gewährleisten vermag. Ein Nullrisiko kann deshalb auch von einem E-Collecting-System nicht erwartet werden (Bisaz und Serdült 2017, 533f.). Eine Verbesserung hinsichtlich der Verhinderung von Mehrfachunterzeichnungen sollte mit der elektronischen Sammlung und vor allem einer automatisierten Überprüfung des Stimmrechts jedoch möglich sein (vgl. Braun Binder 2014, 551).

Als elektronisches Pendant zur heute noch erforderlichen eigenhändigen Unterschrift kommen im Wesentlichen die digitale Unterschrift auf einem Touchscreen (a) oder die Verwendung einer elektronischen Identität (b) in Frage:

(a) Im Unterschied zum heutigen Sammelverfahren wird bei der 58
«Touchscreen-Variante» auf einem Display anstatt auf Papier
unterzeichnet. Je nachdem bestünde sodann die Möglichkeit,
die digitale Unterschrift direkt elektronisch an die Wohnge-
meinde zur Bescheinigung weiterzuleiten. Weitere Effizienz-
gewinne sind bei dieser Umsetzungsvariante – die so in den
Niederlanden bereits praktiziert wurde – allerdings nicht zu
erwarten. Der Vorteil dieses Verfahrens besteht aus praktischer Sicht darin, dass mobile Geräte mit Display bereits
sehr verbreitet sind und die Bürgerinnen und Bürger mit der
Handhabe solcher Geräte zunehmend vertraut sind. Fraglich ist, ob dieses elektronische Sammelverfahren ohne Gesetzesänderung implementiert werden könnte. Dabei stellt
sich auf der einen Seite die Frage, ob die Unterschrift auf dem
Touchscreen mit der eigenhändigen ohne Gesetzesgrund-
lage gleichgesetzt werden kann (vgl. dazu Hürlimann 2016,
7ff.). Zum anderen stellen sich mit der Übermittlung der
elektronischen Daten an die Gemeinden datenschutzrechtli-
che Fragen, die unter Umständen eine gesetzliche Grundlage
erfordern.

(b) Vielversprechender als die «Touchscreen-Variante» scheint das
elektronische Unterzeichnen mit einer elektronischen Identität (E-ID). Eine E-ID ist ein «digitaler Pass», der mit bestimmten Informationen – zum Beispiel Name, Geburtsdatum, Ge-
sichtsbild und im vorliegenden Zusammenhang insbesondere
der Stimmberechtigung – ausgestattet wird (Botschaft BBl
2018 3915). Im Rahmen der Unterschriftensammlung für Initiativen und Referenden könnte die E-ID beispielsweise als
Login für eine zentrale Sammelwebseite oder ein E-Government-Portal verwendet werden. Durch das Login mittels E-ID
würde die Person eindeutig identifiziert. Zugleich könnte ihre
Stimmberechtigung direkt überprüft werden. Nach dem Login
wäre die Unterstützung von einem oder gleich mehreren Volksbegehren durch einen blossen Klick möglich. Der grosse Vorteil
der Verwendung von E-IDs bei der Unterschriftensammlung
liegt in der Möglichkeit der automatisierten Überprüfung der
Stimmberechtigung. Allerdings ist für die Einführung eines
solchen Systems zweifellos eine umfassende gesetzliche Grundlage erforderlich.

59 E-Collecting in einer dieser Formen ist noch Zukunftsmusik. Auf Bundesebene ist die Einführung von E-Collecting zwar grundsätzlich als dritte Etappe in der Umsetzung von «Vote électronique» geplant. Das Projekt ist jedoch «angesichts knapper Ressourcen» vorläufig sistiert (Medienmitteilung des Bundesrats vom 5. April 2017). Dies wiederum eröffnet den Kantonen ein weites Experimentierfeld (Bisaz und Serdült 2017, 543). Es steht den Kantonen – unter Vorbehalt der bundesrechtlichen Mindestanforderungen an die Sicherheit sowie einer Genehmigung durch den Bundesrat – zu, Versuche zur elektronischen Unterzeichnung von eidgenössischen Volksbegehren durchzuführen. So bestehen etwa im Kanton St. Gallen Bestrebungen, E-Collecting auf kantonaler Ebene einzuführen. Praktiziert wird die elektronische Unterschriftensammlung allerdings noch in keinem Kanton. In den meisten Kantonen scheint man das Bundesgesetz über anerkannte elektronische Identifizierungseinheiten (E-ID-Gesetz[5]) abzuwarten, das nach durchgeführtem Vernehmlassungsverfahren seit Juni 2018 im Entwurf vorliegt. Demgemäss soll dem Bund künftig die Prüfung, Anerkennung und Kontrolle der E-ID-Systeme obliegen. Deren Betrieb soll jedoch von privaten Anbietern übernommen werden (vgl. Botschaft BBl 2018 3915). Zeitlich soll der Rechtsrahmen bis Ende 2020 geschaffen sein.

Nicht mit E-Collecting zu verwechseln, aber in digitaler Hinsicht bei der Unterschriftensammlung rechtlich bereits zulässig, ist das Angebot von Unterschriftenlisten in elektronischer Form (vgl. Art. 60a BPR[6]). Wer sich beispielsweise auf der privat betriebenen Plattform wecollect.ch registriert, kann einen personalisierten und frankierten Unterschriftenbogen für verschiedene Initiativen herunterladen. Dieser muss dann nur noch ausgedruckt, handschriftlich mit Namen und Unterschrift ergänzt und in den Briefkasten eingeworfen werden. Die Kosten werden dem Initiativkomitee auferlegt. Die von Daniel Graf, Gründer der Plattform und bekennender E-Collecting-Befürworter (Graf und Stern 2018), initiierte elektronische Unterschriftensammlung kann als eine Übergangslösung bis zur Einführung von E-Collecting in den hier umschriebenen Formen gesehen werden.

CHANCEN UND HERAUSFORDERUNGEN
Für die Stimmberechtigten wird die grösste Chance von E-Collecting in der Vereinfachung der Unterzeichnung und für die Initiativkomitees in der Vereinfachung des Sammelverfahrens gesehen. Dies könn-

te zu einer verstärkten Beteiligung am politischen Prozess führen. Mit E-Collecting würde die Unterschriftensammlung an die zunehmend digital verkehrende Gesellschaft und ihre neuen Kommunikationsgewohnheiten angepasst. Das Sammeln von Unterschriften «auf der Strasse» wird heute als zu aufwändig und als nicht mehr zeitgemäss kritisiert. Dieser Kritik könnte mit E-Collecting begegnet werden.

Mit den Chancen gehen natürlich auch gewisse Herausforderungen einher. Zunächst stellt sich die Frage der Koexistenz von herkömmlicher und elektronischer Unterschriftensammlung. Es ist klar, dass die Einführung von E-Collecting schrittweise erfolgen muss, was zu einem – mindestens vorübergehenden – Nebeneinander von handschriftlichen und elektronischen Unterstützungsbekundungen führt. Dies muss geregelt werden. Zielführend scheint dabei insbesondere eine sogenannte Fixanteilslösung (Bisaz und Serdült 2017, 540). Bei einer solchen wird im Vornherein abstrakt festgelegt, welcher Anteil der insgesamt erforderlichen Unterschriften auf dem elektronischen Weg eingereicht werden darf. Denkbar wäre beispielsweise eine 50:50 Quote, das heisst 50 Prozent der insgesamt erforderlichen Unterschriften könnten auf dem elektronischen Weg gesammelt und eingereicht werden, 50 Prozent müssten jedoch nach wie vor handschriftlich sein. Damit sich das elektronische Sammeln für Komitees lohnt und E-Collecting auch tatsächlich genutzt werden kann, darf der Anteil der elektronischen Unterschriften allerdings nicht zu tief angesetzt werden.

Die wohl grössere Herausforderung als die Koexistenz der Unterzeichnungsmöglichkeiten ist die rechtspolitische Umsetzbarkeit von E-Collecting. Im Vordergrund steht dabei die Angst vor einer Überlastung des politischen Systems durch E-Collecting. Aufgrund der zu erwartenden Erleichterungen für die Sammelnden befürchten insbesondere die Behörden eine nicht zu bewältigende «Flut» von Initiativen sowie eine Blockierung oder zumindest eine starke Verlangsamung des Gesetzgebungsprozesses durch das ständige Ergreifen des Referendums. Vor allem bei der Möglichkeit, mehrere Volksbegehren mittels E-ID auf einer zentralen Sammelwebseite oder auf einem E-Government-Portal durch einen blossen Klick zu unterstützen, werden grosse Mitnahmeeffekte befürchtet.

Um eine Überlastung des Systems von vornherein zu verhindern, wird die Erhöhung der Unterschriftenzahl und/oder die Verkürzung der Sammelfristen bei der elektronischen Sammlung vorgeschla-

61 gen (vgl. Braun Binder 2014, 539ff.; Bisaz und Serdült 2017, 540f.). Da Unterschriftenzahlen und Sammelfristen sowohl auf Bundes- wie auch Kantonsebene verfassungsrechtlich festgelegt sind, bedürfte die Einführung von E-Collecting folglich einer Verfassungsänderung. Dies scheint – insbesondere für einen ersten, bloss versuchsweisen kantonalen Pilotbetrieb – eine sehr hohe Hürde zu sein. Ohne zuvor Erfahrungswerte mit E-Collecting gesammelt zu haben, scheint eine Anpassung der Unterschriftenzahlen und/oder der Sammelfristen für E-Collecting auf Verfassungsstufe wenig sinnvoll. Woher wären die Richtwerte zu nehmen, um wie viel die Zahl notwendiger Unterschriften erhöht und/oder die Frist verkürzt werden soll, ohne damit gleichzeitig die Ausübung der direktdemokratischen Rechte zu stark einzuschränken?

Geeigneter und die vorhandenen Ängste zugleich berücksichtigend wäre, E-Collecting auf kantonaler Ebene, zunächst als Testbetrieb mit einer Fixanteilslösung, einzuführen. Denkbar wäre auch, E-Collecting in einer ersten Phase auf ein Instrument, beispielsweise auf die Initiative oder eine neu zu schaffende Volksmotion, zu beschränken. Durch einen kantonalen und vorerst eingeschränkten Betrieb könnten – ohne grosse Gefahr für das politische System – erste Erfahrungen mit der elektronischen Unterschriftensammlung gemacht werden. Diese Erfahrungswerte könnten dann bei einer allfälligen Überführung von E-Collecting in den ordentlichen Betrieb oder bei einer Ausdehnung auf die Bundesebene oder auf weitere direktdemokratische Instrumente berücksichtigt werden.

Fazit

Die Schweiz hat sich entschieden, proaktiv mit der zunehmenden Digitalisierung der direktdemokratischen Verfahren umzugehen und sich von Entwicklungen nicht überrollen zu lassen. Gleichzeitig zeigen die nunmehr seit knapp zwei Jahrzehnten dauernden Arbeiten, dass der Weg in eine digitale Demokratie alles andere als klar und unbestritten ist. Abgesehen vom Einsatz von E-Voting im Versuchsbetrieb, dem Angebot von Online-Wahlhilfen wie smartvote.ch sowie der zunehmenden Nutzung sozialer Medien in Wahl- und Abstimmungskämpfen ist die Schweizer Politik noch nicht stark digital durchdrungen. Es muss sich zuerst herauskristallisieren, welche dieser Entwicklungen überhaupt gewünscht sind und wie sie aufeinander einwirken, ohne Schaden anzurichten. Dass eine digitalisierte Demokratie in der Umsetzung gerade in einem föderalistischen und stark von Abstimmungskämpfen geprägten politischen System kein Selbstläufer wird, liegt aber auch an den vielschichtigen Anspruchshaltungen an die Digitalisierung von Politik. Zu Beginn der Entwicklung war die Hoffnung gross, das Internet könnte dazu beitragen, dass finanziell weniger potente Akteure mit mächtigen Parteien und Verbänden gleichziehen können. Das Internet sollte quasi für gleich lange Spiesse in der Politik sorgen. Auch wenn das vereinzelt durchaus zutreffen mag und ein Blogbeitrag oder Tweet die Politik real zu beeinflussen vermag, ist das eher die Ausnahme denn die Norm. Im täglichen Geschäft braucht es für eine auf modernen Informationstechnologien basierte Präsenz und Kommunikation nicht wenig an Expertise, Finanzen und Organisation, die wiederum eher in den potenteren Organisationen zu finden sind.

International betrachtet wird immer wieder Ernüchterung und Unzufriedenheit mit der Politik konstatiert. Angesichts dessen ist es nicht weiter erstaunlich, dass es auch Bewegungen gibt, die das Internet dazu nutzen möchten, die parlamentarische Demokratie radikal auszuhebeln. Anliegen sollen unmittelbar, mithilfe von technischen Mitteln und unter Umgehung etablierter politischer Parteien, auf die politische Agenda gebracht und durchgesetzt werden. Diese Spielart der digitalen Demokratie greift in einer halbdirekten Demokratie wie der Schweiz allerdings weniger.

Schliesslich gibt es noch die Vorstellung, dass digitale Technologien in erster Linie dazu dienen sollen, Bürgerinnen und Bürger dem Staat näher zu bringen, sodass dieser bessere, bürgernähere Entscheide fällen kann. Die Absicht ist gut, aber gerade im politischen Bereich kann es von Vorteil sein, wenn der Staat nicht zu viel oder nur die nötigsten Informationen erhält. Bei sämtlichen Angeboten gilt es zu hinterfragen, ob das der Staat machen muss und welche Daten beziehungsweise wo Daten gespeichert werden.

Zusammenfassend ist festzuhalten, dass die Digitalisierung der direktdemokratischen Instrumente viel langsamer voranschreitet, als in der Entstehungsphase des Internets gemeinhin erwartet wurde. Das E-Collecting steckt heute noch in den Kinderschuhen. Es bestehen zwar konkrete und detaillierte Vorstellungen zu verschiedenen Ausgestaltungsmöglichkeiten, praktiziert werden diese heute jedoch weder vom Bund noch von den Kantonen. Für eine Weiterentwicklung von E-Collecting wären erste Versuche und das Sammeln von Erfahrungen auf kantonaler Ebene wichtig. Der Abbau des Versands von Papierunterlagen wird erst seit Kurzem ernsthaft angedacht. Für die vertrauenswürdige Umsetzung von papierlosem E-Voting, insbesondere für den Schutz der elektronischen Übermittlung der Codes sowie die individuelle Verifizierbarkeit, existieren noch keine hinreichenden Lösungen. Konkrete Erfahrungswerte liegen damit lediglich im Bereich von papiergestütztem E-Voting vor, das nach langjähriger Testphase in einzelnen Kantonen nun vor dem nächsten Schritt, der Überführung in den ordentlichen Betrieb, steht. Ob dieser Schritt allerdings gelingt, ist angesichts des sich abzeichnenden politischen Widerstands fraglich. Es bleibt zu hoffen, dass sich der Föderalismus in der Schweiz nicht nur als Hindernis für eine digitale Weiterentwicklung von Demokratie zeigt, sondern zunehmend auch als Stärke, indem es Gemeinden und Kantonen möglich ist, nicht nur bestehende Elemente in das digitale Zeitalter überzuführen, sondern auch neue zu erschaffen und damit zu experimentieren.

ANMERKUNGEN

1 Vgl. https://www.bk.admin.ch/bk/de/home/politische-rechte/e-voting/ueberblick.html.
2 Vgl. https://e-voting-moratorium.ch/.
3 Bundesverfassung der Schweizerischen Eidgenossenschaft vom 18. April 1999 (SR 101).
4 Verordnung über die politischen Rechte vom 24. Mai 1978 (SR 161.11).
5 Bundesgesetz über anerkannte elektronische Identifizierungseinheiten (Vorentwurf).
6 Bundesgesetz über die politischen Rechte vom 17. Dezember 1976 (SR 161.1).

LITERATUR UND MATERIALIEN

Auer, Andreas; Trechsel, Alexandre: Voter par internet? Le projet e-voting dans le canton de Genève dans une perspective socio-politique et juridique. Genf/Basel/München 2001.

Barber, Benjamin R.: Which Technology for which Democracy? Which Democracy for which Technology? In: Holznagel, Bernd; Grünwald, Andreas; Hanßmann, Anika (Hg.): Elektronische Demokratie. Bürgerbeteiligung per Internet zwischen Wissenschaft und Praxis. München 2001, 210–217.

Bisaz, Corsin; Serdült, Uwe: E-Collecting als Herausforderung für die direkte Demokratie in der Schweiz. In: LeGes 2017, 531–545.

Braun Binder, Nadja: Quoren und Fristen bei der elektronischen Unterschriftensammlung (E-Collecting). In: Zeitschrift für Schweizerisches Recht 2014, 539–557.

Braun, Nadja: Stimmgeheimnis. Eine rechtsvergleichende und rechtshistorische Untersuchung unter Einbezug des geltenden Rechts. Bern 2006.

Driza Maurer, Ardita: Internet Voting and Federalism: The Swiss Case. In: Barrat, Jordi: El voto electronico y sus dimensiones jurídicas: entre la ingenua complacencia y el rechazo precipitado. Madrid 2016, 261–288.

Gerlach, Jan; Gasser, Urs: Three Case Studies from Switzerland: E-Voting. In: Berkham Center Research Publication 3/1 (2009), 1–17.

Germann, Micha; Serdült, Uwe: Internet Voting and Turnout: Evidence from Switzerland. In: Electoral Studies 47 (2017), 1–12.

Germann, Micha; Serdült, Uwe: Internet Voting for Expatriates: The Swiss Case. JeDEM – eJournal of eDemocracy & Open Government 6/2 (2014), 197–215.

Goodman, Nicole; Stokes, Leah: Reducing the Cost of Voting: An Evaluation of Internet Voting's Effect on Turnout. In: British Journal of Political Science 2018, 1–13.

Goodman, Nicole; Smith, Rodney: Internet Voting in Sub-national Elections: Policy Learning in Canada and Australia. In: Krimmer, Robert; Volkamer, Melanie; Barrat, Jordi et al.: Electronic Voting: First International Joint Conference, E-Vote-ID 2016, Bregenz, Austria, October 18–21, 2016, Proceedings, Lecture Notes in Computer Science. Berlin 2017, 18–21.

Graf, Daniel; Stern, Maximilian: Agenda für eine digitale Demokratie: Chancen, Gefahren, Szenarien. Zürich 2018.

Holtz-Bacha, Christina: Fragmentierung der Gesellschaft durch das Internet? In: Gellner, Winand; von Korff, Fritz (Hg.): Demokratie und Internet. Baden-Baden 1998, 219–226.

Hürlimann, Daniel: Zur Rechtskraft der Unterschrift auf einem Touchscreen, Gutachten von Ass.-Prof. Dr. iur. Daniel Hürlimann im Auftrag der Kantonspolizei Zürich. St. Gallen 2016.

Kley, Andreas; Rütsche, Bernhard: eVoting aus Sicht der Wahl- und Abstimmungsfreiheit – Verfassungsrechtliche Bedeutung einer neuen Technik. In: Koller, Thomas; Muralt Müller, Hanna (Hg.): Tagung für Informatik und Recht 2001, Tagungsband. Bern 2002, 255–278.

Kriesi, Hanspeter: E-voting and Political Participation. In: Muralt Müller, Hanna; Auer, Andreas; Koller, Thomas (Hg.): Tagung für Informatik und Recht 2002, Tagungsband. Bern 2003, 273–285.

Linder, Wolf: E-voting – eine Belebung der direkten Demokratie? In: LeGes 2003, 103–123.

Luechinger, Simon; Rosinger, Myra; Stutzer, Alois: The Impact of Postal Voting on Participation: Evidence for Switzerland. In: Swiss Political Science Review 13/2 (2007), 167–202.

Marschall, Stefan: Netzöffentlichkeit – eine demokratische Alternative? In: Gellner, Winand; von Korff, Fritz (Hg.): Demokratie und Internet. Baden-Baden 1998, 43–54.

Mendez, Fernando; Serdült, Uwe: What Drives Fidelity to Internet Voting? Evidence from the Roll-Out of Internet Voting in Switzerland. In: Government Information Quarterly 34/3 (2017), 511–523.

Milic, Thomas; McArdle, Michele; Serdült, Uwe: Attitudes of Swiss Citizens towards the Generalisation of E-Voting = Haltungen und Bedürfnisse der Schweizer Bevölkerung zu E-Voting. Studienberichte des Zentrums für Demokratie Aarau, Nr. 9 und 10. Aarau 2016.

Papadopoulos, Yannis: Vote électronique, délibération, et qualité de la décision démocratique. In: Muralt Müller, Hanna; Auer, Andreas; Koller, Thomas (Hg.): Tagung für Informatik und Recht 2002, Tagungsband. Bern 2003, 313–335.

Saglie, Jo; Bock Segaard, Signe: Internet Voting and the Secret Ballot in Norway: Principles and Popular Understandings. In: Journal of Elections, Public Opinion and Parties 26/2 (2016), 155–169.

Sciarini, Pascal; Cappelletti, Fabio; Goldberg, Andreas C.; Nai, Alessandro; Tawfik, Amal: Étude du vote par internet dans le canton de Genève, Rapport final à l'intention de la Commission externe d'évaluation des politiques publiques, Département de science politique et relations internationales, University of Geneva, 2013.

Serdült, Uwe; Dubuis, Eric; Glaser, Andreas: Elektronischer versus brieflicher Stimmkanal im Vergleich. In: Jusletter IT, 21. September 2017.

Serdült, Uwe; Germann, Micha; Mendez, Fernando; Portenier, Alicia; Wellig, Christoph: Fifteen Years of Internet Voting in Switzerland: History, Governance and Use. In: Terán, Luis; Meier, Andreas: ICEDEG 2015: Second International Conference on eDemocracy & eGovernment, Quito, Ecuador, 8–10 April 2015, IEEE Xplore CFP1527Y-PRT, 126–132.

Siedschlag, Alexander; Bilgeri, Alexander; Lamatsch, Dorothea: Elektronische Demokratie und virtuelles Regieren. In: dies. (Hg.): Kursbuch Internet und Politik, Band 1/2001. Opladen 2001, 9–20.

Bericht des Bundesrates zu Vote électronique, Einführung von Vote électronique (2006–2012) und Grundlagen zur Weiterentwicklung vom 14. Juni 2013, BBl 2013 5069.

Bericht über die Pilotprojekte zum Vote électronique vom 31. Mai 2006, BBl 2006 5459.

Bericht über den Vote électronique, Chancen, Risiken und Machbarkeit elektronischer Ausübung politischer Rechte vom 9. Januar 2002, BBl 2002 645.

Botschaft des Bundesrates zum Bundesgesetz über elektronische Identifizierungsdienste vom 1. Juni 2018, BBl 2018 3915.

Medienmitteilung des Bundesrats vom 5. April 2017 «Bundesrat beschliesst nächste Schritte zur Ausbreitung der elektronischen Stimmabgabe», https://www.admin.ch/gov/de/start/dokumentation/medienmitteilungen/bundesrat.msg-id-66273.html (8.10.2018).

Schlussbericht Expertengruppe elektronische Stimmabgabe EXVE, April 2018, https://www.bk.admin.ch/bk/de/home/politische-rechte/e-voting/berichte-und-studien.html (8.10.2018).

Die Umsetzung erfolgreicher Volksinitiativen – Wege voller Hindernisse

Corina Fuhrer,
Andreas Glaser,
Nagihan Musliu

67   Die Volksinitiative ist aus der Schweizer Politik nicht mehr wegzudenken. Im Bund besteht sie seit 1891, in den Kantonen meist noch länger. Häufig dienten Volksinitiativen in der Vergangenheit dazu, (noch) nicht mehrheitsfähige Anliegen wie den Umweltschutz, den Ausbau der Sozialwerke oder die Begrenzung der Zuwanderung in die politische Diskussion einzubringen. In den allermeisten Fällen scheiterten Volksinitiativen jedoch in der Volksabstimmung. Seit der Jahrtausendwende wurden auf Bundesebene jedoch vermehrt Volksinitiativen von Volk und Ständen angenommen. Prominente Beispiele sind die Verwahrungs-, die Ausschaffungs-, die Zweitwohnungs-, die Abzocker- und die Masseneinwanderungsinitiative. Auch in den Kantonen stimmte die Stimmbevölkerung im Laufe der Zeit immer wieder Volksinitiativen zu.

Die verfassungsrechtlichen Aspekte der Umsetzung gutgeheissener Volksinitiativen wurden am Zentrum für Demokratie Aarau im Rahmen eines vom Schweizerischen Nationalfonds geförderten Forschungsprojekts untersucht. Mit der Zustimmung zu einer Volksinitiative tritt in der Regel eine neue, von den Initianten eigenständig formulierte Vorschrift in einer Verfassung oder in einem Gesetz in Kraft, wobei die Initiative in diesem Fall als ausgearbeiteter Entwurf bezeichnet wird. Daneben kommen in den Kantonen Volksinitiativen vor, die blosse Handlungsanweisungen an das Parlament enthalten. Bei diesen allgemeinen Anregungen muss das Parlament im Fall der Zustimmung erst eine Rechtsvorschrift erlassen.

Es wäre daher anzunehmen, dass der in der Zustimmung zur Initiative zum Ausdruck kommende Volkswille rechtlich verbindlich wird und nur noch von der Verwaltung vollzogen werden muss. Um das Grundproblem, welches sich bei der Umsetzung gutgeheissener Begehren allerdings stets stellt, zu verstehen, muss man sich die Rolle der Volksinitiative vor Augen halten. Parlament und Regierung stehen dem Inhalt von Volksinitiativen in den meisten Fällen ablehnend gegenüber, ansonsten könnte das Anliegen auf parlamentarischem Weg durchgesetzt werden und es käme nicht zwingend zur Volksabstimmung. Wenn die Stimmbevölkerung also eine Volksinitiative gutheisst, geschieht dies gegen den Willen des Parlaments und der Regierung. Die Schwierigkeit besteht nun darin, Letztere zu einer Politik zu bewegen, die sie gar nicht wollen.

Die Initiantinnen und Initianten bemängeln denn auch die Umsetzung fast jeder erfolgreichen Volksinitiative. Das Parlament umgehe den Volkswillen oder verwässere ihn, lautet die Kritik regelmässig.

Die Missachtung des Transitverbots für Lastwagen («Alpen-Initiative») gilt mittlerweile bereits als legendär (Kley 2015, 512f.). Der Höhepunkt wurde zuletzt mit der Masseneinwanderungsinitiative erreicht. Es war von Nicht-Umsetzung und von Verfassungsbruch die Rede (vgl. Waldmann 2015, 522).

Gegenstand des Forschungsprojekts war es, zu untersuchen, welche Arten von Rechtsvorschriften die Durchsetzung des in der Abstimmung geäusserten Volkswillens gegenüber Regierung und Parlament begünstigen und welche diese erschweren. Dabei haben wir zahlreiche Verfahren der Umsetzung erfolgreicher Volksinitiativen auf Bundes- und Kantonsebene analysiert. Ziel des Projekts war es, die Problemfelder aufzudecken und Vorschläge für eine Verbesserung der Umsetzung von Volksinitiativen zu entwerfen. Auch Initiantinnen und Initianten künftiger Volksinitiativen können so aus der Vergangenheit lernen.

Dabei ist zu berücksichtigen, dass sich die Ausgangslage für die Umsetzung von Volksinitiativen zwischen Bund und Kantonen unterscheidet. Im Bund muss eine Volksinitiative immer auf die Änderung der Verfassung gerichtet sein. In den Kantonen hingegen kann mit einer Volksinitiative auch der Erlass, die Änderung oder die Aufhebung eines Gesetzes verlangt werden. Auch die sonstigen Rahmenbedingungen sind verschieden. So hat das Bundesparlament mit National- und Ständerat zwei Kammern, die Kantonsparlamente haben dagegen jeweils nur eine Kammer. Der Bundesrat wird vom Parlament, die Kantonsregierungen werden direkt vom Volk gewählt. Deshalb musste die rechtswissenschaftliche Erforschung gesondert für den Bund (Musliu 2019) einerseits und die Kantone (Fuhrer 2019) andererseits erfolgen.

Hindernisse bei der Umsetzung kantonaler Volksinitiativen

VOLKSINITIATIVEN IN FORM DER ALLGEMEINEN ANREGUNG
Als besonders hürdenreich erweist sich – im Vergleich mit ausformulierten Volksinitiativen[1] – die Umsetzung erfolgreicher Volksinitiativen in Form der allgemeinen Anregung. Diese steht zwar sowohl auf Bundes- wie auch auf Kantonsebene zur Verfügung, erwies sich bis anhin aber einzig in den Kantonen als praxisrelevant. Ein Parade-

69 beispiel hierfür ist die Kulturlandinitiative im Kanton Zürich. Diese Initiative verlangte wörtlich, «dass die wertvollen Landwirtschaftsflächen und Flächen von besonderer ökologischer Bedeutung wirksam geschützt werden und in ihrem Bestand und ihrer Qualität erhalten bleiben. Als wertvolle Landwirtschaftsflächen gelten die Flächen der Bodeneignungsklassen 1 bis 6, mit Ausnahme der zum Zeitpunkt der Annahme der Initiative rechtskräftig der Bauzone zugewiesenen Flächen». In dieser Weise generell umschriebene Anliegen bedürfen zu ihrer Verwirklichung der Ausformulierung beziehungsweise der Transformation in anwendbare Rechtsbestimmungen durch die Behörden. Nachdem die Kulturlandinitiative vom Stimmvolk angenommen worden war, weigerte sich das Parlament aber, auf die von der Regierung vorgeschlagene gesetzliche Umsetzung nur schon einzutreten, da der ohnehin zu beschliessende kantonale Richtplan das Anliegen der Initiative gleichermassen erfülle.

Die Initiantinnen und Initianten riefen daraufhin das Bundesgericht an, das ihnen Recht gab.[2] Die grundrechtliche Garantie der politischen Rechte[3] gewährt laut Bundesgericht jeder stimmberechtigten Person den Anspruch, dass die Umsetzung einer allgemeinen Anregung in einer bestimmten Form erfolgt. Der Rechtsakt muss so beschaffen sein, dass er dem Referendum untersteht. Dies ist beispielsweise bei einem Gesetz, nicht aber bei einem Richtplan der Fall. Ausserdem muss das Kantonsparlament eine Regelung ausarbeiten und verabschieden, die den in der Initiative zum Ausdruck gebrachten Vorstellungen entspricht. Dabei darf der Gegenstand des Begehrens nicht verlassen werden und der Sinn der Initiative ist einzuhalten. Dies hatte das Kantonsparlament nicht berücksichtigt, da entgegen den Zielsetzungen der Volksinitiative nach wie vor Landwirtschaftsflächen der Bauzone zugewiesen werden durften.

Nach der Rüge durch das Bundesgericht arbeitete das Kantonsparlament eine Gesetzesänderung im Sinne der Initiative aus, empfahl diese den Stimmberechtigten aber zugleich im Hinblick auf die Volksabstimmung zur Ablehnung. Nachdem das Referendum ergriffen worden war, lehnten die Stimmberechtigten die Gesetzesänderung in einer Volksabstimmung ab. Damit galt das Anliegen der Initiative als erledigt. Das zunächst rechtswidrige Vorgehen des Kantonsparlaments hatte somit keine politischen Konsequenzen. Im Gegenteil: Das Kantonsparlament setzte sich durch, obwohl die Urheberinnen und Urheber der Initiative in der «ersten Runde» noch einen Sieg in der

Volksabstimmung davon getragen hatten. Die Form der allgemeinen Anregung sollte daher mit Bedacht gewählt werden. Ihr Gebrauch kann sich leicht in einem Pyrrhussieg erschöpfen, da die Gefahr der Ablehnung der endgültigen Vorlage in einer allfälligen zweiten Abstimmung besteht. In diesem Fall kommt es gar nicht zu einer Umsetzung der Volksinitiative. Allerdings gibt es eine – im Vergleich zum ausgearbeiteten Entwurf weitergehende – Möglichkeit der gerichtlichen Überprüfung des Umsetzungsergebnisses und die meisten Kantone verpflichten das Parlament gesetzlich zur Umsetzung innerhalb einer bestimmten Frist.

AUSFORMULIERTE VERFASSUNGSINITIATIVEN

Erfolgreiche Verfassungsinitiativen in Form des ausgearbeiteten Entwurfs bedürfen ebenfalls regelmässig noch einer Konkretisierung. Zwingend ist dies, wenn die Vorschrift nicht direkt anwendbar ist. Das heisst, wenn die Norm nicht genau umschreibt, unter welchen Voraussetzungen eine kantonale Behörde im Einzelfall welche Massnahme ergreifen muss. Dies ist beispielsweise der Fall, wenn ein gewisses Verhalten untersagt wird, die zu fällende Sanktion aber nicht Bestandteil der Regelung ist. Muss das Parlament tätig werden, damit die Norm durch die kantonalen Behörden gegenüber den Bürgerinnen und Bürgern angewendet werden kann, bestehen Spielräume, um die Initiative in einer möglichst milden Form umzusetzen (Fuhrer 2019). Ein Beispiel für eine derartige Initiative ist das Rauchverbot in Gaststätten im Kanton Genf. Hierbei hat das Kantonsparlament seine Spielräume genutzt, um eine strikte Umsetzung der Verfassungsbestimmung zu verhindern. So nahm das Genfer Kantonsparlament bei der Umsetzung des Rauchverbots zugleich eine Bestimmung ins Gesetz auf, die Raucherräume erlaubt, ohne dass dies in der Initiative vorgesehen gewesen wäre.

Eine völlige Verweigerung der Umsetzung von Verfassungsinitiativen unter Berufung auf rechtliche Gründe scheidet auf der kantonalen Ebene aus, denn dieses Argument könnte nicht glaubhaft vertreten werden. Verstiesse die Initiative gegen übergeordnetes Recht, also beispielsweise gegen die Bundesverfassung oder die Europäische Menschenrechtskonvention (EMRK), hätte sie für ungültig erklärt werden müssen. Spätestens das Bundesparlament hätte die aus der Initiative hervorgegangene Verfassungsänderung nicht gewährleisten dürfen.

71 AUSFORMULIERTE GESETZESINITIATIVEN
Die beste Aussicht auf eine möglichst getreue Umsetzung besteht bei Volksinitiativen in Form des ausgearbeiteten Entwurfs, die auf den Erlass, die Änderung oder die Aufhebung eines kantonalen Gesetzes gerichtet sind. Solche Initiativen sind regelmässig so genau formuliert, dass eine Behörde auf dieser Grundlage eine Verfügung im Einzelfall erlassen kann. Es bedarf dann keiner weiteren Umsetzung mehr durch das Parlament. Allenfalls muss die Regierung die Vollzugstauglichkeit noch im Wege einer Verordnung sicherstellen. Ein Beispiel für die effektive Umsetzung einer solchen Initiative ist die Wiedereinführung von Noten in der Primarschule im Kanton Appenzell Ausserrhoden. Gewisse Verzögerungsmöglichkeiten bestehen allerdings, wenn es der Regierung obliegt, den Zeitpunkt des Inkrafttretens der Gesetzesänderung zu bestimmen.

GERICHTLICHE KONTROLLE DER UMSETZUNG
Anders als der Bund unterliegen die Kantone einer umfassenden Verfassungsgerichtsbarkeit durch das Bundesgericht. Das bedeutet, dass kantonale Gesetze beim Bundesgericht direkt angefochten werden können. Auch bei Beschwerden gegen Einzelmassnahmen, die auf der Grundlage eines kantonalen Gesetzes erlassen wurden, kann die Verfassungswidrigkeit dieses Gesetzes vor dem Bundesgericht gerügt werden. Bei der Umsetzung von Verfassungsinitiativen kann dieser Mechanismus sozusagen in zwei Richtungen spielen. Eine Person kann das Gesetz anfechten, wenn ihrer Ansicht nach die Initiative nicht richtig umgesetzt wurde. Das Gesetz kann aber auch mit der Begründung angefochten werden, dass es gegen Vorgaben des Bundesrechts verstosse, beispielsweise gegen Grundrechte. So wurde das Gesetz zur Umsetzung des in der Tessiner Kantonsverfassung enthaltenen Verhüllungsverbots vor dem Bundesgericht mit der Begründung, die Regelungen verstiessen unter anderem gegen die Versammlungsfreiheit und die Wirtschaftsfreiheit, angefochten.[4] Das Bundesgericht gab der Beschwerde insoweit statt und verpflichtete das Tessiner Kantonsparlament, entsprechende Ausnahmen vom Verhüllungsverbot in das Gesetz aufzunehmen.

Das Argument der Umsetzung des Volkswillens hat im Verfahren vor Bundesgericht im Vergleich zum Argument der Bundesrechtswidrigkeit weniger Gewicht. Denn Grundrechtseinschränkungen berechtigen potenziell betroffene Personen zur Beschwerde. Aber eine mangelhafte Umsetzung von Volksentscheiden berechtigt einzelne Stimmberechtigte nicht zur Beschwerde – weswegen das Bundesgericht nicht darauf eintritt. Es ist deshalb in der Praxis einfacher, ein Einzelinteresse gegen einen Volksentscheid anzurufen als das öffentliche Interesse zulasten eines vom Parlament aufgegriffenen Partikularinteresses geltend zu machen. Vor diesem Hintergrund sollte der bei der allgemeinen Anregung anerkannte Anspruch auf Umsetzung[5] erst recht auch bei Verfassungsinitiativen in Form des ausgearbeiteten Entwurfs gewährt werden (Fuhrer 2019).

Diese Wirkungsweise erfährt jedoch eine massgebliche Einschränkung: Die Verfassungsbestimmung als solche kann nach der gegenwärtigen Rechtsprechung des Bundesgerichts nicht angefochten werden. Das Bundesgericht erachtet sich als nicht zuständig, da das Parlament für die Gewährleistung der Kantonsverfassungen zuständig ist. Das heisst, das Parlament prüft allein und abschliessend, ob eine durch eine Volksinitiative zustande gekommene Verfassungsbestimmung mit dem Bundesrecht vereinbar ist. Sofern es diese Feststellung ausspricht, kann das Bundesgericht die Verfassungsmässigkeit nicht mehr prüfen. Dies zeigte sich beispielsweise bei der Volksinitiative «Prima i nostri» im Kanton Tessin. Trotz schwerwiegenden Bedenken gegen die Vereinbarkeit mit den Bilateralen Verträgen Schweiz-EU erteilte das Bundesparlament die Gewährleistung. Eine Anfechtung vor Bundesgericht scheidet daher aus. Das gilt auch für diejenigen Umsetzungsmassnahmen in einem Gesetz, die sich unmittelbar aus der Verfassungsbestimmung ergeben.

Hindernisse bei der Umsetzung eidgenössischer Volksinitiativen

INITIATIVEN MIT DIREKT ANWENDBAREN BESTIMMUNGEN

Auf Bundesebene kann mit einer Volksinitiative ausschliesslich die Änderung der Verfassung verlangt werden. Die Gesetzesinitiative existiert hier nicht. In der Praxis kommen heute fast nur noch Volksinitiativen in Form des ausgearbeiteten Entwurfs vor. Das Kernproblem bei der Umsetzung eidgenössischer Volksinitiativen bildet die Frage, ob der betreffende Verfassungsartikel direkt anwendbar ist oder nicht. Die direkte Anwendbarkeit einer Verfassungsnorm bemisst sich danach, ob sie als Rechtsgrundlage für den Erlass einer

73 Verfügung durch eine Verwaltungsbehörde dienen kann.[6] Wird die direkte Anwendbarkeit bejaht, kann die Verfassungsbestimmung einerseits von der Verwaltung unmittelbar vollzogen werden. Andererseits verschiebt sich im Beschwerdefall die Verfassungskonkretisierung bei der Bejahung der direkten Anwendbarkeit vom Parlament zum Bundesgericht. Ist die Norm hingegen nicht direkt anwendbar, muss zuerst das Parlament tätig werden und ein Gesetz erlassen, mit welchem der Verfassungsartikel konkretisiert und genauer ausgestaltet wird. Die Rechtslage kann sich jedoch noch komplizierter präsentieren. So können Teile einer Verfassungsnorm direkt anwendbar sein, andere hingegen nicht.

Nach der Annahme verschiedener Volksinitiativen war die Frage der direkten Anwendbarkeit der Verfassungsbestimmung jeweils umstritten. Beispielsweise verlangt die Zweitwohnungsinitiative eine Beschränkung des Anteils von Zweitwohnungen in einer Gemeinde auf höchstens 20 Prozent.[7] Gemäss der dazugehörigen Übergangsbestimmung sind Baubewilligungen für Zweitwohnungen nichtig, die zwischen dem 1. Januar 2013 und dem Inkrafttreten des Zweitwohnungsgesetzes erteilt worden sind.[8] Das Bundesgericht bejahte die direkte Anwendbarkeit des Zweitwohnungsartikels in einem «harten Kern», da es möglich war, den örtlichen und sachlichen Anwendungsbereich des Baubewilligungsverbots zu bestimmen, ohne dem Gesetzgeber vorzugreifen und dessen Gestaltungsspielraum unnötig einzuengen.[9] Dies hatte zur Folge, dass bestimmte Baubewilligungen aufgehoben werden mussten. Hinsichtlich der weiteren Inhalte der Verfassungsnorm verneinte das Bundesgericht jedoch die direkte Anwendbarkeit.

Gänzlich abgelehnt hat das Bundesgericht hingegen die direkte Anwendbarkeit des Ausschaffungsartikels.[10] Die in der Verfassungsbestimmung genannten Anlasstaten, wie die vorsätzlichen Tötungsdelikte oder der missbräuchliche Bezug von Sozialhilfe, sollten bei Erfüllung der Voraussetzungen zu einem automatischen Verlust des Aufenthaltsrechts der betroffenen Ausländerinnen und Ausländer in der Schweiz führen. Die verfassungsrechtlich normierten Tatbestände sind gemäss dem Bundesgericht jedoch nicht hinreichend klar formuliert und die Umsetzung verursache heikle verfassungs- und völkerrechtliche Probleme.[11] Es bedürfe deshalb der Feinabstimmung durch das Parlament auf Gesetzesstufe. Ganz ähnlich argumentierte das Bundesgericht, als es die direkte Anwendbarkeit des Zuwanderungsartikels[12] (Masseneinwanderungsinitiative) verneinte. Danach wird die Zahl von Aufenthaltsbewilligungen durch jährliche Höchstzahlen und Kontingente begrenzt. Diese Verfassungsbestimmung, so das Bundesgericht, bedürfe der Umsetzung durch Verhandlung mit den Vertragsparteien, also der EU und deren Mitgliedstaaten, und durch Gesetzgebung.[13]

Im vorliegenden Forschungsprojekt konnte nachgewiesen werden, dass das Bundesgericht eine inkonsequente Rechtsprechung bei den durch Volksinitiativen geschaffenen Verfassungsnormen verfolgt (Musliu 2019). Die Kriterien, wann eine direkte Anwendbarkeit anzunehmen ist, sind nicht durchgängig einheitlich. Insgesamt ist das Bundesgericht angesichts des Wortlauts der auf Volksinitiativen fussenden Verfassungsbestimmungen zurückhaltend bei der Annahme der direkten Anwendbarkeit. Dies ist zwar einerseits demokratiefreundlich, weil die Umsetzung in den Zuständigkeitsbereich des Parlaments fällt. Andererseits wird dem Parlament dadurch aber die Möglichkeit eröffnet, den Verfassungsartikel ohne die Mitwirkung der anderen Staatsgewalten zu interpretieren. Auf diese Weise kann es die Umsetzung des Verfassungsartikels unter Verweis auf völkerrechtliche Verpflichtungen der Schweiz[14] vornehmen und den Gehalt der Initiative mehr oder weniger abschwächen. Ein Paradebeispiel hierfür ist die verfassungswidrige Umsetzung der Masseneinwanderungsinitiative.

INITIATIVEN MIT VERORDNUNGSERMÄCHTIGUNGEN AN DEN BUNDESRAT

Einige Initiantinnen und Initianten rechneten für den Fall eines Erfolgs ihrer Initiative verschiedentlich damit, dass das Parlament die Umsetzung möglicherweise nicht sehr zügig an die Hand nehmen würde. Mehrere Initiativen sahen für einen solchen Fall eine Ermächtigung des Bundesrats vor, die Umsetzung des Verfassungsartikels vorübergehend mittels einer Verordnung vorzunehmen. Die Ermächtigung soll entweder bis zur Umsetzung durch das Parlament in einem Gesetz oder nach Ablauf einer bestimmten Frist gelten. So musste der Bundesrat bis zum Inkrafttreten der gesetzlichen Bestimmungen innerhalb eines Jahres nach Annahme des Abzockerartikels[15] am 3. März 2013 die erforderlichen Ausführungsbestimmungen erlassen.[16] Diesen Auftrag hat der Bundesrat mit der Verordnung gegen übermässige Vergütungen bei börsenkotierten Aktiengesellschaften (VegüV) vom 20. November 2013 erfüllt.

Die in der Verfassung unmittelbar enthaltene Ermächtigung des Bundesrats, eine Verordnung zur Umsetzung der Volksinitiative

75 zu erlassen, führt als Konsequenz zu Verschiebungen im herkömmlichen Gewaltenteilungsgefüge. Der Bundesrat darf rechtsetzende Bestimmungen in Form der Verordnung erlassen, soweit er durch Verfassung oder Gesetz dazu ermächtigt ist.[17] In der Verfassung wird der Bundesrat bislang grundsätzlich nur für Krisenfälle ermächtigt, sei es in den Beziehungen zum Ausland[18] oder zur Bewahrung der öffentlichen Ordnung und der inneren oder äusseren Sicherheit gegenüber unmittelbar drohenden schweren Störungen.[19] Im Übrigen darf der Bundesrat Verordnungen lediglich zum Vollzug der Gesetze erlassen.[20] Die sogenannten gesetzesvertretenden Verordnungen, mit denen wichtige inhaltliche Regelungen getroffen werden, benötigen demgegenüber eine Grundlage in einem vom Parlament erlassenen formellen Gesetz.[21]

Die Verordnungen, welche vom Bundesrat auf der Grundlage von Übergangsbestimmungen zwecks Umsetzung von Volksinitiativen erlassen werden, entziehen sich diesen allgemeinen Grundsätzen. Um eine verfassungswidrige Kompetenzausweitung des Bundesrats zu vermeiden, sind daher die Grundsätze zur Vollzugsverordnungsgebung analog heranzuziehen. Danach muss anhand der einschlägigen Übergangsbestimmung ermittelt werden, ob diese die Grundlage für eine inhaltlich weitgehende gesetzesvertretende Verordnung bildet oder lediglich den Erlass von Vollzugsregelungen erlaubt. Aus der Formulierung, dass der Bundesrat «bis zum Inkrafttreten der gesetzlichen Bestimmungen […] die erforderlichen Ausführungsbestimmungen» erlassen darf, kann geschlossen werden, dass lediglich eine Vollzugsverordnung zulässig ist. Daher ist es verfassungswidrig, wenn der Bundesrat – in Umsetzung des Verfassungsauftrags in der Übergangsbestimmung – in Art. 1 Abs. 2 Satz 1 VegüV anordnet, dass die Verordnung widersprechenden Bestimmungen des Obligationenrechts vorgeht. Der Bundesrat hat auf diese Weise die Ermächtigung zum Erlass einer Vollzugsverordnung benutzt, um Vorschriften eines vom Parlament beschlossenen Gesetzes ausser Kraft zu setzen. Damit hat er die klassische Stufenordnung Verfassung – Gesetz – Verordnung auf den Kopf gestellt. Bei der Ausarbeitung von Volksinitiativen ist es daher ratsam, darauf zu achten, ob und inwieweit dem Bundesrat eine Ermächtigung zum Erlass von Verordnungsrecht erteilt werden soll. Obwohl das Parlament eine Korrektur der bundesrätlichen Verordnung vornehmen kann, wurde im Fall der Abzockerinitiative auch nach mehr als fünf Jahren seit ihrer Annahme noch kein Gesetz

zu ihrer Umsetzung erlassen – dies unter anderem deshalb, weil das
Parlament die Umsetzung im Rahmen einer grösseren Revision des
Aktienrechts vornehmen will.

INITIATIVEN IM WIDERSPRUCH ZUM VÖLKERRECHT
Neben der unmittelbaren Anwendbarkeit von Verfassungsnormen
und der Ermächtigung der Regierung zur Verordnungsgebung liegt
das dritte Kernproblem bei der Umsetzung eidgenössischer Volksinitiativen in der Bewältigung von Verstössen gegen völkerrechtliche Bestimmungen. Mit dem zunehmenden Umfang und der zunehmenden
Dichte von völkerrechtlichen Verträgen, welche die Schweiz mit anderen Staaten abschliesst, wächst naturgemäss auch das Risiko eines
Widerspruchs zwischen schweizerischem Recht und Völkerrecht. Als
mögliche Quellen für Konflikte mit jüngerem schweizerischem Recht
erweisen sich unter anderem die EMRK und die Bilateralen Verträge
zwischen der Schweiz und der EU, wozu beispielsweise das Personenfreizügigkeitsabkommen (FZA) gehört.

Spannungen zwischen nationalem und internationalem Recht
können grundsätzlich durch sämtliche Bestimmungen in Verfassungen und Gesetzen von Bund, Kantonen und Gemeinden ausgelöst werden. Besondere Beachtung findet das Problem jedoch, wenn es sich
um einen Verfassungsartikel handelt, der aus einer Volksinitiative
hervorgegangen ist. Hier besteht nämlich die – je nach politischer
Sichtweise – Chance oder Gefahr, durch die Ausführungsgesetzgebung den möglichen Widerspruch zum Völkerrecht auszuräumen oder
zumindest einzugrenzen. Das Parlament erhält also bei umsetzungsbedürftigen Initiativen die Gelegenheit, den Inhalt im Sinne des Völkerrechts – im Wege der sogenannten völkerrechtskonformen Auslegung – abzuschwächen. Hiervon machte das Parlament bei strittigen
Initiativbestimmungen stets Gebrauch. Je nach politischer Präferenz
der Parlamentsmehrheit geschah dies in grösserem oder geringerem
Umfang. Auch die Bedeutung des internationalen Vertrags spielte
dabei eine Rolle.

Bei der Umsetzung des Ausschaffungsartikels[22] hat das Parlament zwar die Verfassung eingehalten, indem es den Katalog der zur
Ausschaffung führenden Anlasstaten konkretisierte. Jedoch sprengt
die Anreicherung des Anlasstatenkatalogs mit einer Härtefallklausel, welche die Verwaltungsbehörden und Gerichte im Einzelfall dazu
ermächtigt, von einer Ausschaffung abzusehen, die Grenzen der

Verfassung (Musliu 2019). Das Parlament wollte auf diese Weise die Vereinbarkeit mit völkerrechtlichen Vorgaben sicherstellen. Das Bundesgericht hatte in einem umstrittenen Urteil im Jahr 2012 auf eine derartige Umsetzung durch das Parlament hingewirkt, indem es andeutete, es werde im konkreten Einzelfall ohnehin eine Auslegung im Einklang mit der EMRK vornehmen.[23] Mit der Ablehnung der Durchsetzungsinitiative wurde diese Lösung in einer Volksabstimmung indirekt gutgeheissen.

Bei der Umsetzung des Verwahrungsartikels[24] entfernte sich das Parlament weit von den wörtlichen Vorgaben der Verfassung, um die Vereinbarkeit mit der EMRK zu sichern. Insbesondere die periodische Überprüfung der Verwahrung ist nicht verfassungskonform. Bislang am weitesten ging das Parlament beim Zuwanderungsartikel.[25] Dieser wurde unter Berufung auf die Unvereinbarkeit mit dem FZA und der politischen Unmöglichkeit, das Abkommen mit der EU neu zu verhandeln, materiell nicht umgesetzt. Die Stellenmeldepflicht für einige Branchen erfüllt die Anforderungen der Verfassung nicht. Wiederum hatte das Bundesgericht in einem im Vorfeld der Umsetzung gefällten Entscheid das Parlament gewarnt, eine Umsetzung im Widerspruch zum FZA vorzunehmen.[26] Das Parlament stellte daraufhin die Vorgaben des FZA über diejenigen der Bundesverfassung. Dies dürfte auf die wirtschaftliche Bedeutung der bilateralen Verträge beziehungsweise des hierdurch gesicherten Zugangs zum Binnenmarkt zurückzuführen sein und entspricht der Rechtslage in den Mitgliedstaaten der Europäischen Union.

Die Umsetzung von Initiativen als parlamentarischer Prozess

TRANSFORMATION DES VOLKSWILLENS DURCH DIE BEHÖRDEN

Der Volkswille, wie er in der Annahme einer Volksinitiative zum Ausdruck kommt, bedarf regelmässig der Umsetzung durch die verfassten Staatsorgane. Parlament, Regierung und Gerichtsbarkeit sind notwendigerweise mit der Transformation der Verfassungs- oder Gesetzesinitiative in den Verwaltungsvollzug befasst. Diese Übersetzung des Initiativbegehrens in Gesetzesnormen und Verwaltungsverfügungen erfolgt nicht nur bei der Umsetzung von Vorschriften, die auf Volksinitiativen zurückgehen. Rechtsetzung, Verwaltung und

Rechtsprechung sind stets Ausdruck des Volkswillens. So heisst es in § 1 der Aargauer Kantonsverfassung treffend, dass die vom Volk ausgehende Staatsgewalt durch die Stimmberechtigten und die Behörden ausgeübt wird. Bei Volksinitiativen wird die demokratische Legitimation eines politischen Sachanliegens aufgrund der Zustimmung durch eine Mehrheit der Stimmberechtigten besonders deutlich – und vor allem treten allfällige Widersprüche besonders klar zu Tage.

Die Umsetzung von Initiativen wird dadurch erschwert, dass Parlament und Regierung einer von den Stimmberechtigten angenommenen Forderung regelmässig ablehnend gegenüberstehen. Die Chance auf praktische Wirksamkeit ist höher, wenn es sich um ein von Parlament und Regierung formuliertes Vorhaben handelt, als wenn die Behörden Normen wider Willen anwenden müssen. Die höchste Hürde liegt somit stets im ersten Schritt der Umsetzung, bei dem das in der Abstimmung befürwortete Anliegen in die Formen der Rechtsetzung und des Vollzugs eingeordnet werden muss. Im Übrigen bestehen vergleichbare Hindernisse, unabhängig davon, ob die Vorlage im Wege einer Volksinitiative oder von Parlament und Regierung initiiert wurde. Der Erlass oder darauf beruhende Vollzugsmassnahmen können unter bestimmten Voraussetzungen von Betroffenen angefochten werden. Die Steuerung kann sich aufgrund faktischer Gegebenheiten als schwierig erweisen.

ZUWEISUNG DER ZUSTÄNDIGKEIT ZUR UMSETZUNG

Die vergleichende Zusammenschau über Bund und Kantone hinweg zeigt, dass die Effektivität der Umsetzung von Volksinitiativen massgeblich davon abhängt, welches Organ hierfür zuständig ist. Die Ausgangsthese lautet: Je weniger das Parlament involviert ist, umso eher gelingt die Umsetzung der Initiative. Daraus folgt, dass die Bedingungen in den Kantonen günstiger sind. Zum einen besteht dort das Instrument der Gesetzesinitiative in Form des ausgearbeiteten Entwurfs. Das Volk ist also in den Kantonen neben dem Parlament gleichwertiger Gesetzgeber. Zum anderen hat auf kantonaler Ebene bei einer angenommenen Initiative in Form der allgemeinen Anregungen jede und jeder Stimmberechtigte einen vor Bundesgericht durchsetzbaren Anspruch auf Umsetzung. Allerdings unterliegt das Initiativrecht in den Kantonen im Vergleich zum Bund viel stärkeren Einschränkungen, was die Vereinbarkeit mit übergeordnetem Recht betrifft. Dies ist nicht nur für das Bundesrecht, sondern auch für das

79   Völkerrecht von Bedeutung. Das übergeordnete Recht spielt zwar bereits im Stadium der Gültigkeitsprüfung eine prominente Rolle, wirkt sich jedoch auch in der Phase der Umsetzung aus, wenn beispielsweise der in der Volksabstimmung angenommene Erlass angefochten wird. Eine gewisse Verschiebung von der rechtlichen zur politischen Ebene lässt sich schliesslich auch in den Kantonen feststellen, soweit von der Verfassungsinitiative Gebrauch gemacht wird. Kantonale Verfassungsbestimmungen können nämlich nicht beim Bundesgericht angefochten werden, vielmehr obliegt es der Bundesversammlung, die Vereinbarkeit mit dem Bundesrecht zu prüfen («Gewährleistung»).

Eine gewisse Kompensation für die auf Bundesebene fehlende Gesetzesinitiative liegt in der unmittelbaren Anwendbarkeit von Verfassungsbestimmungen. Die Effektivität einer Umsetzung durch das Bundesgericht mithilfe einer direkt anwendbaren Vorschrift zeigt sich anhand des Baustopps für Zweitwohnungen.[27] Die Bundesbehörden sind bei der Annahme der direkten Anwendbarkeit von Verfassungsbestimmungen indes sehr zurückhaltend. Das Parlament selbst beansprucht naturgemäss die Deutungshoheit für sich und wird vom Bundesgericht regelmässig darin bestärkt. Dabei erteilt das Bundesgericht dem Parlament allerdings mitunter Massgaben für die Umsetzung.

STIMMIGKEIT DER VORRANGSTELLUNG DES PARLAMENTS
Volksinitiativen betreffen den Bereich der Verfassungs- und Gesetzgebung und damit die Domäne des Parlaments. Auf Bundesebene ist das Parlament besonders stark. Im Unterschied zu den Kantonen gibt es keine Verfassungsgerichtsbarkeit durch das Bundesgericht. Die Vorrangstellung des Parlaments kommt vor allem darin zum Ausdruck, dass die von ihm erlassenen Gesetze selbst dann gelten, wenn sie verfassungswidrig sind.[28] Die mangelhafte Umsetzung des Masseneinwanderungsartikels verstiess demnach zwar gegen die Verfassung, diese selbst sieht den Verfassungsverstoss durch das Parlament aber vor und belässt den verfassungswidrigen Gesetzen die Wirksamkeit.

Rechtspolitische Vorschläge für die Verbesserung der Umsetzung von Volksinitiativen müssten daher folgerichtig beim Parlament ansetzen. Zu denken ist an die Einführung allgemeiner Umsetzungsfristen, die sich allerdings in einigen Kantonen als nicht besonders

wirkungsvoll erwiesen haben, und an die Einführung des obligato- 80
rischen Gesetzesreferendums für Umsetzungserlasse. Letztlich lässt
sich eine andauernde Diskrepanz zwischen angenommenen Volksinitiativen und der Politik des Parlaments nur dadurch aufheben, dass die
Stimmberechtigten, die zugleich auch die Wählerinnen und Wähler
sind, die politische Zusammensetzung des Parlaments ändern.

ANMERKUNGEN

1 Siehe dazu S. 70 f., «Ausformulierte Verfassungsinitiativen» und «Ausformulierte Gesetzesinitiativen».
2 BGE 141 I 186.
3 Art. 34 Abs. 1 BV (Bundesverfassung der Schweizerischen Eidgenossenschaft; SR 101).
4 BGE 144 I 281.
5 Siehe S. 68, «Volksinitiativen in Form der allgemeinen Anregung».
6 Siehe S. 70, «Ausformulierte Verfassungsinitiativen».
7 Art. 75b Abs. 1 BV.
8 Art. 197 Ziff. 9 Abs. 2 BV.
9 BGE 139 II 243 E. 10.
10 Art. 121 BV.
11 BGE 139 I 16 E. 4.
12 Art. 121a BV.
13 BGE 142 II 35 E. 3.1.
14 Siehe dazu S. 79 f., «Stimmigkeit der Vorrangstellung des Parlaments».
15 Art. 95 Abs. 3 BV.
16 Art. 197 Ziff. 10.
17 Art. 182 Abs. 1 BV.
18 Art. 184 Abs. 3 BV.
19 Art. 185 Abs. 3 BV.
20 Art. 182 Abs. 2 BV.
21 Art. 164 Abs. 2 BV.
22 Art. 121 BV.
23 BGE 139 I 16.
24 Art. 123a BV.
25 Art. 121a BV.
26 BGE 142 II 35.
27 Siehe S. 72 f., «Initiativen mit direkt anwendbaren Bestimmungen».
28 Art. 190 BV.

LITERATUR

Fuhrer, Corina: Die Umsetzung kantonaler Volksinitiativen, Zürich/St. Gallen 2019.
Kley, Andreas: Die Umsetzung von Volksinitiativen aus politisch-historischer Sicht. In: LeGes 2015/3, 497–520.
Musliu, Nagihan: Die Umsetzung eidgenössischer Volksinitiativen, Zürich/St. Gallen 2019.
Waldmann, Bernhard: Die Umsetzung von Volksinitiativen aus rechtlicher Sicht. In: LeGes 2015/3, 521–537.

«Ja» stimmen und «Nein» wollen: kompensatorische Stimmentscheide bei Volksinitiativen

Jasmin Gisiger,
Thomas Milic

Abstimmungen ermöglichen den Bürgerinnen und Bürgern, sich zu Sachfragen direkt zu äussern. Nirgendwo sonst manifestiert sich die Sachfragenorientierung der Bürgerschaft derart unmittelbar in politischen Entscheidungen wie in der direkten Demokratie, argumentieren ihre Befürworter. Sie sei deshalb auch als «Krönung der Zivilgesellschaft» zu betrachten. Tatsächlich ist aber längst nicht immer klar, welche Beweggründe hinter den einzelnen Entscheidungen standen. Waren es wirklich die individuellen Haltungen und Präferenzen zur vorgelegten Sachfrage, die den Ausschlag gaben? Oder versuchten die Abstimmenden bloss ein Zeichen zu setzen, Dampf abzulassen oder der Regierung einen Denkzettel zu verpassen? Diese Frage ist nicht bloss akademischer Natur, denn darüber wird im Nachgang zu Abstimmungen in der Schweiz, aber auch anderswo (z. B. nach dem Brexit-Referendum in Grossbritannien) häufig kontrovers diskutiert. Und nicht nur das: Ab und an wurde auch schon eine Wiederholungsabstimmung gefordert, um den «wahren, unverfälschten» Willen des Volkes auszukundschaften, der beim erstmaligen Urnengang offenbar nicht zum Ausdruck kam.

Tatsächlich bedeutet ein «Ja» bei Abstimmungen nicht immer ein «Ja» und ein «Nein» auch nicht stets ein «Nein», wie es das berühmte Bibelwort «Euer Ja sei ein Ja, euer Nein ein Nein» fordert. Denn in der politischen Verhaltensforschung ist hinlänglich bekannt, dass Wählerinnen und Wähler in bestimmten Situationen *strategisch* entscheiden. Strategisch zu stimmen heisst, dass man sich für eine andere als die eigentlich bevorzugte Option entscheidet, um damit einen günstigeren Abstimmungs- oder Wahlausgang zu erzielen (Kriesi 2005). Bei Majorzwahlen wird beispielsweise oftmals strategisch gewählt: Sind die Erfolgsaussichten des eigentlich favorisierten Kandidaten gering, stimmt man für eine zweite Kandidatin, die ideologisch zwar weiter entfernt steht als der Wunschkandidat, aber deutlich grössere Wahlchancen aufweist. Man tut dies natürlich nicht aus einer willkürlichen Laune heraus, sondern in der Regel, um einen dritten Kandidaten, den man für das grösste Übel hält, um jeden Preis zu verhindern.[1] Strategisches Wählen ist, generell gesprochen, eine Wahlentscheidung, die den erwarteten Nutzen gegenüber einer ehrlichen («sincere») Wahl steigert. Nun gibt es verschiedene Spielarten des strategischen Wählens. Im vorliegenden Beitrag geht es bloss um eine dieser Spielarten, nämlich das *kompensatorische* Wählen («compensatory voting»).

Kompensatorisches Wählen wurde im Kontext von Wahlen schon ausgiebig erforscht. Für Sachabstimmungen liegen bislang jedoch keine Untersuchungen vor. Doch gerade bei Sachabstimmungen – und im Speziellen bei Abstimmungen über Volksinitiativen – ist ein solches Entscheidungsverhalten zu erwarten: Erstens, weil es hier unmittelbar um Sachfragen geht,[2] und zweitens, weil die Umsetzung abstrakter Verfassungsartikel in den Händen von Akteuren liegt, die jene Initiativen zu Beginn üblicherweise bekämpfen. Dieser Beitrag dient dazu, zu untersuchen, ob auch bei Sachabstimmungen kompensatorisch gehandelt wird und wovon ein solches Verhalten an der Urne abhängig ist. Dazu wird das Konzept des kompensatorischen Wählens zuerst kurz vorgestellt, die spezielle Ausgangslage bei Sachabstimmungen in der Schweiz präsentiert, um sodann die Messung kompensatorischen Abstimmens einzuführen. Schliesslich wird die Frage aufgeworfen, wie weit diese Form des strategischen Abstimmens in der Schweiz verbreitet ist und wovon sie abhängt. Zuletzt wenden wir uns der Frage zu, inwieweit symbolische Stimmentscheide die Legitimität der direkten Demokratie bedrohen.

Kompensatorisches Abstimmen bei Sachfragen

WAS IST KOMPENSATORISCHES WÄHLEN EIGENTLICH?
Das kompensatorische Wählen ist eng verwandt (aber nicht deckungsgleich) mit Konzepten zweier räumlicher Modelle sachfragenorientierten Wählens: dem Nähe- oder Distanzmodell («proximity voting model») und dem Richtungsmodell («directional voting model»). Das hergebrachte Distanzmodell postuliert, dass Wählerinnen und Wähler jene Partei oder Kandidatur bevorzugen, die ihnen ideologisch am nächsten steht (Downs 1957, Enelow und Hinich 1984). Kritik an diesem Modell übten insbesondere Rabinowitz und Macdonald (1989), die argumentierten, dass es nicht zwingend die *absolute* Position einer Partei im politischen Raum sei, die darüber entscheide, ob sie gewählt werde oder nicht, sondern ihre mutmassliche Hebelwirkung auf die *Richtung*, in welche sich die Politik als Folge ihrer Wahl bewege. Richtungsmodelle brachten somit im Vergleich zu Distanzmodellen ein neues Element ins Spiel: den Status quo. Der entscheidende Unterschied zum Distanzmodell liegt darin, dass das Richtungsmodell den Wählenden nicht zumuten will, alle zur Auswahl stehenden Parteien

im Detail verorten zu können.³ Wählende sind jedoch, so die Verfechter des Richtungsmodells, sehr wohl in der Lage zu antizipieren, in welche Richtung sich der Status quo durch die Wahl einer bestimmten Partei generell verschieben würde. Sie entscheiden sich deshalb oft für jene Partei, die ihre (grobe) Politikrichtung am intensivsten vertritt. Wählende tun dies, weil sie davon ausgehen, dass mit der Wahl dieser (extremen) Partei der Status quo am ehesten in die von ihnen gewünschte Richtung verschoben wird (Queralt 2012, Kedar 2005). Im Richtungsmodell ist also nicht die Nähe zur Partei ausschlaggebend, sondern die Intensität, mit welcher bestimmte Standpunkte vertreten werden.⁴

Beide Modelle treffen indessen eine Annahme, die wenig realistisch ist: Sie gehen davon aus, dass Wahlentscheidungen in der Erwartung getroffen werden, dass die gewählte Partei – sofern siegreich – ihr Programm in der Folge auch kompromisslos verwirklichen kann. Erfahrene Wählerinnen und Wähler wissen aber, dass in der politischen Praxis kaum eine Partei dazu in der Lage ist.⁵ Darum haben Grofman (1985) und Kedar (2005)⁶ das klassische Nähemodell um eine spezifische Komponente erweitert: die Komponente der Umsetzbarkeit politischer Programme. In ihren Modellen antizipieren Wählende demnach bereits vor der Wahl den Prozess der Regierungsbildung und treffen darauf aufbauend ihre Entscheidung. Mit anderen Worten: Wählende setzen ihre Stimme «als Investition zur Erreichung der besten Politikergebnisse in der nächsten Legislaturperiode» (Pappi et al. 2008) ein. Grofman (1985) nennt sein Modell das «discounting model», weil sich die Wählerinnen und Wähler nicht an den propagierten programmatischen Positionen der Parteien orientieren, sondern vielmehr an deren *diskontierten* Positionen. Die diskontierte Position einer Partei wiederum ist das Ausmass der Verschiebung des aktuellen Status quo, welche jene Partei realistischerweise durchzusetzen vermag. Kurz, im kompensatorischen Wählen fliessen die subjektiven Erwartungen zur Umsetzungsfähigkeit politischer Positionen in das Kalkül der Wählenden mit ein. Die Einschätzung dieses Einflusses einer Partei ist letztlich ausschlaggebend dafür, ob eine Wählerin oder ein Wähler sie unterstützt oder nicht – und nicht das Programm der Partei (Kedar 2006, 510).

KOMPENSATORISCHES WÄHLEN IN DER SCHWEIZ

Aus der Forschung wissen wir, dass kompensatorisches Wählen in Proporzwahlsystemen verbreiteter ist als in Majorzwahlsystemen (Kedar 2005, 2006). Der Grund dafür ist: In Majorzwahlsystemen kann die siegreiche Mehrheitspartei ihr Programm mehr oder weniger buchstabengetreu durchsetzen. Es gibt für Wählende deshalb keinen Grund, sich für eine andere als die sachpolitisch favorisierte Partei zu entscheiden. Proporzwahlsysteme hingegen bringen in der Regel Koalitionsregierungen hervor. Deren Programm (etwa der Koalitionsvertrag der «Groko» in Deutschland) ist ein Resultat von langwierigen Verhandlungen, in welchen man sich auf Kompromisse einigen muss. Dass dabei die Positionen der einzelnen Koalitionsparteien notwendigerweise verwässert werden, ist erfahrenen Wählerinnen und Wählern bewusst. Sie haben demnach einen Anreiz, zu kompensieren.

Die Schweiz ist gemäss Lijphart (2012) der paradigmatische Fall einer Konsensdemokratie (siehe auch Vatter 2008). Sie ist somit geradezu prädestiniert, um kompensatorisches Wählen genauer unter die Lupe zu nehmen. Tatsächlich wurde dies im Kontext von Wahlen auch schon getan.[7] Doch: Wird auch bei Sachabstimmungen kompensiert? Anders gesagt: Stimmen die Bürgerinnen und Bürger der Schweiz auch bei Sachabstimmungen oftmals radikaler ab, als sie eigentlich wollen, um das Resultat so in eine gewünschte Richtung zu bewegen? Vor dem Hintergrund der Fachliteratur, die sich hauptsächlich auf Wahlen beschränkt, erscheint die Frage zunächst seltsam, denn Sachabstimmungen weisen strukturell starke Ähnlichkeiten mit Majorzwahlsystemen auf, von denen wir wissen, dass sie kompensatorisches Wählen kaum fördern: Die Stimmenden können nämlich wie in Majorzsystemen bloss zwischen zwei (realistischen) Alternativen auswählen und sollten daher per se keinen Anreiz haben, kompensatorisch zu wählen.

Und doch haben die Bürgerinnen und Bürger, so unsere These, einen Anreiz, kompensatorisch zu stimmen. Denn die Umsetzung einer angenommenen Vorlage erfolgt – ähnlich wie die Umsetzung eines Koalitionsvertrags bei der Wahl einer Koalitionsregierung – höchst selten direkt, sondern zumeist indirekt. Wir denken dabei ausschliesslich an Volksinitiativen. Volksinitiativen können selten direkt umgesetzt werden (Wyss 2014). Sie bedürfen in den meisten Fällen einer Ausführungsgesetzgebung. Die Gestaltung der Ausführungsgesetzgebung wiederum liegt in der Verantwortung des Bundesrats und des Parlaments. Das heisst: Über die Umsetzung einer angenommenen Initiative entscheiden (paradoxerweise) Organe, die selbige Initiative zuvor in aller Regel bekämpft haben. Genau deshalb dürfte aber auch deren Bereitschaft, die ungeliebte Initiative wortwörtlich umzusetzen, begrenzt sein (Stauffer 2012, Kley 2015). Wegen dieser Ausgangslage ist mit einer gewissen «Verwässerung» – im Sinne eines Abschleifungsprozesses, wie er auch bei Koalitionsverhandlungen nicht unüblich ist – von vornherein zu rechnen.

Die Umsetzungsprobleme von Volksinitiativen wiederum sind ein in der Öffentlichkeit viel diskutiertes Thema.[8] Wir dürfen deshalb davon ausgehen, dass sich die Stimmbürgerinnen und Stimmbürger dessen bewusst sind.[9] So ist anzunehmen, dass sie diesen erwarteten «Verwässerungsprozess» prophylaktisch zu kompensieren versuchen. Das heisst: Sie könnten dazu neigen, einer Initiative, die ihnen eigentlich zu weit geht, trotzdem zuzustimmen, weil sie glauben, dass die anschliessende Umsetzung weniger radikal ausfällt («Verwässerung») und dadurch – und zwar, wohlgemerkt, nur dank dieser Verwässerung – ihrer sachpolitischen Idealposition am Ende sehr nahekommt.

Konkrete Beispiele sind bekanntlich immer hilfreich. Das beste und zugleich bekannteste Beispiel ist sicherlich die Masseneinwanderungsinitiative (MEI), die am 9. Februar 2014 vom Stimmvolk angenommen wurde. Die Initiative verlangte eine selbständige Steuerung der Zuwanderung mittels Kontingenten. Diese Forderung stand im Widerspruch zum Personenfreizügigkeitsabkommen zwischen der Schweiz und der Europäischen Union. Eine strikte Umsetzung des neuen Verfassungsartikels hätte voraussichtlich die Auflösung der bilateralen Abkommen zwischen der Schweiz und der EU zur Folge gehabt. Nach einem fast dreijährigen Aushandlungsprozess nahm das Parlament deshalb ein Ausführungsgesetz an, welches keines der beiden Hauptziele der Initiative umsetzt. Wir dürfen davon ausgehen, dass gut informierte Wählerinnen und Wähler diese Umsetzung zwar nicht genau, aber zumindest teilweise vorhersehen konnten. Denn weder Befürworter noch Gegner der Initiative haben die Bilateralen Verträge während des Abstimmungskampfes offen angegriffen. Es war also durchaus vorstellbar, dass ein Kompromiss irgendeiner Art geschlossen werden musste, sollte die MEI angenommen werden.

Was aber bedeutet «kompensatorisches Abstimmen» im Fall der MEI? Wir versuchen dies am Beispiel einer fiktiven FDP-Sympathisantin zu erklären. Sie ist unzufrieden mit der aktuellen Migrationspolitik der Regierung. Sie will die Zuwanderung moderat bremsen. Die Forderungen der MEI gehen ihr aber zu weit, insbesondere will sie einen Bruch mit der EU nicht riskieren. Würde sie ihren Präferenzen getreu («ehrlich») abstimmen wollen, müsste sie die Initiative ablehnen. Denn ihre Position (moderate Zuwanderungsbegrenzung) liegt näher beim Status quo als bei der Initiative. Aber das tut sie nicht: Eine Verwässerung bei der Umsetzung antizipierend, stimmt sie am Ende mit «Ja». Damit hat sie, wie es in der Fachliteratur heisst, «unehrlich» gestimmt, weil ihre Position eigentlich näher beim «Nein» als beim «Ja» liegt. Aber sie glaubt von vornherein nicht, dass die Initiative so «heiss gegessen, wie gekocht wird», sondern erwartet vielmehr, dass die anschliessende Umsetzungslösung (z. B. moderate Zuwanderungsbegrenzung, kein Bruch des Personenfreizügigkeitsabkommens) ihrer Position sehr nahekommt.

Daten und Vorgehensweise

Wie oft wird bei Abstimmungen über Volksinitiativen kompensatorisch gestimmt? Wir haben zu diesem Zweck die Prävalenz kompensatorischen Stimmens zwischen 1993 und 2015 untersucht. Dabei bildeten die VOX-Erhebungen die Datengrundlage. Die VOX-Studien stützen sich auf Befragungen von 1000–1500 Personen im Nachgang zu eidgenössischen Urnengängen ab. Wir haben uns dabei ausschliesslich auf Stimmende beschränkt, die über einen gewissen Grad an Informiertheit verfügen. Denn nur wer informiert ist, kann auch strategisch abstimmen. Insgesamt deckt unsere Untersuchung 63 Vorlagen ab, wobei die Daten zusammengenommen 17 570 Befragungen umfassen.

Kompensatorisches Verhalten wurde in der vorliegenden Studie wie folgt gemessen: Zunächst wurde rekonstruiert, wie jemand aufgrund seiner sachpolitischen Präferenzen hätte abstimmen sollen («sincere» oder auch «correct vote»).[10] Die sachpolitischen Präferenzen der Befragten wiederum wurden ihren Antworten auf die vorgelegten, vorlagenbezogenen Argumente entnommen.[11] Diese inhaltlichen Positionen der Befragten zur vorgelegten Initiative wurden sodann mit ihrem tatsächlichen Entscheid verglichen. Stimmten Befragte dabei einer Initiative zu, die sie aufgrund ihrer inhaltlichen Positionen hätten ablehnen müssen, so wurden sie als kompensatorisch Stimmende klassifiziert.

Wie oft wird kompensatorisch gestimmt und wer tut dies?

Im Schnitt stimmen etwas mehr als sechs Prozent der gut informierten Personen kompensatorisch ab.

Der Anteilswert variiert indessen stark zwischen den einzelnen Initiativen. Der geringste Wert (2,2 %) wurde bei der Initiative «Ja zu Europa» (4. März 2001), der höchste (14,8 %) beim Volksbegehren «gegen illegale Einwanderung» (1. Dezember 1996) erzielt. Diese zwei Werte zeigen im Übrigen schon ein gewisses Muster auf: Die Volksinitiative «Ja zu Europa» stellte bloss eine einzige, dafür unmissverständliche Forderung auf und liess demnach wenig Handlungsspielraum bei der Umsetzung offen. Ausserdem hatte der Bundesrat erst drei Jahre zuvor ein EU-Beitrittsgesuch in Brüssel deponiert. Es gab demnach keine Gründe, im Fall einer (allerdings im Vornherein sehr unwahrscheinlichen) Annahme an einer schnellen und wortgetreuen Umsetzung zu zweifeln. Demzufolge gab es auch keine Anreize, strategisch zu stimmen. Die Initiative «gegen illegale Einwanderung» hingegen beliess deutlich mehr Manövrierraum bei der Umsetzung und fand weder beim Bundesrat noch im Parlament eine mehrheitliche Unterstützung. Hier war im Fall einer Annahme schon viel eher mit einer Verwässerung zu rechnen, womit sich auch die Motivation, kompensatorisch zu stimmen, erhöhte. Ein weiteres Beispiel ist die UNO-Initiative, die 2002 von Volk und Ständen angenommen wurde. Sie ist eine von lediglich zwei Initiativen, die der Bundesrat seit Einführung des Initiativrechts zur Annahme empfahl. Bei dieser Initiative gab es keinen Grund zur Annahme, dass der Bundesrat sie nicht wortgetreu umsetzen würde, da er das Begehren ausdrücklich guthiess. In der Tat betrug gemäss unserer Messung der Anteil kompensatorisch stimmender Personen bloss 2,9 Prozent.

Wovon ist das kompensatorische Abstimmen abhängig? Zu diesem Zweck haben wir ein Mehrebenenmodell gerechnet, welches eine ganze Reihe von Bestimmungsgründen enthielt. Dabei stachen zwei Faktoren heraus: zum einen das Alter und zum anderen das Vertrauen in die Regierung. Zunächst zum Alter: Je älter die Stimmenden, desto eher tendieren sie dazu, strategisch zu stimmen. Ältere Stimmberechtigte sind in der Regel auch erfahrene Urnengängerinnen und Urnengänger. Sie haben wahrscheinlich schon die Umsetzung der einen oder anderen angenommenen Initiative mitverfolgen können und wissen

KOMPENSATORISCHE STIMMENTSCHEIDE BEI VOLKSINITIATIVEN

Minimum	Arith. Mittelwert	Maximum
2.2	6.5	14.8

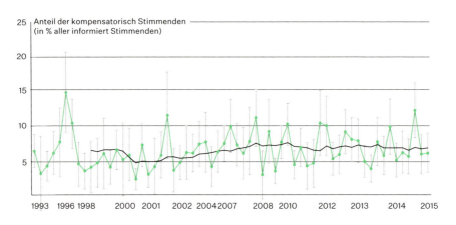

—•— Anteil in %

——— Trendlinie (Zehn-Vorlagen-Durchschnitt)

Abb.1 (oben)
Anteile kompensatorisch abstimmender Personen bei Abstimmungen über Volksinitiativen, 1993–2015 (in Prozent, 63 Volksinitiativen).

Abb.2 (unten)
Kompensatorisches Stimmen in Prozent in Volksinitiativen, 1993–2015.

demnach, dass an der Urne erfolgreiche Volksbegehren wie etwa die Alpenschutzinitiative (1994) nicht immer so umgesetzt werden, wie dies im Abstimmungskampf angekündigt wurde.[12] Insofern überrascht es nicht, dass ältere Stimmberechtigte Umsetzungserwartungen eher in ihr Entscheidungskalkül einfliessen lassen als jüngere Stimmberechtigte, die vergleichsweise neu im Abstimmungsgeschäft sind. Einen noch stärkeren Einfluss auf die Bereitschaft, kompensatorisch zu stimmen, hat indessen das Vertrauen in die Regierung. Wer dem Bundesrat misstraut, stimmt Initiativen, die sie oder er eigentlich für zu radikal hält, mit höherer Wahrscheinlichkeit zu als Personen, die grösstes Vertrauen in die Regierung haben. Dieses Resultat überrascht keineswegs: Wer dem Bundesrat vertraut, geht davon aus, dass die Regierung Initiativen so vollständig wie möglich umsetzt. Wer der Regierung hingegen misstraut, hegt wohl gleichzeitig auch den Verdacht, dass diese die Initiativforderungen nur halbherzig umsetzen wird.

Zusammenfassend lässt sich festhalten, dass kompensatorisches Abstimmen durchaus vorkommt und von verschiedenen Faktoren abhängig ist. Zum einen von kontextuellen Faktoren: Wenn der Handlungsspielraum bei der Umsetzung von vornherein gering ist wie bei der Initiative «Ja zu Europa» oder der UNO-Initiative, so wird auch viel seltener kompensatorisch entschieden. Denn es gibt bei diesen direkt umsetzbaren Volksbegehren auch kaum etwas zu «kompensieren» oder zu «diskontieren». Dies gilt umso mehr, wenn die Initiative von Regierung und Parlament unterstützt wird wie die UNO-Initiative. Hier gibt es erst recht keinen Grund, an der vollständigen und raschen Umsetzung zu zweifeln. Nebst diesen kontextuellen Faktoren haben aber auch individuelle Faktoren einen Effekt darauf, ob man kompensatorisch abstimmt. Das Alter – oder wohl vielmehr die Abstimmungserfahrung – spielt eine zentrale Rolle. Noch wichtiger ist allerdings das Vertrauen in die Regierung: Ist das Regierungsvertrauen hoch, dann wird auch nicht am Willen der Regierung zur vollständigen Umsetzung einer Initiative gezweifelt.

Gefährden Personen, die symbolisch stimmen, die Abstimmungsdemokratie?

Die Legitimität direktdemokratischer Entscheide speist sich unter anderem auch daraus, dass sie die genuinen Sachpräferenzen des

Stimmvolkes reflektieren. Die politische Verhaltensforschung konnte zeigen, dass Stimmbürgerinnen und Stimmbürger nicht immer «ehrlich», das heisst gemäss ihren Präferenzen, sondern bisweilen auch strategisch wählen. Strategisches Stimmen kann dabei unterschiedliche Formen annehmen: Eine dieser Formen ist das kompensatorische Stimmen. Wer kompensatorisch stimmt, macht sich Gedanken darüber, wie die Vorlage im Fall einer Annahme umgesetzt wird. Erfahrene, ältere Stimmberechtigte kennen die Umsetzungshistorie vergangener Initiativen, was ihre Entscheidungen im Hinblick auf zukünftige Initiativen prägt. Dabei spielt es für das Verständnis des individuellen Stimmentscheids keine Rolle, wie Initiativen, objektiv betrachtet, umgesetzt wurden. Für den individuellen Entscheid der Stimmenden ist einzig und allein ihre eigene subjektive Wahrnehmung ausschlaggebend: Wer der Meinung ist, dass Initiativen in der Regel nicht wortgetreu umgesetzt werden, wird diese Haltung wahrscheinlich auch in ihren oder seinen Entscheid einfliessen lassen. Und das wiederum kann dazu führen, dass man einer Initiative zustimmt, obwohl man das Begehren eigentlich für zu radikal hält.

Wie unsere Analyse des Stimmverhaltens bei Volksinitiativen zwischen 1993 und 2015 zeigte, ist kompensatorisches Stimmen verbreitet. Durchschnittlich sechs Prozent der gut informierten Personen stimmen auf diese Weise ab. Dieser Wert lag bei gewissen Initiativen nochmals deutlich höher. Es ist also durchaus möglich, dass die eine oder andere Initiative nur deshalb eine Mehrheit fand, weil eine erhebliche Zahl strategisch stimmte. Wie viele Initiativen das tatsächlich waren, ist ungewiss. Denn natürlich ist umgekehrt auch möglich, dass Nein-Stimmende – ob bewusst oder unbewusst – nicht ihren Präferenzen gemäss stimmten. Mit anderen Worten: Der «wahre Volkswille» – sofern es so etwas wie einen wahren Volkswillen im Sinne einer Verteilung von ehrlichen («sincere») Präferenzen überhaupt gibt – bleibt verborgen. Aber eines kann mit Gewissheit gesagt werden: Das Schlussergebnis einer Volksabstimmung ist wohl nur in den seltensten Fällen eine exakte Wiedergabe der vorlagenbezogenen Sachpräferenzen des Stimmvolkes.

Untergräbt dies die Legitimität von Volksentscheiden? Wir glauben, nicht. Denn strategisches Stimmen lässt sich nicht unterbinden. Menschen sind vernunftbegabte Geschöpfe, die wie Schachspieler immer auch versuchen, mehrere Züge im Voraus zu planen. Strategisch Stimmende antizipieren zudem oftmals richtig. Ein gutes Beispiel ist die Armeeabschaffungsinitiative von 1989: Viele Befürwortende hatten gar nie die Absicht, die Armee abzuschaffen. Sie wussten, dass das Begehren ohnehin nicht angenommen würde. Sie versprachen sich jedoch von einem möglichst hohen Ja-Stimmen-Anteil eine Denkzettelwirkung: Die Armee, so ihre Überlegung, würde einen überraschend hohen Ja-Stimmen-Anteil zum Anlass nehmen, sich zu reformieren. Wie die Geschichte der Schweizer Armee nach 1989 zeigt, behielten diese Stimmenden mit ihrer Einschätzung recht. Kurz, strategische Erwägungen sind (empirisch) oftmals richtig und deshalb legitim. Man kann den Stimmbürgerinnen und Stimmbürgern rationales Denken nicht verbieten. Strategisches Stimmen ist zudem links wie auch rechts verbreitet. Im rechten Lager wird strategisch gestimmt, wenn es um Ausländer- und Europavorlagen geht. Moderate Rechte diskontieren das in der Umsetzung praktizierte «Abschleifen» einer Initiative bereits bei ihrem Entscheid zum Begehren. Moderate Linke wiederum stimmen einer radikalen linken Initiative häufig nicht aus inhaltlicher Überzeugung zu, sondern weil sie wissen, dass sie ohnehin abgelehnt wird, sich aber die Regierungspolitik durch einen vergleichsweise hohen Ja-Anteil in die gewünschte Richtung bewegt.

Allerdings sehen wir ein Problem darin, dass sich die Effekte des symbolischen oder kompensatorischen Stimmens selbst verstärken könnten. Kompensatorisches Stimmen war in der Vergangenheit deshalb seltener, weil ohnehin kaum je eine Initiative angenommen wurde. Warum soll man sich spekulative Gedanken über die Umsetzung einer Initiative machen, wenn es dazu nicht kommt? Woher soll man wissen, in welcher Form – wortgetreu oder nicht – Initiativen möglicherweise umgesetzt werden, wenn diese Situation in der Vergangenheit sowieso kaum je eingetreten ist? Das hat sich mittlerweile geändert. Die Erfolgsquote von Volksinitiativen ist zwischen 2005 und 2015 merklich angestiegen und mit den Initiativerfolgen setzten auch die Umsetzungsprobleme ein. Das kann zu einem Teufelskreis führen: Je mehr Initiativen angenommen werden, desto häufiger wird die Umsetzung zum Thema und umso stärker der Anreiz, symbolisch abzustimmen. Das führte etwa bei der Abstimmung über die «No Billag»-Initiative dazu, dass einige Zeitungen schrieben, man könne die Vorlage – auch wenn man prinzipiell dagegen sei – geradeso gut annehmen, weil sie ohnehin nicht umgesetzt würde. Eine solche Entwicklung – die eigene Stimme wird als reines Signalisierungsinstrument eingesetzt – wäre in der Tat gefährlich für die direkte Demokratie. Denn beim Entscheid sollen die konkreten Sachfragen weiterhin im Fokus stehen. Dabei reicht es unserer Meinung nach nicht aus, die Stimmbürgerschaft zu ermahnen, wieder sachfragenbezogen und weniger symbolisch zu stimmen, denn Menschen denken unweigerlich prospektiv. Besser wäre es, den Stimmenden bezüglich der Umsetzung mehr Erwartungssicherheit zu geben. Kurz, die Stimmenden sollen im Voraus wissen, was sie bei der Umsetzung einer Initiative erwartet. Diese Umsetzungsversprechen müssen dann auch erfüllt werden.

ANMERKUNGEN

1 Solche Situationen ergeben sich in der Schweiz vor allem bei zweiten Wahlgängen einer Ständeratswahl, etwa 2015 in Zürich, als die Linke, die primär einen Ständerat Vogt (SVP) verhindern wollte, sich demnach zwischen dem eigentlich bevorzugten Kandidaten Girod (GPS) und dem chancenreicheren Noser (FDP) entscheiden musste. Aber auch in Proporzwahlen ist strategisches Wählen möglich. Peter Selb und Romain Lachat (2010) haben aufzeigen können, dass Schweizer Wählerinnen und Wähler zuweilen bewusst eine Partei wählen, die ihnen im Prinzip zu radikal ausgerichtet ist. Sie beabsichtigen damit, das «ideologische Gravitationszentrum» der Regierung in die gewünschte Richtung zu verschieben. Das könnte etwa bedeuten, dass ein FDP-Sympathisant nicht seine eigentliche Wunschpartei wählt, sondern die SVP, um den ideologischen «Schwerpunkt» im Bundesrat stärker nach rechts, und zwar ziemlich genau auf die Position der FDP, zu verschieben.
2 Räumliche Modelle des Wahlverhaltens unterstellen den Wählenden zunächst einmal, dass sie sich beim Wahlentscheid hauptsächlich an Sachfragen bzw. an den Lösungen der Parteien zu Sachproblemen orientieren. Bei Wahlen – wo es bekanntlich um Parteien oder Kandidaten geht – ist dies indessen nicht selbstverständlich, eher aber bei Sachabstimmungen, wo direkt über eine Sachfrage entschieden wird.
3 Genau dies – eine sehr präzise Verortung seiner selbst und auch aller zur Auswahl stehenden Parteien – ist aber nötig, wenn man jene Partei wählen möchte, die einem ideologisch am nächsten steht.
4 Wählerinnen und Wähler haben einen Anreiz, Parteien zu wählen, die extremere Positionen vertreten als sie selbst. Empirische Studien konnten belegen, dass Wählende ihre Stimme extremeren Parteien häufiger geben, als man dem traditionellen Nähemodell zufolge erwarten würde (Merrill und Grofman 1999, Adams et al. 2005, Kedar 2006, Henning et al. 2007).
5 Erst recht nicht in einem Konkordanzsystem wie dem schweizerischen, in welchem alle grossen Parteien in der Regierung vertreten sind.
6 Der Ausdruck «kompensatorisches Wählen» taucht zum ersten Mal bei Kedar (2005) auf. Sie konnte aufzeigen, dass sich Wählende häufig gar nicht für die ihnen am nächsten stehende Partei entscheiden. Mehr noch: Manchmal, so Kedar, stehe die bevorzugte Partei noch nicht einmal auf der gleichen Seite des politischen Spektrums wie die Wählerin oder der Wähler. Weder das Distanzmodell noch das Richtungsmodell können dieses empirische Rätsel vollständig lösen.
7 Lachat und Selb (2010, 494) haben beispielsweise kompensatorisches Wählen im Kontext der Nationalratswahlen 2007 untersucht und Hinweise gefunden, dass Schweizerinnen und Schweizer extremer gewählt haben, als sie eigentlich sind. Der Wahlerfolg der Flügelparteien liesse sich demnach bis zu einem gewissen Grad mit einem Phänomen erklären, das die Autoren «strategisches Überschiessen» – mittels kompensatorischem Wählen – nennen: Wählerinnen und Wähler unterstützen Parteien, die ihnen eigentlich zu extrem sind, weil sie wissen, dass diese zwar nur geringfügigen Einfluss auf die Regierungsposition haben werden, aber gleichzeitig den ideologischen Schwerpunkt innerhalb des Regierungsgremiums am effizientesten in die gewünschte Richtung verschieben.
8 Inwieweit Initiativen umgesetzt werden, ist umstritten. Stauffer (2012) beispielsweise meint, dass keine der bisher angenommenen Initiativen buchstabengetreu umgesetzt wurde.
9 Wyss (2014, 491) schreibt diesbezüglich: «Das Thema, ob, wie und von wem Volksinitiativen umzusetzen sind, scheint politisch links wie rechts, in Öffentlichkeit und Wissenschaft unter den Nägeln zu brennen. Eine etwas unspezifische Suche in Google mit den Begriffen ‹Umsetzung› und ‹Volksinitiative› fördert deutlich mehr als 150 000 Treffer zu Tage.»
10 Wir schliessen uns dabei an das Konzept des «correct voting» an: Dieses ist definiert als jene Wahlentscheidung, die Wählerinnen und Wähler unter vollständiger Informiertheit treffen (Lau und Redlawsk 1997).
11 Befragte werden in jeder VOX-Umfrage gebeten anzugeben, wie stark sie diesen Argumenten zustimmen bzw. sie ablehnen. Es handelt sich dabei um einen gängigen Weg, die vorlagenspezifischen Meinungen von Wählerinnen und Wählern abzuholen (Kriesi 2005). Milic (2012) hat ein Messinstrument für «correct voting» im direkt-demokratischen Kontext entwickelt, welches von den VOX-Daten – konkreter: von den oben erwähnten Standpunkten zu den Argumenten – Gebrauch macht und

eine argumentbasierte Meinung für alle befragten Personen berechnet. Auf diese Weise wird klar, was jemand hätte abstimmen sollen: nämlich «Ja», wenn er mehrheitlich mit den Pro-Argumenten übereinstimmt, und «Nein», wenn er vor allem die Gegenargumente unterstützt (zur Validität des Messinstruments siehe Milic 2012, Kriesi 2005, Lanz und Nai 2014).

12 Als Beleg diene beispielsweise eine Aussage Kleys (2015, 513): «Es ist bekannt, dass die Alpeninitiative bis heute nicht in einem wörtlichen Sinn umgesetzt ist.»

LITERATUR

Adams, James F.; Merrill, Samuel III; Grofman, Bernard: A Unified Theory of Party Competition. A Cross-National Analysis Integrating Spatial and Behavioral Factors. Cambridge 2005.

Downs, Anthony: An Economic Theory of Democracy. New York 1957.

Enelow, James M.; Hinich, Melvin J.: The Spatial Theory of Political Competition: An Introduction. Cambridge 1984.

Grofman, Bernard: The Neglected Role of the Status Quo in Models of Issue Voting. In: Journal of Politics 47 (1985), 230–237.

Henning, Christian; Hinich, Melvin J.; Shikano, Susumu: Proximity versus Directional Models of Voting: Different Concepts but One Theory. In: Hinich, Melvin J.; Barnett, William A. (Hg.): Topics in Analytical Political Economy. Bingley 2007, S. 117–138.

Kedar, Orit: How Voters Work Around Institutions: Policy Balancing in Staggered Elections. In: Electoral Studies 25/3 (2006), 509–527.

Kedar, Orit: When Moderate Voters Prefer Extreme Parties: Policy Balancing in Parliamentary Elections. In: American Political Science Review 99/2 (2005), 185–199.

Kley, Andreas: Die Umsetzung von Volksinitiativen aus politisch-historischer Sicht. In: LeGes 2015/3, 497–520.

Kriesi, Hanspeter: Direct-Democratic Choice: The Swiss Experience. Lanham 2005.

Lachat, Romain; Selb, P.: Strategic Overshooting in National Council Elections. In: Swiss Political Science Review 16/3 (2010), 481–498.

Lanz, Simon; Nai, Alessandro: Vote as you Think: Determinants of Consistent Decision Making in Direct Democracy. In: Swiss Political Science Review 21/1 (2014), 119–139.

Lau, Richard; Redlawsk, David: Voting Correctly. In: American Political Science Review 91/3 (1997), 585–598.

Lijphart, Arend: Patterns of Democracy: Government Forms and Performance in Thirty-Six Countries. New Haven 2012.

Merrill, Samuel; Grofman, Bernard: A Unified Theory of Voting: Directional and Proximity Spatial Models. Cambridge 1999.

Milic, Thomas: Correct Voting in Direct Legislation. In: Swiss Political Science Review 18/4 (2012), 399–427.

Pappi, Franz U.; Brandenburg, Jens; Shikano, Susumu: Nähe und Richtung als Kriterien der Politikwahl. Probleme der empirischen Messung am Beispiel deutscher Bundestagswahlen. Arbeitspapiere Nr. 115: Mannheimer Zentrum für Europäische Sozialforschung 2008.

Queralt, Didac: Spatial Voting in Spain. In: South European Society and Politics 17/3 (2012), 1–18.

Rabinowitz, George; Macdonald, Stuart E.: A Directional Theory of Issue Voting. In: American Political Science Review 83/1 (1989), 93–121.

Stauffer, Bettina: Der Vollzug von Volksinitiativen. Masterarbeit Universität Bern, 2012.

Vatter, Adrian: Vom Extremtyp zum Normalfall? Die schweizerische Konsensusdemokratie im Wandel: Eine Re-Analyse von Lijpharts Studie für die Schweiz von 1997 bis 2007. In: Swiss Political Science Review 14/1 (2008), 1–47.

Wyss, Martin: Die Umsetzung von Volksinitiativen – Einführung in das Tagungsthema. In: LeGes 2015/3, 491–496.

Die Gründungs-geschichte des Zentrums für Demokratie Aarau

Béatrice Ziegler

Am 4. April 2009 feierte das Zentrum für Demokratie Aarau (ZDA)
seine feierliche Eröffnung, nachdem die dort angesiedelte Professur für Demokratieforschung der Universität Zürich besetzt worden
war.[1] Im Einwohnerrat der Stadt Aarau wurde bereits im März 2007
mit der Zusicherung eines «jährlich wiederkehrenden Beitrags»
(Stadtrat 2007, 12) an den Betrieb des ZDA eine entscheidende Hürde genommen; zwei weitere Abteilungen nahmen den Betrieb bereits
2007 auf.

Ein Hochschulinstitut als Resultat der universitären Ambitionen Aaraus

Die Errichtung des ZDA kann als vorläufiger Abschluss eines 40-jährigen hochschulpolitischen Bemühens im Kanton Aargau interpretiert
werden. Der Grosse Rat hatte 1976 die Gründung einer Universität abgelehnt (Criblez und Herren 2006, 21ff.), danach waren aber im Kanton aufgrund der durch den Bund geförderten Expansion der tertiären
Berufsbildung verschiedene Fachschulen entstanden, die schliesslich
zu Elementen einer Fachhochschule weiterentwickelt wurden. Die
gleichzeitig im Kanton wie vom Bund geforderte Konzentration der
Fachhochschulen hatte 2005 schliesslich zur Gründung der Fachhochschule Nordwestschweiz (FHNW) geführt. Als der Regierungsrat des
Kantons Aargau entschied, die aargauischen Fachhochschulbereiche
in Brugg-Windisch anzusiedeln, war dies für die Hauptstadt Aarau ein
herber Schlag – hatte man doch darauf vertraut, dass man als bisheriger Standort der Pädagogischen Hochschule berücksichtigt würde
(Criblez und Herren 2006, 21ff.; Hofmann 2006). Entsprechend heftig
reagierten städtische Politikerinnen und Politiker. Aber alle Versuche,
den Entscheid noch umzustürzen, blieben ergebnislos.[2]

Die anhaltende Unzufriedenheit mit der Situation führte zum
thematischen Schwerpunkt «Bildungsstadt (Hochschulstadt) Aarau»
an den Jubiläumsfeierlichkeiten aus Anlass des 200. Jahrestags des
Kantonsbeitritts zum Bund (Einwohnerrat 2002, 143f.), explizit, um
die Re-Evaluation der Stadt Aarau als Hochschulstandort zu ermöglichen.[3] Kritische Stimmen wurden vor allem zur Frage, ob überhaupt
«Bedarf nach einem zusätzlichen Hochschulstandort» bestehe, sowie
bezüglich der Finanzierbarkeit eines solchen Projekts geäussert. So
hielt der damalige Stadtammann, Marcel Guignard, eine «Volluni-

versität» «in der Tat [für] mehr als eine Vision, fast eine Illusion». Anzustreben sei «die Ansiedlung eines Institutes, eines Kompetenzzentrums, eventuell einer bestehenden Uni oder [von] etwas, das am Entstehen» sei (Einwohnerrat 2004, 256ff., Zitat 258). Die verantwortliche Arbeitsgruppe fokussierte die Vorarbeiten deshalb ab 2007 auf die Gründung beziehungsweise Ansiedlung eines Universitätsinstituts (Stadtrat, Bericht und Antrag, 2007, 3). Die Klärung hinsichtlich der thematischen Ausrichtung wurde aufgeteilt: Einwohnerrat Stephan Müller übernahm den Bereich «Demokratiefragen» und gewann Rudolf Künzli, den ehemaligen Direktor der Pädagogischen Hochschule FHNW, der mit Müller das Konzept «Zschokke Institut zur Erforschung der Demokratie in der globalisierten Welt» entwickelte.[4]

Die Ausrichtung des Instituts auf die Demokratieforschung

2005 wurde an der Universität Zürich der interdisziplinäre «Nationale Forschungsschwerpunkt Demokratie» (NCCR Democracy) eingerichtet, in welchem an mehreren Standorten für zwölf Jahre mit rund zehn Millionen Franken Forschungsfragen zur Demokratie bearbeitet wurden.[5] Dass dieser Forschungsschwerpunkt finanziert wurde, zeigt, wie prominent das Thema «Challenges to Democracy in the 21st Century» in den «Themen von strategischer Bedeutung für die Zukunft der schweizerischen Wissenschaft, Wirtschaft und Gesellschaft»[6] situiert war und ist.

Nationale Forschungsschwerpunkte sind vom Schweizerischen Nationalfonds aufgefordert, für eine nachhaltige Institutionalisierung ihres Forschungsgebiets über die Laufdauer des Schwerpunkts hinaus zu sorgen. Deshalb stiessen die Diskussionen in Aarau auf das Interesse der Schwerpunktleitung. Gleichzeitig spielten die Entwicklungen in der schweizerischen Forschungslandschaft für die «Arbeitsgruppe Uni-Institut Aarau» eine entscheidende Rolle beim Votum für den Themenbereich Demokratie (Stadtrat, Anhang, Resultat, 2007, 4). Die deshalb aufgenommenen Gespräche führten zu einem ersten Resultat, zur Konkretisierung eines «Zschokke Instituts für Demokratie» (Ladner 2005) durch den Politikwissenschaftler Andreas Ladner, der zu diesem Zeitpunkt Assistenzprofessor am Kom-

petenzzentrum für Public Management an der Universität Bern und
Leiter eines Moduls des NCCR Democracy war. Darin wurden mögliche Elemente der anzustrebenden Forschungsaktivität genannt, so der «Demokratiebarometer»,[7] die politische Bildung, Formen der elektronischen Demokratie, die Demokratie auf lokaler Ebene und die deliberative Demokratie. Entlang dieser Schwerpunkte sollte «in Aarau ein führendes, unabhängiges Zentrum für Demokratiefragen entstehen, welches zum Nachdenken über die Grundwerte der Demokratie anregt und wichtige Impulse für die Weiterentwicklung der Demokratie liefert» (Ladner 2005, 2f.). Das Projekt überzeugte Arbeitsgruppe wie Stadtrat, der beschloss, «das Projekt ‹Institut für Demokratie› in Zusammenarbeit mit der Universität Zürich hinsichtlich Trägerschaft weiter zu konkretisieren» (Stadtrat, Bericht und Antrag, 2007, 4).

Die universitäre Modellierung des ZDA

Im definitiven Konzept für das «Zentrum für Demokratie» in Aarau wurde das Ziel übernommen, es solle «zum Nachdenken über die Grundwerte der Demokratie anreg[en] und wichtige Impulse für ihre Weiterentwicklung» geben. Weiter sollte es Interessen der Stadt Aarau, etwa das Thema der «Stadtentwicklung», und der Universität Zürich, die «an einer Ergänzung und Verstärkung ihrer Kompetenzen im Bereich der Demokratieforschung» interessiert war, auf sich vereinen. Die Arbeit im ZDA sollte entlang der drei Schwerpunktthemen «Demokratieforschung», «Politische Bildung» und «Beiträge zum staatspolitischen Diskurs» organisiert werden, wobei dem Transfer der Forschungsergebnisse in die universitäre Weiterbildung und in die Öffentlichkeit Gewicht gegeben werden sollte (Klöti, Kriesi und Marek 2006, 1).[8]

Gemäss der Universität sollte die neue Professur möglichst in die Aktivitäten des Instituts für Politikwissenschaft integriert und der Einfluss des ZDA auf sie möglichst klein gehalten werden. Deshalb wurde die «neue Professur komplementär zur bereits bestehenden Professur in vergleichender Politikwissenschaft konzipiert». Die Universität Zürich konnte sich so ihrem Ziel, «zum führenden politikwissenschaftlichen Zentrum in der Schweiz zu werden», annähern (Klöti, Kriesi und Marek 2006, 2f.).

101 Parallel zu den das ZDA initiierenden Aktivitäten zeigten sich andere Interessen, sich am entstehenden Institut durch die Bereitstellung diverser «Ressourcen» zu beteiligen. Diese führten zur Ausgestaltung von zwei Abteilungen neben der Abteilung der politikwissenschaftlichen Demokratieforschung.

Das c2d und das Engagement des Kantons Aargau für das ZDA

Das im Februar 1993 an der Rechtswissenschaftlichen Fakultät der Universität Genf von Politik- und Rechtswissenschaftlern gegründete Centre d'études et de documentation sur la démocratie directe (c2d) setzte sich unter seinem Leiter Andreas Auer vor allem das Ziel, eine «Datenbank und Website» für die «Förderung interdisziplinärer Forschung» zur direkten Demokratie aufzubauen. Die nun öffentlich zugänglichen Datenbanken «decken die in allen Ländern der Welt durchgeführten Volksabstimmungen ab, von 1971 bis zur Gegenwart, auf nationaler wie auch auf regionaler Ebene» (Auer 2006, 1). Zusätzlich entstand die Abteilung e-Democracy Centre (e-DC), in der die «Auswirkungen des Internets und anderer Informations- und Kommunikationstechnologien auf politische Prozesse, Institutionen und individuelle Verhaltensweisen» untersucht werden. Schliesslich konnte ein internationales, stark beachtetes wissenschaftliches Netzwerk mit dem European University Institute und dem Oxford Internet Institute aufgebaut werden (Auer 2006, 4f.).

Als die verantwortlichen Fakultäten der Universität Genf das c2d kurz nach seiner Gründung ab Oktober 2007 nicht mehr finanzieren wollten, nahm dessen Leiter mit der Universität Zürich Verhandlungen auf: Ziel war es, das c2d an der Universität Zürich anzusiedeln (Auer 2007, 1). Diese wiederum kontaktierte zusätzlich den Kanton Aargau, um über eine Eingliederung des c2d in das ZDA zu verhandeln. Dabei wurde auf Diskretion geachtet, um «de[n] interne[n] Entscheidungsprozess und die Beratung des Hochschul- und Innovationsförderungsgesetzes im Grossen Rat nicht negativ [zu] beeinfluss[en]». Die durch die zeitlichen Abläufe drohende Finanzierungslücke für das erste Jahr wurde mit der Möglichkeit eines «einmaligen finanziellen Beitrag[s]» als Übergangslösung geschlossen (Huber 2006, 1f.).

Politische Bildung und das Engagement der FHNW

Der Direktor der Pädagogischen Hochschule (PH), einer Teilschule der FHNW, hatte bereits im März 2006 eine Absichtserklärung verfasst, «in Zusammenarbeit mit dem zu schaffenden Zschokke-Institut für Demokratieforschung einen Schwerpunkt Fachdidaktik Politische Bildung aufzubauen». Sie bot an, «für diesen gemeinsam zu etablierenden Bereich die Leadfunktion zu übernehmen und dafür auch eigene Ressourcen aufzuwenden» (Künzli 2006). Da damit sowohl ein Finanzierungsrahmen offeriert wurde und eine bereits bestehende Abteilung in das ZDA integriert werden sollte, vereinfachte sich hier die Kooperation.

Ein wichtiger Nebeneffekt dieser Partnerschaft waren die räumlichen Ressourcen, die die PH FHNW dem ZDA in Aussicht stellte: Die in Aarau gelegene Villa «Blumenhalde», das unter Schutz stehende Wohnhaus von Heinrich Zschokke, auf dessen bildungspolitische Aktivitäten vor allem zu Beginn der Planung des ZDA stets verwiesen wurde,[9] sollte «vor Ablauf des Mietvertrages» (Anfang 2008) von der PH verlassen und dem ZDA übergeben werden (Guignard et al. 2008, 1f.).

Die definitive Zustimmung zum ZDA

Dem «Ja» der städtischen Bevölkerung zum ZDA und der Zustimmung des Grossen Rats für die Integration des c2d in die vor der Gründung stehende Institution waren die Zustimmungen der beiden Hochschulen Universität Zürich und FHNW vorausgegangen. Der Abstimmungskampf in Aarau war von Stadtammann Guignard eingeleitet worden, der an einer Pressekonferenz vom 15. Februar 2007 die Stimmbevölkerung auf das ZDA eingeschworen hatte, indem er auf die lange Bildungs- und Politiktradition der Stadt Aarau verwies. Er betonte zudem die Chance der Zusammenarbeit mit einer «starke[n] Mutteruniversität», nachdem die Abklärungen gezeigt hätten, dass ein «solitäres Institut [...] in der heutigen Bildungs- und Universitätslandschaft nicht realisierbar wäre» (Stadtammann 2007, 2). In der vorangegangenen Diskussion im Einwohnerrat hatten der Vorlage alle Fraktionen zugestimmt bis auf die SVP, die Stimmfreigabe beschloss, weil die Fraktion gespalten war: Die wiederkehrende Finanzierung des

103 ZDA wurde mit 35 zu 7 Stimmen angenommen. Für das obligatorische Referendum beschlossen alle Parteien die «Ja»-Parole (AZ/Pd. 2007) und die Vorlage wurde mit 2483 zu 1785 Stimmen angenommen.[10] Im Kanton wurde im August 2008 das Hochschul- und Innovationsförderungsgesetz und im September der Finanzierungsplan für das c2d durch den Regierungsrat angenommen. Noch vor der offiziellen Gründung zogen das c2d und die Abteilung Politische Bildung und Geschichtsdidaktik in die «Blumenhalde» ein, wobei die Geschäftsführung und damit die Koordination der gesamten Gründungsphase des ZDA bis Januar 2009 von Rudolf Künzli gewährleistet wurden (Guignard et al. 2008).

Das ZDA – eine Erfolgsgeschichte

Der Aufbau des Forschungsinstituts mit Anspruch auf nationale und internationale Ausstrahlung und gleichzeitiger besonderer regionaler Verankerung wird seit 2009 von der Direktion, in Begleitung und Aufsicht durch die Trägerschaft des ZDA, vorangetrieben. Die wissenschaftliche Bedeutung des Zentrums zeigte sich schon bald an der grossen Aufmerksamkeit, die es in den unterschiedlichen Wissenschaftsgemeinschaften und Gremien erfährt. Zudem wird sie an der steigenden Zahl akquirierter Projekte sichtbar. Diese Projekte legten schon bald einen Ausbau des Hauses nahe, um den Mitarbeitenden die notwendig werdenden Büroräume zur Verfügung zu stellen (vgl. dazu ZDA 2014). Dass gleichzeitig der wissenschaftlich basierte Austausch mit der regionalen Bevölkerung zu Demokratiefragen gesucht wird, zeigen insbesondere die seit 2009 jährlich veranstalteten «Aarauer Demokratietage».

DIE GRÜNDUNGSGESCHICHTE DES ZENTRUMS FÜR DEMOKRATIE AARAU

ANMERKUNGEN

1 Es ist Samuel Hunziker zu verdanken, dass eine erste Gründungsgeschichte des ZDA vorliegt. Im Rahmen einer Seminararbeit und ihrer Erweiterung zu einem Beitrag in der Jahresschrift der Historischen Gesellschaft Aargau «Argovia» (2017) sichtete er die zugänglichen schriftlichen Quellen im Besitz des ZDA und bei der Stadtverwaltung. Er führte zudem auch mit einigen Personen, die bei der Entstehung des ZDA eine wichtige Rolle innehatten, Interviews.
2 So Alexander Hofmann, damals Leiter des Stabs Hochschulen des Departementes Bildung, Kultur und Sport, später der Abteilung Hochschulen und Sport, im Interview vom 4. November 2016.
3 Die Personen, die sich für den Hochschulstandort Aarau und später für ein Hochschulinstitut einsetzten, können hier nicht alle genannt werden. Eingehendere Informationen finden sich im Beitrag von Samuel Hunziker (vgl. Anm. 1).
4 So Rudolf Künzli im Interview vom 13. September 2016.
5 2004 hatte die Kooperation zwischen dem Center for Comparative and International Studies, dem Swiss Centre for Studies on the Global Information Society, der Universität Zürich und dem Institut d'Etudes Politiques et Internationales der Universität Lausanne unter Leitung von Hanspeter Kriesi, Ioannis Papadopoulos und Frank Marcinkowski für einen Antrag in diesem Rahmen begonnen. Für die effektiv aufgewendeten Mittel in der schliesslich auf zwölf Jahre erweiterten Laufzeit vgl. http://www.snf.ch/de/fokusForschung/nationale-forschungsschwerpunkte/demokratie/Seiten/default.aspx #Finanzierung (11. 12. 2018).
6 http://www.snf.ch/de/fokusForschung/nationale-forschungsschwerpunkte/Seiten/default.aspx (11. 12. 2018).
7 http://www.nccr-democracy.uzh.ch/forschung/barometer/demokratiebarometer (11. 12. 2018).
8 Das Konzept wurde von Ulrich Klöti, Professor für Politikwissenschaft und Prorektor Lehre, Hanspeter Kriesi, Professor für Politikwissenschaften, und dem Stabsleiter des Prorektorats Lehre der Universität Zürich, Daniel Marek, verfasst.
9 Mit dem Verweis auf Zschokke und zusätzlich auf die Funktion Aaraus als erste Hauptstadt des Schweizerischen Bundesstaats setzte eine «invention of tradition» (Hobsbawm und Ranger 1983) ein, die das ZDA als Ausdruck einer speziell starken Verankerung der aargauischen Politik in der modernen Demokratie situieren sollte.
10 http://www.aarau.ch/xml_1/internet/de/application/d88/d1677/d1348/f2336.cfm (17. 12. 2018).

QUELLEN UND LITERATUR

Die ungedruckten Materialien befinden sich im Besitz des ZDA oder der Stadtverwaltung Aarau.

Interview mit Rudolf Künzli am 13. September 2016.
Interview mit Alexander Hofmann am 4. November 2016.

Auer, Andreas: Rechtlicher Status des c2d in Aarau, Angliederung an das ZDA, Eingliederung in die Universität Zürich, 29. Mai 2007.
Auer, Andreas: Das c2d, August 2006.
AZ/Pd.: Repräsentative Visitenkarte für die Stadt. In: Aargauer Zeitung, 15. Mai 2007, 17.
Einwohnerrat der Stadt Aarau: Protokoll des Einwohnerrats. Investitionskredit für die Vorbereitung und Durchführung eines Aarauer Vorlaufes zu «Science et Cité» im Mai 2005, GV 2002–2005/326, 25. Oktober 2004, 254–259.
Einwohnerrat der Stadt Aarau: Protokoll des Einwohnerrats. Jubiläumsjahr 2003; Investitionskredit, GV 2002–2005/57, 17. Juni 2002, 143–147.
Guignard, Marcel; Gossweiler, Martin; Beyeler, Peter C.; Grünenfelder, Peter; Weder, Hans; Reimann, Kurt; Bührer, Richard; Forneck, Hermann: Vertrag zwischen Stadt Aarau, Universität Zürich, Kanton Aargau, Fachhochschule Nordwestschweiz betreffend Gründung und Betrieb des Zentrums für Demokratie Aarau (ZDA), 2008.
Huber, Rainer: Brief an den Rektor der Universität Zürich, Hans Weder, 19. Dezember 2006.
Klöti, Ulrich; Kriesi, Hanspeter; Marek, Daniel: Zentrum für Demokratie in Aarau (ZDA): Konzept, 26. September 2006.
Künzli, Rudolf: Kooperation zwischen der Pädagogischen Hochschule FHNW und dem zu gründenden Zwschokke-Institut [sic!] für Demokratieforschung in Aarau. Letter of intent/Absichtserklärung, 1. März 2006.

Ladner, Andreas: Zschokke Institut für Demokratie, 2005.
Stadtammann der Stadt Aarau: «Warum ein Zentrum für Demokratie Aarau?» Projektkontext und -positionierung. Medienkonferenz vom 15. Februar 2007.
Stadtrat der Stadt Aarau: Bericht und Antrag an den Einwohnerrat. Zentrum für Demokratie Aarau und der Universität Zürich in Aarau; Beitrag der Stadt, GV 2006–2009/122, 15. Januar 2007.
Stadtrat der Stadt Aarau: Anhang zum Bericht und Antrag an den Einwohnerrat vom 15. Januar 2007: Resultat der Abklärungen in den 6 Bereichen (Zusammenfassung), 15. Januar 2007.

Criblez, Lucien; Herren, Marc: Hochschule, Fachschule oder Fachhochschule? Die aargauische Hochschulpolitik bis zur Fachhochschulgründung. In: Bortolani, René (Hg.): Die Schule im Glashaus: Entstehung und Entwicklung der Fachhochschule Aargau Nordwestschweiz. Baden 2006, 18–45.
Hobsbawm, Eric; Ranger, Terence: The Invention of Tradition. Cambridge 1983.
Hofmann, Alexander: Den grossen Schritt statt den kleinen Kompromiss gewagt. Die Aargauer Fachhochschulpolitik 1992–2005. In: Bortolani, René (Hg.): Die Schule im Glashaus: Entstehung und Entwicklung der Fachhochschule Aargau Nordwestschweiz. Baden 2006, 46–67 und 194–199.
Hunziker, Samuel: Forschung in Aarau. Eine Geschichte des Zentrums für Demokratie. In: Argovia 129 (2017), 101–123.
Zentrum für Demokratie (ZDA): Jahresbericht. Aarau 2014.

Der politische Konsum als neue Form politischer Partizipation

Empirische Beobachtungen für die Schweiz

Birte Gundelach,
Deborah Kalte

107 Das Angebot biologisch hergestellter Lebensmittel wächst stetig. Das Fairtrade-Siegel ziert eine immer grösser werdende Auswahl an Produkten und in Supermärkten wird Nachhaltigkeit und Regionalität grossgeschrieben. Während der Preis und die Qualität von Produkten nach wie vor die entscheidende Rolle beim Einkaufen spielen, bestimmen zusätzliche Kriterien wie die Herkunft oder Herstellungsbedingungen eines Produkts zunehmend das Angebot und die Nachfrage von Konsumgütern.

Eine wachsende Anzahl von Bürgerinnen und Bürgern achtet während des alltäglichen Einkaufens und Konsumierens bewusst darauf, woher ein Produkt stammt und wie es produziert wurde, sei es nun Kaffee, Fleisch, Obst oder ein Kleidungsstück. Spezielle Labels, Etiketten oder detaillierte Herstellerangaben helfen dem Konsumenten die Produktauswahl entlang ethischer, politischer, sozialer oder ökologischer Kriterien zu treffen. Anhand dieser Kriterien können nicht nur Produkte bewusst ausgewählt und gekauft, sondern auch bewusst gemieden werden. So können beispielsweise gewisse Lebensmittelproduzenten oder Kleidungshersteller boykottiert werden, weil sie für unwürdige Arbeitsbedingungen oder umweltschädliche Herstellungsprozesse berüchtigt sind. Ein berühmtes Beispiel ist der Shell-Boykott von 1995, als die internationale Ölfirma wegen ihres Versuchs, die Ölplattform Brent Spar im Atlantik zu versenken, angeprangert wurde. Vorwiegend in Deutschland, den Niederlanden und Dänemark wurde nach Bekanntwerden von Shells Entsorgungsplan öffentlich zum Boykott von Shell-Tankstellen aufgerufen, was beispielsweise in Deutschland zu Umsatzrückgängen von über 50 Prozent führte. Nike, eine ebenfalls internationale Firma, welche Sportschuhe und Kleider herstellt, wurde auch von Boykotten betroffen, da die Firma in Verbindung mit Kinderarbeit und schlechten Arbeitsbedingungen gebracht wurde. Boykotte können jedoch auch ganz individuelle Entscheidungen oder ein alltägliches Konsumverhalten betreffen, wie beispielsweise den Entscheid, Fleischprodukte aus dem Ausland zu meiden oder, im Fall eines Vegetariers, überhaupt keine Fleischprodukte zu konsumieren.

Wenn Konsumentinnen und Konsumenten ihre Kaufkraft dafür verwenden, gewisse Anliegen wie zum Beispiel die Nachhaltigkeit von Produkten, eine angemessene Bezahlung für die Bauern oder eine artgerechte Haltung von Nutztieren zu äussern und durchzusetzen, dann spricht man von politischem Konsumverhalten. Politischer Konsum bedeutet, dass Konsumentscheidungen anhand ethischer, politischer, sozialer oder ökologischer Werte getroffen werden (Stolle und Micheletti 2013). Konsumentinnen und Konsumenten nutzen auf diese Weise die Macht des Marktes, um die Herstellungsbedingungen von Produkten und Dienstleistungen in ihrem Sinn zu verändern.

Ein politisch motiviertes Einkaufsverhalten ist gewiss nicht neu, es befindet sich jedoch zunehmend im Aufwind. Gemäss länderübergreifender Studien (wie beispielsweise dem World Values Survey oder dem European Social Survey) nimmt die Anzahl der Personen zu, die Produkte und Dienstleistungen anhand ethischer, politischer, sozialer und ökologischer Motive boykottieren beziehungsweise bewusst auswählen (Stolle und Micheletti 2013). Laut der Umfrage des World Values Survey von 2010 haben in der Schweiz 14 Prozent der Befragten angegeben, Produkte boykottiert zu haben. Weitaus häufiger scheint jedoch der bewusste Kauf anhand ethischer Überlegungen zu sein: Gemäss dem European Social Survey von 2002 haben in der Schweiz mehr als 40 Prozent angegeben, ethisch motiviert eingekauft zu haben. Dies bedeutet, dass jene Bürgerinnen und Bürger, die sich für die Umwelt, den Tierschutz oder faire Arbeitsbedingungen engagieren wollen, zunehmend auch ein politisch gesteuertes Konsumverhalten als geeignete Massnahme für die Durchsetzung ihrer Anliegen sehen.[1] Diese Entwicklung ist insbesondere vor dem Hintergrund interessant, dass in vielen modernen Demokratien und auch in der Schweiz immer wieder ein Rückgang des politischen Engagements beklagt wird. Die geringe Beteiligung von Bürgerinnen und Bürgern, insbesondere auch der jüngeren Generation, bei Wahlen, in politischen Parteien oder gemeinnützigen Organisationen, hat einige Politikwissenschaftler dazu veranlasst, vor dem Niedergang der Demokratie zu warnen (Putnam 2000).

Insbesondere in jüngerer Zeit setzt sich jedoch zunehmend die Ansicht durch, dass es sich weniger um einen Rückgang des politischen Engagements als um einen weitreichenden Wandel der politischen Beteiligungsmuster handelt. Während traditionelle Beteiligungsformen teilweise einen Rückgang erleben, gewinnen neue Formen der politischen Beteiligung an Bedeutung. Neben verschiedenen Formen der politischen Partizipation im Internet sowie kreativen Formen der politischen Beteiligung wie das Guerilla-Gärtnern («Guerilla-Gardening») oder politische Flashmobs ist das Aufkommen des politischen Konsumverhaltens ein prominentes Beispiel für den Wandel politischer Beteiligung. Die Zivilgesellschaft zieht sich demnach nicht aus dem politischen Geschehen zurück, sondern begibt sich auf neue und innovative Wege, um politisch aktiv zu werden (Bennett 1998, Dalton 2008, Norris 2002). Bürgerinnern und Bürger engagieren sich zunehmend politisch in ihrem privaten Alltag, wie wir in diesem Kapitel anhand des politischen Konsums exemplarisch zeigen werden.

Politischer Konsum als alternative Form politischer Beteiligung

In der politikwissenschaftlichen Literatur werden vier Formen des politischen Konsumverhaltens unterschieden: der Boykott, der *Buy*kott, der diskursive politische Konsum und *Lifestyle politics*. Die womöglich bekannteste Form des politischen Konsums ist der Boykott, das heisst die bewusste Weigerung, ein Produkt zu kaufen, weil entweder das Produkt selbst, dessen Herstellung oder die Herstellerfirma aus politischen, ethischen, sozialen oder ökologischen Gründen beanstandet wird. Umgekehrt verhält es sich mit dem sogenannten *Buy*kott: Hier wird ein Produkt bewusst gewählt, weil das Produkt selbst, dessen Herstellung oder die Herstellerfirma den eigenen ethischen, politischen, sozialen oder ökologischen Wertvorstellungen entsprechend als vorbildlich gilt. Labels und Etiketten wie Bio, Fairtrade oder Regional spielen beim *Buy*kott eine grosse Rolle, indem sie die Produkte mit den für die Auswahl notwendigen Informationen versehen. Eine weitere, weniger bekannte Form des politischen Konsums ist der diskursive politische Konsum, welcher konsumrelevante Themen in einen öffentlichen Diskurs verwandelt. Dieser Diskurs wird oftmals mittels künstlerischer Gestaltung oder kreativer Verfremdung von Werbungen und Firmen-Logos herbeigeführt (wie beispielsweise «Murder King», um auf die Missstände in der Fleischproduktion für Burger King aufmerksam zu machen). Bei der vierten Form, *Lifestyle politics*, wird davon ausgegangen, dass nicht nur das Konsumverhalten, sondern der gesamte Lebensstil nach ethischen, politischen, sozialen und ökologischen Wertvorstellungen ausgerichtet wird. Ein gutes Beispiel hierfür ist der vegane Lebensstil. Vegan lebende Personen meiden den Konsum tierischer Lebensmittel wie Fleisch, Milchprodukte, Eier und Honig, das Tragen von Leder und Wolle sowie den Gebrauch von an Tieren getesteten Produkten wie zum Beispiel Kosmetika. *Lifestyle* *politics* wird somit als weitgehendste Form des politischen Konsums angesehen und ist dementsprechend auch weniger häufig verbreitet. Was diese unterschiedlichen Formen des politischen Konsums jedoch gemein haben, ist deren zugrundeliegende Motivation. Diese gründet nicht auf dem eigenen Wohlbefinden, der persönlichen Gesundheit oder der Ästhetik, sondern sie ist ethischer, politischer, sozialer oder ökologischer Natur. Ein Beispiel: Wenn ein Konsument biologisch produzierte Max-Havelaar-Schokolade kauft, um Kakaobauern faire Löhne und Arbeitsbedingungen zu ermöglichen, handelt es sich um politischen Konsum. Wenn jedoch biologische Max-Havelaar-Schokolade gekauft wird, weil sie als gesünder und qualitativ hochwertiger angesehen wird als konventionell hergestellte Schokolade, dann gilt der bewusste Einkauf dieser gelabelten Schokolade nicht als politischer Konsum, weil politische Beweggründe und Zielsetzungen dieses *Buy*kotts fehlen. In anderen Worten: Politisch ist der Konsum dann, wenn durch den bewussten Konsum oder Konsumverzicht das Ziel verfolgt wird, institutionelle oder marktwirtschaftliche Handlungspraktiken zu fördern, wenn diese als politisch, ethisch, sozial oder ökologisch erstrebenswert angesehen werden, oder zu ändern, wenn diese als politisch, ethisch, sozial oder ökologisch anstössig angesehen werden. Der politische Konsum wird aufgrund dieser Eigenschaft in der politikwissenschaftlichen Literatur als unkonventionelle, nicht-institutionalisierte und individualisierte Form der politischen Beteiligung aufgefasst (Stolle und Micheletti 2013, Theocharis und van Deth 2018, van Deth 2014).

Um als relevante politische Beteiligung in Betracht zu kommen, sollte zusätzlich zur politischen Zielsetzung auch eine Regelmässigkeit des Engagements vorhanden sein. Andernfalls würde der eigentlich unpolitische Akt des Einkaufens in beliebiger Weise als politische Partizipation gelten. Ein Konsument, der beispielsweise einmalig an Weihnachten zu Fairtrade-Produkten greift, um faire Preise in Schwellenländern zu unterstützen, ist deshalb kein politischer Konsument im hier verstandenen Sinne.

In den letzten Jahrzenten hat die Politikwissenschaft immer mehr unkonventionelle politische Aktivitäten ins Register der politischen Beteiligungsformen aufgenommen, darunter spontane Protestbewegungen, das Unterschreiben von Petitionen, das Besetzen eines Gebäudes oder auch das gezielte Benutzen von sozialen Medien (Norris 2002). Anders als konventionelle und institutionalisierte Formen der politischen Beteiligung, wie dies bei Abstimmungen, Unterschriftensammlungen für Volksinitiativen oder Spendenbeiträgen an politische Komitees der Fall ist, haben unkonventionelle Beteiligungsformen wie der politische Konsum nicht zum Ziel, Politikerinnen und Politiker in ein Amt zu wählen oder einen neuen Verfassungsartikel zu erlassen. Auch werden diese nicht innerhalb des staatlichen Rahmens ausgeführt, sondern individuell und spontan auf der Strasse, im Internet oder im Supermarkt (van Deth 2014). Wie eingangs erwähnt, nehmen unkonventionelle Formen der politischen Partizipation deutlich zu, während die Beteiligung an traditionellen Formen stagniert oder sogar abnimmt (Norris 2002, Inglehart 1997). Besonders der politische Konsum befindet sich im Aufschwung, was darauf hindeutet, dass unkonventionelle Beteiligungsformen womöglich als geeignetere Instrumente angesehen werden, um gesellschaftliche Probleme anzugehen, als traditionelle Formen des Engagements. Im verbleibenden Teil dieses Beitrags stellen wir erste empirische Beobachtungen des politischen Konsums in der Schweiz vor.

Politischer Konsum in der Schweiz – Empirische Beobachtungen

Um den politischen Konsum in der Schweiz als eigenständige und alternative Form der politischen Beteiligung erstmals empirisch zu erheben, haben wir eine standardisierte Online-Umfrage in der deutsch- und französischsprachigen Schweiz durchgeführt.[2] Die Umfrage ist Teil des vom Schweizerischen Nationalfonds geförderten Forschungsprojekts «Was ist politisch am Konsumverhalten? Politischer Konsum in der Schweiz» und wurde 2017 im Auftrag des Zentrums für Demokratie Aarau (ZDA) und der Universität Zürich durchgeführt. Für die Ziehung der Zufallsstichprobe aus der Wohnbevölkerung ab 16 Jahren wurde der Stichprobenrahmen für Personen- und Haushaltserhebungen des Bundesamts für Statistik verwendet. Der Stichprobenrahmen verwendet Daten aus den Einwohnerregistern der Gemeinden und der Kantone, die regelmässig aktualisiert werden. An der Umfrage nahmen 3694 zufällig ausgewählte Befragte aus der deutsch- und französischsprachigen Schweiz teil. Dies entspricht einer Rücklaufquote von 46 Prozent. Die Umfrage enthält ein umfassendes Erhebungsinstrument für den politischen Konsum in der Schweiz. Es wurde gezielt

DER POLITISCHE KONSUM ALS NEUE FORM
POLITISCHER PARTIZIPATION

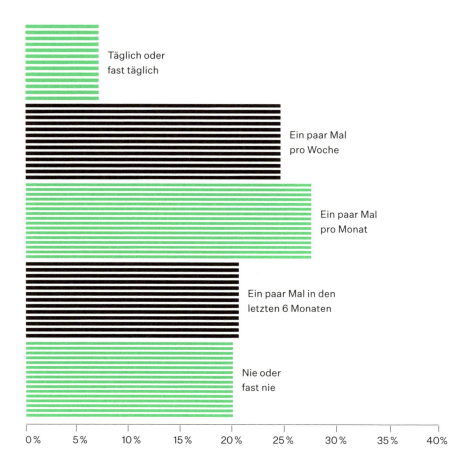

Abb. 1
Häufigkeit von *Buykotts* (mit politischen sowie nicht politischen Motiven). Anmerkung: Fragebogen-Item: «Wenn Sie an die letzten 6 Monate zurückdenken: Wie oft haben Sie im Durchschnitt aus politischen, sozialen, ethischen oder ökologischen Gründen bewusst Produkte mit speziellen Etiketten oder Labels anstelle von anderen gekauft?» Datenquelle: Politischer Konsum in der Schweiz, 2017.

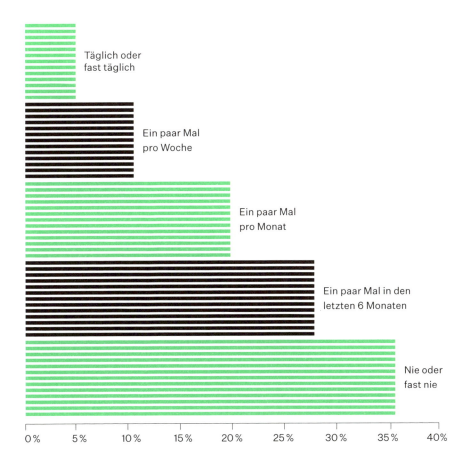

Abb. 2
Häufigkeit von Boykotts (mit politischen sowie nicht politischen Motiven). Anmerkung: Fragebogen-Item: «Wenn Sie an die letzten 6 Monate zurückdenken: Wie oft haben Sie im Durchschnitt bestimmte Konsumgüter aus politischen, sozialen, ethischen oder ökologischen Gründen boykottiert, das heisst bewusst NICHT gekauft?» Datenquelle: Politischer Konsum in der Schweiz, 2017.

so konzipiert, dass verschiedene Formen des politischen Konsums, dessen Häufigkeit sowie individuelle Motive des Konsumverhaltens erfragt werden können.

In der folgenden empirischen Analyse illustrieren wir das Ausmass, den Charakter sowie zentrale Beweggründe der verschiedenen Formen des politischen Konsums in der Schweiz. Vorrangiges Ziel dieser Analyse ist es darzustellen, inwiefern der *Buy*kott und Boykott von Konsumgütern auf politischen Motiven und Zielvorstellungen beruhen und aufgrund dieser Eigenschaft als alternative Form der politischen Beteiligung relevant werden.

Die Erhebung des politischen Konsums anhand der oben vorgestellten Bevölkerungsumfrage erfolgte in drei Schritten. Zunächst sollten die zu Befragenden angeben, wie oft sie Konsumgüter aus politischen, sozialen, ethischen oder ökologischen Gründen *buy*kottieren (bewusst wählen) beziehungsweise boykottieren (bewusst meiden). Für den genauen Wortlaut siehe Abbildungen 1 und 2. Diese erste Frage enthielt demnach nur einen allgemeinen Hinweis auf mögliche politische Motivationen im weiteren Sinn, das heisst politische, soziale, ethische oder ökologische Gründe. Um zu erfahren, inwiefern das so erfragte Konsumverhalten gezielt von politischen Motiven geleitet wird, haben wir in einem zweiten Schritt die Wichtigkeit einer Vielzahl möglicher Beweggründe erfragt (Abbildungen 3 und 4). Da davon ausgegangen werden musste, dass die Befragten einen Mix unterschiedlichster Gründe für ihr Konsumverhalten nennen, haben wir die Befragten in einem dritten und letzten Schritt dazu angehalten, das für sie zentralste Motiv für ihr *Buy*kott- beziehungsweise Boykottverhalten zu nennen. Im Folgenden stellen wir die empirischen Ergebnisse anhand dieser drei genannten Analyseschritte dar.

Abbildung 1 zeigt zunächst die empirischen Ergebnisse für das *Buy*kottieren, das heisst das gezielte Auswählen von Produkten mithilfe von Labels, Etiketten oder anderen Herstellerangaben. Etwa 7 Prozent der Befragten geben an, täglich oder fast täglich bewusst Produkte mit speziellen Etiketten und Labels zu kaufen, während rund 25 Prozent beziehungsweise 28 Prozent angeben, dies mehrmals pro Woche beziehungsweise pro Monat zu tun. Knapp ein Fünftel der Befragten wählt diese Produkte hingegen nie oder fast nie. Politischer Konsum kann nur dann als ernstzunehmende Form politischer Partizipation aufgefasst werden, wenn dieser regelmässig im Einkaufsverhalten sichtbar ist. Auf dieser Grundlage definieren wir jene Befragte

114

als aktive *Buy*kotter, die mindestens einige Male im Monat gelabelte Produkte aus politischen, sozialen, ethischen oder ökologischen Gründen kaufen. Gemäss dieser Konzeptualisierung identifizieren die vorliegenden Daten knapp 60 Prozent der Befragten als *Buy*kotter (7,2 % + 24,7 % + 27,6 %).

Die Häufigkeit des Boykotts von Produkten, das heisst das bewusste Meiden von Konsumgütern, zeigt Abbildung 2. Die Daten lassen schnell erkennen, dass der Boykott von Konsumgütern seltener vorkommt als der zuvor dargestellte *Buy*kott. Ein gutes Drittel der Befragten berichtet, dass sie in den letzten sechs Monaten nie oder fast nie Produkte wie Lebensmittel, Pflegeprodukte, Kleidung oder Freizeitartikel boykottiert haben. Ungefähr der gleiche Anteil der Befragten wird als aktive Boykotter identifiziert, die mindestens einige Male im Monat Produkte aus politischen, sozialen, ethischen oder ökologischen Gründen meiden (5 % + 10,4 % + 20,1 %). Kombiniert man die Angaben für das *Buy*kottieren und Boykottieren von Konsumgütern, so können in der Schweiz 66 Prozent der Befragten als aktive *Buy*kotter und/oder Boykotter gelten.

Neben der Berücksichtigung der Regelmässigkeit verschiedener Formen des politischen Konsums liegt das Hauptaugenmerk der hier verwendeten Umfrage auf der detaillierten Betrachtung der Beweggründe, die der bewussten Auswahl der Konsumgüter zugrunde liegen. Wie oben erläutert, wird der *Buy*kott und Boykott von Produkten dann als politisches Engagement aufgefasst, wenn dieser auf politischen Motiven mit politischen Zielsetzungen beruht und nicht bloss Aspekte der Qualität, Ästhetik oder der Gesundheitspflege berücksichtigt. Diese Argumentation offenbart auch, dass für die empirische Betrachtung des politischen Konsums als alternative Form der politischen Beteiligung ein blosser Rückgriff auf einfache Marktstatistiken für den Konsum nachhaltiger Produkte nicht ausreicht. Nur eine Befragung der potenziellen politischen Konsumenten kann offenlegen, ob die bewusste Wahl beziehungsweise das bewusste Meiden von Produkten auf der Basis politischer Beweggründe mit konkreten Handlungszielen erfolgt. Die bislang dargestellten Ergebnisse zum *Buy*kott und Boykott von Produkten beruhen auf einem Umfrage-Item, das sehr allgemein «politische, soziale, ethische oder ökologische» Gründe für den politischen Konsum in Betracht zieht (vgl. Abbildung 1 und 2).

Der Vorteil dieses Messinstruments ist zum einen seine Schlichtheit sowie zum anderen die Vergleichbarkeit mit vorliegen-

DER POLITISCHE KONSUM ALS NEUE FORM POLITISCHER PARTIZIPATION

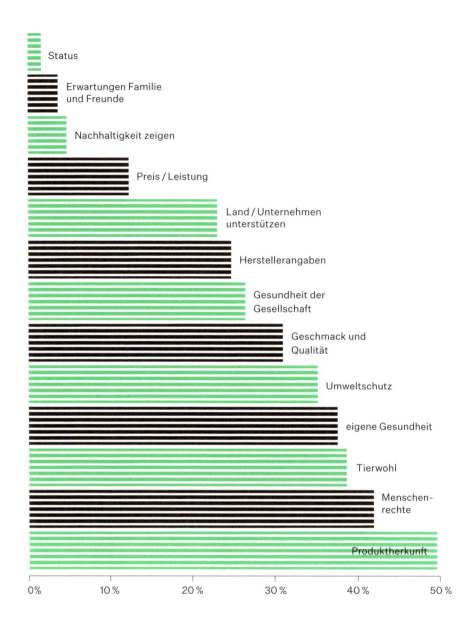

Abb. 3.
Motive für den *Buy*kott von Konsumgütern. Anmerkung: Anteil der Befragten (in Prozent), der die aufgelisteten Motive als äusserst wichtiges Motiv für *Buy*kotts angibt. Lesebeispiel: Fast 50 Prozent der befragten *Buy*kotter geben an, dass die Produktherkunft aus der Schweiz oder der Region ein äusserst wichtiges Motiv für den *Buy*kott von Konsumgütern darstellt. Datenquelle: Politischer Konsum in der Schweiz, 2017.

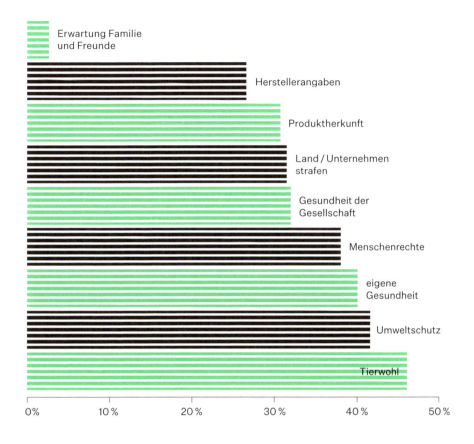

Abb. 4
Motive für den Boykott von Konsumgütern. Anmerkung: Anteil der Befragten (in Prozent), der die aufgelisteten Motive als ein äusserst wichtiges Motiv für Boykotts angibt. Lesebeispiel: Fast 40 Prozent der befragten Boykotter geben an, dass der Schutz der Menschenrechte ein wichtiges Motiv für den Boykott von Konsumgütern darstellt. Datenquelle: Politischer Konsum in der Schweiz, 2017.

den international-vergleichenden Daten (z. B. der European Values Survey). Allerdings kann erwartet werden, dass diese Art der allgemeinen Formulierung von Motiven Befragte dazu einlädt, eine Vielzahl von Gründen, darunter auch rein persönliche Gründe, für die Beantwortung zu berücksichtigen. Anders ausgedrückt: Die Befragten geben allzu leicht an, Konsumgüter aus «politischen, sozialen, ethischen oder ökologischen» Gründen bewusst zu kaufen oder zu meiden, wenngleich andere, für den politischen Konsum nicht relevante Gründe wie zum Beispiel die Qualität, Gewohnheit oder die Gesundheitspflege eine wesentliche Rolle für die Produktwahl spielen.

In unserer Umfrage zum politischen Konsum in der Schweiz haben wir die zu Befragenden deshalb gebeten, ihre Motive für den *Buy*kott beziehungsweise Boykott von Produkten explizit offenzulegen. Dabei ist zu erwarten, dass das *Buy*kott- beziehungsweise Boykottverhalten auf einer Mischung unterschiedlicher Motive beruht. So kann beispielsweise die Wahl einer Max-Havelaar-Schokolade einerseits mit dem Ziel verbunden sein, ein Produkt zu kaufen, das ohne Kinderarbeit hergestellt wurde, gleichzeitig kann es dem Geschmack des Konsumenten am besten entsprechen. Auf ähnliche Weise kann der Kauf der regionalen Bio-Milch Umwelt- sowie persönliche Gesundheitsaspekte gleichermassen involvieren. Die Aufzählung der Motive in unserer Umfrage enthält deshalb genuin politische Ziele wie zum Beispiel den Schutz der Menschenrechte und der Umwelt sowie persönliche Gründe wie die Pflege der eigenen Gesundheit, den sozialen Druck aus dem Familien- und Freundeskreis oder den Geschmack beziehungsweise die Qualität der Konsumgüter. Für jedes dieser Motive wurden die Befragten gebeten anzugeben, wie wichtig dieses Motiv für sie ist, bestimmte Produkte bewusst konventionellen Produkten vorzuziehen (*buy*kottieren) beziehungsweise bewusst nicht zu kaufen (boykottieren): «äusserst wichtig», «relativ wichtig», «eher unwichtig» oder «gar nicht wichtig». Die Ergebnisse dieser Bemühungen sind in den Abbildungen 3 und 4 dokumentiert. Hier ist jeweils derjenige Anteil der Befragten abgetragen, der angab, dass das dargestellte Motiv ein äusserst wichtiges Motiv für die *Buy*kotts oder Boykotts der letzten sechs Monate darstellt.

Ein Vergleich der relevantesten Motive für *Buy*kotts und Boykotts in der Schweiz zeigt mit Ausnahme der Produktherkunft aus der Schweiz und der Region eine ähnliche Motivstruktur für beide Formen des politischen Konsums. Nahezu die Hälfte der befragten

119   *Buy*kotter hält die Produktherkunft aus der Schweiz und der Region für ein äusserst wichtiges Motiv für das bewusste Bevorzugen gelabelter Produkte. Abgesehen von der regionalen Herkunft der Produkte werden die folgenden vier Beweggründe am häufigsten als äusserst wichtig sowohl für das *Buy*kottieren als auch für das Boykottieren bestimmter Konsumgüter angegeben: Schutz der Menschenrechte, Tierschutz, Umweltschutz und die Berücksichtigung der eigenen Gesundheit. Allerdings unterscheidet sich die Reihenfolge dieser vier Motive zwischen den unterschiedlichen Formen des politischen Konsums deutlich.

Der Schutz der Menschrechte und faire Arbeitsbedingungen sowie das Tierwohl stehen bei den *Buy*kottern nach der Produktherkunft an zweiter (42 %) und dritter (39 %) Stelle. Das persönliche Motiv der Achtung der eigenen Gesundheit rangiert mit 38 Prozent noch vor dem politischen Ziel des Umweltschutzes, das ein gutes Drittel der befragten *Buy*kotter als äusserst wichtiges Motiv angibt. Beim Boykottieren steht der Tierschutz, dicht gefolgt vom Umweltschutz, an vorderster Stelle. 46 Prozent beziehungsweise 42 Prozent der befragten Boykotter geben an, dass diese beiden Ziele äusserst wichtige Motive für ihr Konsumverhalten darstellen. 38 Prozent benennen den Schutz von Menschenrechten beziehungsweise faire Arbeitsbedingungen als äusserst wichtig. Ähnlich wie beim *Buy*kottieren macht Abbildung 4 auch hier deutlich, dass mit 40 Prozent der befragten Boykotter ein relevanter Befragtenanteil das persönliche Motiv der Achtung der eigenen Gesundheit als Grund für den Produkteboykott nennt. Diese detaillierte Betrachtung der expliziten Motive für den *Buy*kott und Boykott in der Schweiz zeigt zwar, dass politische Motive die bewusste Wahl von Produkten dominieren. Jedoch spielt insbesondere auch das persönliche Ziel der eigenen Gesundheit eine wesentliche Rolle. Mehr als ein Drittel der *Buy*kotter sowie Boykotter nannten die eigene Gesundheit als äusserst wichtigen Grund für ihr bewusstes Konsumverhalten.

Um den Beitrag des politischen Konsums zur politischen Beteiligung in der Schweiz so genau wie möglich zu erkennen, haben wir die befragten *Buy*kotter und Boykotter in einem letzten Schritt angehalten, das wichtigste Motiv ihres *Buy*kott- beziehungsweise Boykottverhaltens zu nennen. Die Ergebnisse hierfür sind in den Abbildungen 5 und 6 festgehalten. Anhand Abbildung 5 kann man errechnen, dass zwei Drittel der *Buy*kotter einen genuin politischen

DER POLITISCHE KONSUM ALS NEUE FORM
POLITISCHER PARTIZIPATION

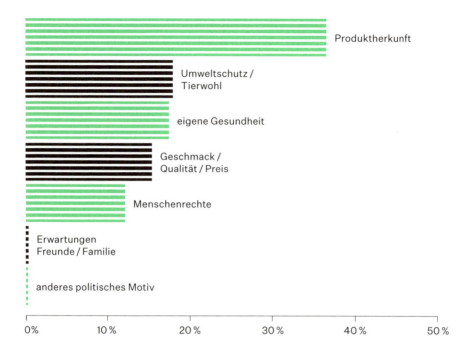

Abb. 5.
Das wichtigste Motiv für den *Buy*kott von Konsumgütern. Lesebeispiel: Über 35 Prozent der befragten *Buy*kotter geben an, dass die Produktherkunft aus der Schweiz oder der Region das wichtigste Motiv für den *Buy*kott von Konsumgütern darstellt. Datenquelle: Politischer Konsum in der Schweiz, 2017.

Abb. 6.
Das wichtigste Motiv für den Boykott von Konsumgütern. Lesebeispiel: Fast 30 Prozent der befragten Boykotter geben an, dass der Umweltschutz und/oder die Berücksichtigung des Tierwohls das wichtigste Motiv für den Boykott von Konsumgütern darstellt. Datenquelle: Politischer Konsum in der Schweiz, 2017.

Grund wie zum Beispiel die Produktherkunft oder den Umwelt- und Tierschutz für ihr Handeln angeben. Im Fall des Boykottverhaltens sind es sogar drei Viertel der befragten Boykotter, die als wichtigsten Grund ein politisches Motiv angeben. *Buy*kotter und Boykotter hatten zudem die Möglichkeit, andere, von uns nicht erwähnte Motive zu nennen. Knapp ein Prozent der Boykotter gab hier an, bewusst gelabelte Produkte zu boykottieren, da sie der Produktzertifizierung nicht vertrauen.

Insgesamt zeigt unsere Analyse einerseits, dass eine deutliche Mehrheit der *Buy*kotter und Boykotter in der Schweiz aus politischen Motiven handeln. Anhand dieser detaillierten Analyse können nun jene Befragten als politische Konsumenten identifiziert werden, die regelmässig, das heisst mindestens ein paar Mal im Monat, aus genuin politischen Motiven Produkte gezielt wählen und/oder bewusst meiden. Auf dieser Basis können rund 50 Prozent der Befragten als politische Konsumenten gelten. Darunter befinden sich Befragte, die nur *buy*kotten und nicht boykotten (22 %), solche, die nur boykotten und nicht *buy*kotten (7 %), und solche, die beide Formen des politischen Konsums betreiben (20 %).

Anhand dieser Zahlen wird deutlich, dass der politische Konsum in der Schweiz eine relevante Form der politischen Beteiligung ist, die im Vergleich zu anderen Partizipationsformen stark vertreten ist. Diese ersten empirischen Beobachtungen zum politischen Konsum zeigen darüber hinaus, dass aktuelle Analysen der politischen Partizipation die nicht-institutionalisierten und individualisierten Formen des politischen Engagements berücksichtigen sollten, um ein realistisches und umfassendes Bild der sich verändernden politischen Beteiligungsmuster in der Schweiz zu zeichnen. Nur auf diese Weise kann man der allseits beschriebenen Transformation der Beteiligungsmuster in der empirischen Partizipationsforschung Rechnung tragen. Auf der anderen Seite macht unsere empirische Analyse deutlich, dass nicht alle Befragten, die angeben, gelabelte Produkte konventionellen vorzuziehen und/oder spezielle Produkte zu boykottieren, dies aus politischen Beweggründen tun. Dies trifft immerhin auf 33 Prozent der *Buy*kotter und gut ein Viertel der Boykotter zu. Anstelle politscher Motive spielen hier vor allem die Pflege der eigenen Gesundheit, aber auch das Preis-Leistungs-Verhältnis eine Rolle.

Schlussfolgerung

In den letzten Jahrzehnten hat sich die politische Partizipation in etablierten Demokratien grundlegend gewandelt. Während traditionelle Formen der Partizipation, wie das Abstimmen, die Mitarbeit in politischen Parteien oder die Kontaktaufnahme mit Amtsträgern, teilweise rückläufig sind, erleben wir eine erstaunliche Erweiterung des Repertoires an Beteiligungsformen durch neue, kreative und alternative Formen des Engagements. Prominente Beispiele für diese Erweiterung sind etwa die politische Partizipation im Internet (z. B. der Austausch politischer Inhalte online oder die politische Mobilisierung durch den Einsatz sozialer Medien), kreative Formen der politischen Partizipation wie zum Beispiel Guerilla-Gärtnern, politische Flashmobs oder der politische Konsum. In diesem Beitrag haben wir mit dem politischen Konsum ein besonders prominentes Beispiel dieser alternativen Partizipationsformen dargestellt.

Anhand einer repräsentativen Bevölkerungsumfrage in der deutsch- und französischsprachigen Schweiz haben wir aufgezeigt, dass knapp die Hälfte der Befragten angibt, politische Konsumentin oder politischer Konsument zu sein. Fast 50 Prozent der Befragten *buy*kottieren oder boykottieren mindestens ein paar Mal im Monat Konsumgüter wie Lebensmittel, Pflegeprodukte, Kleider oder Freizeitartikel aus politischen Gründen. Zu den zentralen politischen Gründen zählen vor allem der Umwelt- und Tierschutz, die Produktherkunft sowie der Schutz von Arbeits- und Menschenrechten.[3] Hier nicht weiter dokumentierte Analysen weisen ausserdem darauf hin, dass der politische Konsum als zusätzliches politisches Instrument verwendet wird und nicht etwa traditionelle und institutionalisierte Formen verdrängt. In anderen Worten: Jemand, der wählen und demonstrieren geht sowie Petitionen unterschreibt, ist im Vergleich zu politisch inaktiven Bürgerinnen und Bürgern auch eher politischer Konsument.

Auf der einen Seite legen diese Zahlen nahe, dass die empirische Partizipationsforschung alternative Formen der Beteiligung wie insbesondere den politischen Konsum berücksichtigen sollte. Nur die Berücksichtigung auch dieses Engagements ermöglicht es, die politische Partizipation in modernen Demokratien wie der Schweiz umfassend darzustellen und zu verstehen. Auf der anderen Seite darf die Berücksichtigung des politischen Konsums als nicht-institutionalisierte und individualisierte Partizipationsform nicht zu einer Überbewertung seiner politischen Wirksamkeit verleiten. Die Erforschung der Effektivität des politischen Konsums steckt noch in den Kinderschuhen. Die wahrgenommene Ohnmacht der regionalen und nationalen Regierungen gegenüber globalen Problemen wie dem Klima- und Umweltschutz oder der Einhaltung von Menschen- und Arbeitsrechten mag die Konsumenten motivieren, den Markt als Plattform für die Kundgabe politischer Meinungen und Ziele zu nutzen. Unklar ist bislang jedoch, wie wirksam diese Art des Engagements für die Erreichung politischer Ziele sein kann. Ungewiss ist darüber hinaus, inwiefern die Konsumentinnen und Konsumenten Marktpraktiken und politische Entscheidungen beeinflussen oder inwiefern – umgekehrt – Marketing und Politik den Konsumenten anreizen und belehren, ethisch, politisch, sozial oder ökologisch korrekt zu konsumieren.

ANMERKUNGEN

1 Wenngleich in diesem Beitrag dem Gemeinwohl zuträgliche politische Beweggründe wie z. B. die Förderung des Umweltschutzes oder der Schutz von Menschenrechten im Vordergrund stehen, kann der politische Konsum ebenso der Unterstützung von Nationalismus, Intoleranz oder anderer Formen von Feindseligkeit dienen.
2 Die befragten Personen konnten die Umfrage alternativ auch schriftlich auf Papier beantworten. 646 Befragte haben davon Gebrauch gemacht.
3 Es ist nicht auszuschliessen, dass Effekte der sozialen Erwünschtheit sowie eine überzufällig hohe Teilnahme von am Thema des nachhaltigen Konsums interessierten Befragten dazu führen, dass der Anteil der politischen Konsumentinnen und Konsumenten leicht überschätzt wird.

LITERATUR

Bennett, W. Lance: The Uncivic Culture: Communication, Identity, and the Rise of Lifestyle Politics. In: Political Science & Politics 31/4 (1998), 741–761.
Dalton, Russell J.: Citizenship Norms and the Expansion of Political Participation. In: Political Studies 56/1 (2008), 76–98.
Inglehart, Ronald: Modernization and Postmodernization: Cultural, Economic, and Political Change in 43 Societies. Princeton/New Jersey 1997.
Norris, Pippa: Democratic Phoenix: Reinventing Political Activism. Cambridge 2002.
Putnam, Robert D.: Bowling Alone: Civic Disengagement in America. New York 2000.
Stolle, Dietlind; Micheletti, Michele: Political Consumerism: Global Responsibility in Action. Cambridge 2013.
Theocharis, Yannis; van Deth, Jan W.: Political Participation in a Changing World: Conceptual and Empirical Challenges in the Study of Citizen Engagement. New York 2018.
van Deth, Jan W.: A Conceptual Map of Political Participation. In: Acta Politica 49/3 (2014), 349–367.

Rechtspopulismus und die Krise der Sozialdemokratie

Tarik Abou-Chadi

Dieser Beitrag setzt sich mit einem Narrativ auseinander.[1] Ein Narrativ über den Zusammenhang der Entwicklungen von sozialdemokratischen und rechtspopulistischen Parteien, welches sowohl in den Medien als auch in der Politik selbst weite Verbreitung gefunden hat. Zunächst beruht dieses Narrativ auf zwei Entwicklungen, die sich nicht abstreiten lassen. Die erste Entwicklung lässt sich als Aufstieg des Rechtspopulismus in Westeuropa beschreiben und wird veranschaulicht in Abbildung 1. Sie zeigt die Stimmanteile von rechtspopulistischen Parteien in 17 westeuropäischen (alte EU15 + Schweiz und Norwegen) Ländern seit 1990.[2] Wenn hier die Rede von rechtspopulistischen Parteien ist, so sind die Parteien gemeint, die im englischen als «populist radical right» (siehe Mudde 2007) bezeichnet werden und beispielweise den französischen Front National (mittlerweile Rassemblement National), die Freiheitliche Partei Österreichs (FPÖ), die Schweizerische Volkspartei oder die Alternative für Deutschland (AfD) beinhalten. Man kann in Abbildung 1 deutlich sehen, dass es einen klaren Anstieg der Stimmanteile dieser Parteien seit 1990 gegeben hat. Sie stellen in der Zwischenzeit etablierte Akteure in fast allen westeuropäischen Parteiensystemen dar und sind auch in manchen Regierungen vertreten.

Abbildung 2 zeigt die Entwicklung, die häufig als Niedergang oder Krise der Sozialdemokratie bezeichnet wird. Für die gleichen Länder und den gleichen Zeitraum ist auch hier der Stimmenanteil abgebildet. Wir sehen, dass es nach einer vorübergehenden Hochphase in den 1990er-Jahren einen starken Verlust an Wählerinnenstimmen und Wählerstimmen für diese Parteienfamilie gegeben hat. Besonders ausgeprägt zeigt sich dieser Abfall für die letzten zehn Jahre. Symptomatisch stehen hierfür die Wahlergebnisse der französischen Parti Socialiste (PS) und der niederländischen Arbeiterpartei (PvdA), welche beide im Jahr 2017 mit einstelligen Wahlergebnissen die schlechtesten je erreichten Resultate für sozialdemokratische Parteien in der Nachkriegszeit erzielten.

Betrachtet man nun diese beiden Entwicklungen, so liegt es nahe, dass sie in direktem Zusammenhang miteinander stehen. Eine Erklärung, die wir häufig im öffentlichen Diskurs und in der politischen Auseinandersetzung finden, lautet in etwa so: Sozialdemokratische Parteien haben ihre ehemalige Kernklientel, die Arbeiterklasse,[3] verloren und diese hat bei rechtspopulistischen Parteien ein neues Zuhause gefunden. Die Arbeiterklasse, so geht die Erklärung

RECHTSPOPULISMUS UND DIE KRISE
DER SOZIALDEMOKRATIE

Durchschnittlicher Stimmenanteil in EU15+2 Ländern
Rechtspopulistische Parteien, 1990–2018

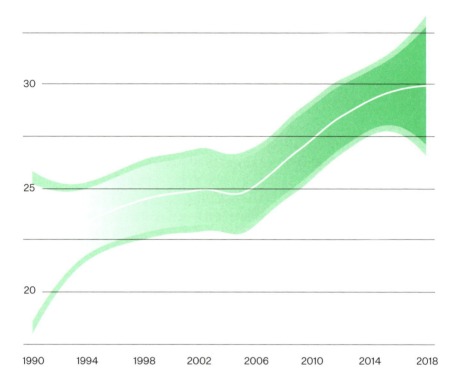

Abb. 1 und 2
Stimmenanteile berechnet für EU15+2 Länder in den Jahren 1990 bis 2018, basierend auf Daten von parlgov.org. Länder-Jahr-Daten wurden pro Land und Jahr mittels LOESS-Smoothing aggregiert. Schattierte Regionen um die Kurve bilden 90%- beziehungsweise 95%-Konfidenzintervalle ab.

Durchschnittlicher Stimmenanteil in EU15+2 Ländern
Sozialdemokratische Parteien, 1990–2018

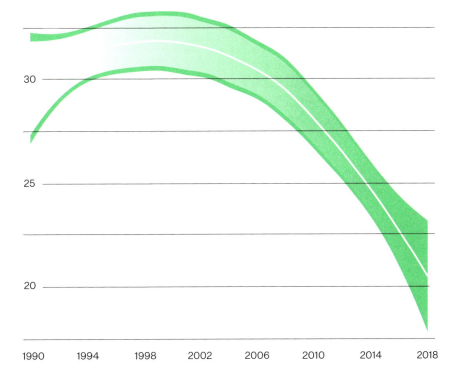

weiter, hat sich von sozialdemokratischen Parteien vor allem aus zwei Gründen abgewendet. Der erste liegt in der nominell zu neoliberalen Wirtschafts- und Sozialpolitik, die von sozialdemokratischen Parteien seit den 1990er-Jahren vor allem im Zug von New Labour und der Neuen Mitte verfolgt wurde. Der zweite Grund, auf dem dieses Narrativ basiert, ist ein Fokus sozialdemokratischer Parteien auf progressive Gesellschaftspolitik beispielsweise bei Fragen der Gleichstellung, der Migration oder aber auch des Umweltschutzes. Hierbei fühlen sich vor allem männliche Mitglieder der Arbeiterklasse, welche häufig tendenziell weniger progressive und stärker autoritäre Einstellungen haben, nicht mehr vertreten. Diese Entwicklung wurde vor allem im Zug der sogenannten Flüchtlingskrise verstärkt.

Implizit oder auch durchaus explizit enthalten solche Erklärungen häufig eine Handlungsempfehlung für sozialdemokratische Parteien. Sie lautet in etwa so, dass sich sozialdemokratische Parteien vor allem in Fragen der Migrationspolitik von progressiveren hin zu eher restriktiveren Positionen bewegen sollen und gleichzeitig Fragen der sogenannten Identitätspolitik (bspw. Gleichstellung von Frauen oder von Schwulen und Lesben) eine weniger gewichtige Rolle für sie spielen sollten. Dies, so die Idee, würde dann dazu führen, dass rechtspopulistische Parteien geschwächt und sozialdemokratische Parteien gestärkt würden, weil Wählerinnen und Wähler der Arbeiterklasse ihren Weg zurück zur Sozialdemokratie finden würden.

Veranschaulichen lässt sich diese Position mit einem Zitat des früheren Parteivorsitzenden der Sozialdemokratischen Partei Deutschlands (SPD) Sigmar Gabriel. In einem Essay im *Spiegel* vom 18. Dezember 2017 schreibt er: «Die offenen Grenzen von 2015 stehen in Deutschland für nicht wenige Menschen deshalb als Sinnbild für die Extremform von Multikulti, Diversität und den Verlust jeglicher Ordnung. Unter ihnen viele vormals sozialdemokratische Wählerinnen und Wähler. Diversität, Inklusion, Gleichstellung, Political Correctness – all das sind deshalb jetzt auch die Zielscheiben der Neuen Rechten. [...] Auch wir haben uns kulturell als Sozialdemokraten und Progressive oft wohlgefühlt in postmodernen liberalen Debatten. Umwelt- und Klimaschutz waren uns manchmal wichtiger als der Erhalt unserer Industriearbeitsplätze, Datenschutz war wichtiger als innere Sicherheit, und die Ehe für alle haben wir in Deutschland fast zum größten sozialdemokratischen Erfolg der letzten Legislaturperiode gemacht [...]». Und weiter: «Ist die Sehnsucht nach einer ‹Leitkultur› angesichts einer weitaus vielfältigeren Zusammensetzung unserer Gesellschaft wirklich nur ein konservatives Propagandainstrument, oder verbirgt sich dahinter auch in unserer Wählerschaft der Wunsch nach Orientierung in einer scheinbar immer unverbindlicheren Welt der Postmoderne?» Zusammengefasst in einem Satz bringt es Sigmar Gabriel so auf den Punkt: «Wer die Arbeiter des Rust Belt verliert, dem werden die Hipster in Kalifornien auch nicht mehr helfen.»

Es ist genau dieses Narrativ, mit dem sich der Beitrag beschäftigen möchte. Natürlich soll dies nicht in der poetischen Form Sigmar Gabriels geschehen. Aus seinem Zitat und aus dem beschriebenen Narrativ im Allgemeinen lassen sich allerdings drei sozialwissenschaftlich testbare Annahmen ableiten, die hier diskutiert werden sollen: 1. Der Wahlerfolg sozialdemokratischer Parteien hängt entscheidend vom Verhalten der Arbeiterklasse ab; 2. Weniger progressive/universalistische Positionen schaden rechtspopulistischen Parteien elektoral; 3. Weniger progressive/universalistische Positionen helfen sozialdemokratischen Parteien elektoral.

Um diese Annahmen zu besprechen, werde ich folgendermassen vorgehen: Zunächst werde ich das Beispiel der niederländischen Parlamentswahl im Jahr 2017 diskutieren. An diesem lässt sich vor allem veranschaulichen, zu welchen anderen Parteien sich die ehemaligen Wählerinnen und Wähler sozialdemokratischer Parteien bei herben Verlusten hinbewegt haben. Dann möchte ich zwei meiner eigenen Untersuchungen zum Thema beschreiben. In der ersten geht es darum, wie sich die Positionierung etablierter Parteien auf den Wahlerfolg rechtspopulistischer Parteien auswirkt; in der zweiten, wie sich die Positionierung auf die Wahlanteile sozialdemokratischer Parteien selbst auswirkt.

Die niederländische Parlamentswahl 2017

Bei der niederländischen Parlamentswahl 2017 verlor die PvdA fast 20 Prozentpunkte und erzielte mit einem Stimmanteil von 5,7 Prozent ihr historisch schlechtestes Ergebnis. Als Wahlsieger ging die Mitte-Rechts-Partei VVD von Premierminister Mark Rutte aus der Wahl hervor, vor der zweitplatzierten rechtspopulistischen PVV von Geert Wilders. Vor der Wahl lag der Fokus der Berichterstattung vor allem auf der rechtspopulistischen PVV. Diese lag sogar einige Zeit lang in den Umfragen vorn, was zu massiver internationaler Aufmerksamkeit für diese Wahl führte. Viele Journalistinnen und Journalisten renommierter internationaler Zeitungen wie der *New York Times* oder der *Financial Times* machten sich auf in die Niederlande, um über die Wahl zu berichten. Ein typischer Bericht nahm dabei die Form an, dass die Journalistinnen und Journalisten in kleine Orte fuhren, die ehemals sozialdemokratische Hochburgen waren, und dort mit Menschen sprachen, die jetzt die rechtspopulistische PVV wählten. Vor diesem Hintergrund ist es nicht überraschend, dass das Wahlergebnis der Arbeiterpartei so interpretiert wurde, dass ein Grossteil ihrer Wählerschaft sich von ihnen abgewendet und ein neues Zuhause bei den Rechtspopulisten gefunden hatte.

Was war nun aber tatsächlich passiert? Forschende der Universität Amsterdam haben kürzlich in einer Studie untersucht, wie sich die Verluste der PvdA erklären lassen (de Lange et al. 2018). Sie beobachten dabei in einer Panel-Studie, in der die gleichen Wählerinnen und Wähler über eine längere Zeit hinweg interviewt wurden, wie sich deren Wahlverhalten zwischen 2012 und 2017 verändert hat. Nur etwa 25 Prozent der Personen, die 2012 die PvdA gewählt hatten, wählten diese auch 2017. Die entscheidende Frage der Studie ist dann, für welche Parteien sich die restlichen ehemaligen Wählerinnen und Wähler der PvdA entschieden haben. Die Ergebnisse sind bemerkenswert und spielen eine wichtige Rolle, wenn wir die momentane Krise der Sozialdemokratie angemessen interpretieren wollen. Die Partei, die mit Abstand am meisten Stimmen der PvdA gewonnen hat, ist Groen Links, also die Grüne Partei. An nächster Stelle kommen die zentristisch-progressive Partei D66 und die linkspopulistische Partei SP. Die PvdA hat also mit Abstand die meisten ihrer Wählerinnen und Wähler an progressive Mitte-Links-Parteien verloren; nur ein winziger Teil wendete sich der rechtspopulistischen PVV oder der Mitte-Rechts-Partei VVD zu. Diese Ergebnisse zeigen also, dass sich das schlechte Ergebnis der sozialdemokratischen PvdA keineswegs so erklären lässt, dass die Wählerinnen und Wähler der Arbeiterklasse zu den Rechtspopulisten abgewandert sind. Im Gegenteil, der Grund für das schlechte Abschneiden liegt darin, dass zu einem grossen Teil junge und gebildete Personen zu linksliberalen Parteien abgewandert sind.

Ein ähnliches Bild zeigte sich in der ersten Runde der französischen Präsidentschaftswahl 2017. Hier gewann Emmanuel Macron mehr ehemalige Wählerinnen und Wähler der PS für sich als ihr Kandidat Benoît Hamon und der linkspopulistische Jean-Luc Mélenchon zusammen. Es zeigt sich folglich, dass die verheerenden Wahlergebnisse der PS und der PvdA vielmehr das Resultat von Verlusten an liberale und progressive Parteien sind, als dass sie durch den Wettbewerb mit rechtspopulistischen Parteien zu erklären wären. Dies stellt das zu Anfang erläuterte Narrativ stark in Frage. Im nächsten Abschnitt möchte ich nun darauf eingehen, wie sich die Positionierung von etablierten Parteien allgemein auf den Erfolg rechtspopulistischer Parteien auswirkt.

Positionen etablierter Parteien und Wahlergebnisse rechtspopulistischer Parteien

In einer von uns kürzlich durchgeführten Studie haben wir analysiert, wie sich die Positionierung etablierter Parteien zum Thema Migration auf den Erfolg rechtspopulistischer Parteien auswirkt (Cohen et al. 2018, Cohen 2018). In der öffentlichen Debatte wird häufig angenommen, dass rechtspopulistische Parteien deshalb erfolgreich sind, weil etablierte Parteien allzu liberale Positionen in der Migrationspolitik einnehmen; restriktivere Positionen ihrerseits würden folglich rechtspopulistische Parteien wieder schwächen. Auch in der Politikwissenschaft existiert diese Ansicht und wird vor allem mit der Arbeit von Bonnie Meguid (2005, 2008) verbunden. Die Idee ist dabei, dass sogenannte *Accommodative Strategies*, also das Aufnehmen der Migrationsthematik durch etablierte Parteien und eine Bewegung in Richtung der rechtspopulistischen Parteien, dazu führen, dass rechtspopulistische Parteien Stimmen verlieren. Das Aufnehmen der Thematik mit einer gegensätzlichen Position – die sogenannte *Adversarial Strategy* – führt laut Meguid hingegen dazu, dass rechtspopulistische Parteien gestärkt werden. Betrachtet man, wie etablierte Parteien in der Regel auf den Erfolg rechtspopulistischer Parteien reagieren, so zeigt sich, dass diese mit Abstand am häufigsten eine Accommodative Strategy wählen, sich also in Richtung einer migrationsskeptischeren Position bewegen (Abou-Chadi 2016, Abou-Chadi und Krause 2018).

Um die Auswirkungen solcher Strategien zu untersuchen, analysieren wir Wählerinnen- und Wählerwanderungen im Zeitraum von 1996 bis 2016 in einer Vielzahl europäischer Länder. Wir fragen uns dabei, wie viele Wählerinnen und Wähler von etablierten Parteien zu rechtspopulistischen Parteien abwandern und wie viele sich umgekehrt von rechtspopulistischen Parteien zu etablierten Parteien hinbewegen. Dann analysieren wir, ob sich diese Bewegungen mit den Positionen der etablierten Parteien erklären lassen. Allein die Betrachtung der Wanderungen selbst gibt uns schon einen tieferen Einblick in die Dynamiken des politischen Wettbewerbs mit rechtspopulistischen Parteien. Drei Entwicklungen sind dabei besonders erwähnenswert: 1. Generell beobachten wir für diesen Zeitraum und für diese Länder relativ wenig Austausch zwischen rechtspopulistischen und etablierten Parteien. Das heisst, wenn sich Wählerinnen und Wähler für eine rechtspopulistische Partei entschieden haben, dann ist es eher unwahrscheinlich, dass sie wieder zu einer etablierten Partei zurückkehren; 2. Sozialdemokratische Parteien tauschen keineswegs mehr Wählerinnen und Wähler mit rechtspopulistischen Parteien aus als andere Parteien. Der stärkste Austausch besteht zwischen konservativen und rechtspopulistischen Parteien; 3. Tendenziell wechseln mehr Wählerinnen und Wähler zu rechtspopulistischen Parteien als weg von diesen. Das heisst, rechtspopulistische Parteien sind die Netto-Gewinnerinnen des Wettbewerbs in dieser Zeit.

Für diese Wählerinnen- und Wählerwanderungen analysieren wir dann, wie sie von den politischen Positionen zu Migrationsfragen der etablierten Parteien beeinflusst werden. Folgen wir der Argumentation von Meguid und dem zu Beginn formulierten Narrativ, dann sollten wir annehmen, dass migrationsskeptischere Positionen dazu führen, dass weniger Wählerinnen und Wähler zu den Rechtspopulisten wechseln und mehr von ihnen zu den etablierten Parteien kommen. Unsere Ergebnisse bestätigen diese Erwartungen allerdings nicht. Wir beobachten zwar, dass migrationsskeptischere Positionen von etablierten Parteien dazu führen, dass sich mehr ehemalige rechtspopulistische Wählerinnen und Wähler für etablierte Parteien entscheiden. Allerdings zeigt sich gleichzeitig, dass dann auch mehr ehemalige Wählerinnen und Wähler von etablierten Parteien sich für rechtspopulistische Parteien entscheiden. Das heisst, migrationsskeptischere Positionen von etablierten Parteien erhöhen den Austausch von Wählerinnen und Wählern zwischen etablierten und rechtspopulistischen Parteien. Letztlich ist es aber so, dass rechtspopulistische Parteien die Netto-Gewinnerinnen dieses Austauschs sind. Sie gewinnen mehr Wählerinnen und Wähler, als dass sie verlieren. Wir beobachten diesen Zusammenhang sowohl allgemein für etablierte Parteien als auch speziell für sozialdemokratische.

Es zeigt sich also, dass migrationsskeptischere Positionen keineswegs dazu führen, dass etablierte Parteien generell und sozialdemokratische Parteien im Spezifischen Wählerinnen und Wähler von rechtspopulistischen Parteien zurückgewinnen können. Im Gegenteil, diese Positionierungen führen tendenziell eher dazu, dass rechtspopulistische Parteien gestärkt werden. Dies deckt sich auch mit der Entwicklung des Erfolgs rechtspopulistischer Parteien in zahllosen europäischen Demokratien. In Österreich oder Dänemark beispielsweise haben etablierte Parteien über die Jahre hinweg einen sehr deutlich migrationsskeptischeren Kurs gewählt. Dies hat den Rechtspopulisten der FPÖ und der Dansk Folkeparti allerdings nicht geschadet – sie stehen heute besser da denn je. Der nächste Teil bespricht, wie sich die Positionierung von sozialdemokratischen Parteien auf deren eigene Stimmenanteile auswirkt.

Positionierung und Wahlergebnisse sozialdemokratischer Parteien

In der nächsten Studie, die hier diskutiert werden soll, haben wir untersucht, wie sich die wirtschafts- und gesellschafspolitischen Positionen sozialdemokratischer Parteien auf deren Wahlergebnisse auswirken (Abou-Chadi und Wagner 2018). In den Ausführungen werde ich mich auf den Effekt ihrer gesellschaftspolitischen Positionen konzentrieren. Um zu verstehen, wie sich die Positionierung sozialdemokratischer Parteien auf deren Stimmenanteile auswirkt, ist es notwendig, die Veränderung des politischen Raums in postindustriellen Gesellschaften zu betrachten (siehe Abbildung 3).

In industriellen Gesellschaften beschränkte sich der politische Raum grösstenteils auf eine Dimension. Der Hauptkonflikt dieser Dimension, die wir als die Links-Rechts-Dimension kennen, dreht sich um Fragen der ökonomischen Verteilung. Links bedeutet dabei mehr Regulierung und Einfluss des Staats, während rechts für die freie Zuteilung von Ressourcen nach dem Marktprinzip steht. Auf der linken Seite sehen wir die Arbeiterklasse vertreten, auf der anderen die

RECHTSPOPULISMUS UND DIE KRISE DER SOZIALDEMOKRATIE

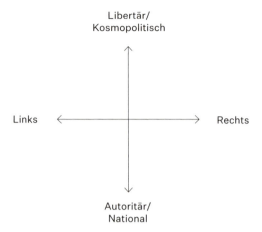

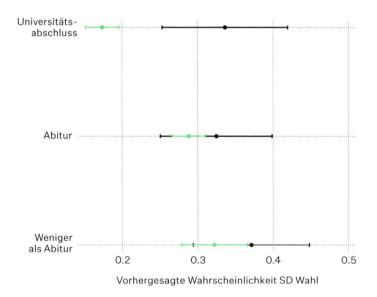

- ● Progressiver
- ● Weniger progressiv

Abb. 3 (oben)
Der politische Raum in postindustriellen Gesellschaften.

Abb. 4 (unten)
Wahlwahrscheinlichkeit sozialdemokratische Partei nach Bildung.

137 Bourgeoisie. In postindustriellen Gesellschaften verändert sich nun der politische Raum (siehe auch Kitschelt 1994). Zwei Entwicklungen haben hierzu entscheidend beigetragen: Erstens haben die 68er-Bewegung und der damit verbundene Erfolg links-libertärer und grüner Parteien dazu geführt, dass eine zweite Dimension politisiert wurde. In dieser Dimension geht es weniger um Fragen der Umverteilung als vielmehr um Fragen der Organisation von Gesellschaften. Sie beinhaltet Themen wie die Gleichstellung von Frauen und Männern, von Schwulen, Lesben und Transsexuellen oder aber auch den Umweltschutz (Inglehart 1977). Als Gegenbewegung zu dieser Entwicklung lässt sich dann die Politisierung von Migrationsfragen verstehen, die mit dem ersten Erfolg von neuen rechtspopulistischen Parteien in den 80er- und 90er-Jahren verbunden ist (Ignazi 1992).

In diesem veränderten politischen Raum müssen sich sozialdemokratische Parteien neu positionieren, um weiterhin elektoral erfolgreich sein zu können. Die Herausforderung oder das Dilemma besteht für sozialdemokratische Parteien darin, dass die neue Achse des politischen Wettbewerbs mitten durch die alte Koalition der Sozialdemokraten geht: Arbeiterklasse plus die urbane gebildete Mittelschicht. Aufbauend auf einer Reihe anderer Studien (bspw. Gingrich und Häusermann 2015) machen wir zwei Argumente: Erstens zeichnen sich postindustrielle Gesellschaften dadurch aus, dass die gebildete Mittelschicht zur wichtigsten Gruppe von Wählerinnen und Wählern für sozialdemokratische Parteien wird, während Industriearbeiter an Bedeutung verlieren. Zweitens präferiert die gebildete Mittelschicht progressive Positionen auf der zweiten Dimension. Das heisst, sie sind tendenziell für mehr Gleichberechtigung, für eine liberale und humanitäre Migrationspolitik und für eine stärkere internationale Einbindung beispielsweise innerhalb der Europäischen Union. In einer Reihe von Analysen können wir dann auch tatsächlich zeigen, dass sozialdemokratische Parteien erfolgreicher sind, wenn sie progressivere Positionen auf der zweiten Dimension einnehmen.

Abbildung 4 zeigt hier exemplarisch unsere Ergebnisse. Wir sehen die Wahrscheinlichkeit, mit der Befragungsteilnehmerinnen und Befragungsteilnehmer bei der letzten Wahl eine sozialdemokratische Partei gewählt haben (Daten: European Social Survey). Die Daten wurden gemessen an der Bildung in drei Gruppen aufgeteilt: weniger als Sekundarstufe, mehr als Sekundarstufe und Universitätsabschluss. Die Abbildung zeigt die Wahlwahrscheinlichkeit für eine progressivere und eine weniger progressive sozialdemokratische Partei. Während wir für weniger gebildete Personen keine signifikanten Unterschiede finden, so zeigt sich bei Personen mit Universitätsabschluss, dass diese deutlich weniger bereit sind, eine sozialdemokratische Partei zu wählen, wenn diese weniger progressiv ist, sich also weniger für Gleichberechtigung oder internationale Integration stark macht. Es zeigen sich ähnliche Ergebnisse für junge Wählerinnen und Wähler oder solche, die in soziokulturellen Berufsfeldern beschäftigt sind.

Zusammenfassend können wir also beobachten, dass im Gegensatz zum am Anfang beschriebenen Narrativ sozialdemokratische Parteien dann erfolgreicher sind, wenn sie sich für eine offene Gesellschaft und Gleichberechtigung einsetzen. Der Hauptgrund dafür liegt darin, dass die gebildete Mittelschicht sich nur dann dafür entscheidet, eine sozialdemokratische und beispielsweise nicht eine links-liberale oder grüne Partei zu wählen, wenn sozialdemokratische Parteien auch dieses Angebot machen.

Schlussbetrachtung

In diesem Beitrag habe ich dargestellt, dass sich die Krise sozialdemokratischer Parteien und ihr Wettbewerb mit rechtspopulistischen Parteien keineswegs so verhalten, wie es in einem dominanten öffentlichen Narrativ häufig dargestellt wird. Bei näherer sozialwissenschaftlicher Betrachtung zeigt sich, dass die Arbeiterklasse keineswegs die wichtigste Gruppe für die Wahlergebnisse sozialdemokratischer Parteien ist. Ausserdem konnte ich darlegen, dass migrationsskeptischere Positionen nicht dazu führen, dass rechtspopulistische Parteien weniger erfolgreich sind. Sozialdemokratische Parteien sind dann erfolgreicher, wenn sie progressivere Positionen einnehmen.

Diese Erkenntnisse stehen im Einklang mit der momentanen politischen Entwicklung in Deutschland. Die Landtagswahlen in Bayern und Hessen sowie die Entwicklung der Umfragen auf nationaler Ebene zeichnen sich dadurch aus, dass vor allem die Grünen neue Erfolge verbuchen konnten, während sich die SPD im scheinbar freien Fall befindet. Die SPD hat dabei nur einen kleinen Teil ihrer Wählerinnen und Wähler an die AfD verloren. Es sind die Grünen, die es geschafft haben, durch eine klare progressive Positionierung die gebildete Mittelschicht an sich zu binden, und mittlerweile von etwa 20 Prozent der Deutschen gewählt werden würden. Sie beziehen dabei ihr neues Wählerpotenzial nicht nur von anderen linken Parteien wie der SPD, sondern zum gleichen Teil auch von den Unionsparteien CDU/CSU. Es wird sich zeigen, ob sich die Grünen mittel- und langfristig als die stärkste Kraft im linken Spektrum etablieren können.

ANMERKUNGEN

1 Dieser Beitrag ist eine ausformulierte und leicht abgeänderte Fassung meiner Antrittsvorlesung an der Universität Zürich, die ich am 15. Oktober 2018 mit dem Titel «Populismus und der Wandel des Parteienwettbewerbs» gehalten habe.
2 Die Daten zu den Stimmanteilen kommen von www.parlgov.org.
3 Der Begriff Arbeiterklasse wird hier verallgemeinernd für Menschen genutzt, die in Berufsfeldern arbeiten, für die ein geringes Mass an (Aus-)Bildung notwendig ist und die in der Regel mit einem niedrigen Einkommen einhergehen. Typischerweise wäre dies zum Beispiel ein Industriearbeiter oder eine Person, die im Bergbau beschäftigt ist.

LITERATUR

Abou-Chadi, Tarik; Wagner, Markus: The Electoral Appeal of Party Strategies in Post-Industrial Societies: When Can the Mainstream Left Succeed? In: Journal of Politics (2018), erscheint demnächst.
Abou-Chadi, Tarik; Krause, Werner: The Causal Effect of Radical Right Success on Mainstream Parties' Policy Positions. A Regression Discontinuity Approach. In: British Journal of Political Science (2018), advance online publication.
Abou-Chadi, Tarik: Niche Party Success and Mainstream Party Policy Shifts – How Green and Radical Right Parties Differ in Their Impact. In: British Journal of Political Science 46 (2016), 417–436.
Cohen, Denis; Krause, Werner; Abou-Chadi, Tarik: Accommodative Strategies and the Electoral Performance of Radical Right Parties. A Replication and Extension. Working Paper, 2018.
Cohen, Denis: When Supply Meets Demand: Context-Dependent Mechanisms of Radical-Right Voting. Dissertation Humboldt Unviersity Berlin, 2018.
de Lange, Sarah L.; Harteveld, Eelco; Rooduijn, Matthijs: Social Democratic Parties Caught between a Rock and a Hard Place Explaining the Decline of the Dutch PvdA. University of Amsterdam, 2018.
Gingrich, Jane; Häusermann, Silja: The Decline of the Working-Class Vote, the Reconfiguration of the Welfare Support Coalition and Consequences for the Welfare State. In: Journal of European Social Policy 25 (2015), 50–75.
Ignazi, Piero: The Silent Counter-Revolution. Hypotheses on the Emergence of Extreme Right-Wing Parties in Europe. In: European Journal of Political Research 22 (1992), 3–34.
Inglehart, Ronald: Silent Revolution. Changing Values and Political Styles Among Western Publics. Princeton 1977.
Kitschelt, Herbert: The Transformation of European Social Democracy. Cambridge/New York 1994.
Meguid, Bonnie M.: Competition between Unequals: The Role of Mainstream Party Strategy in Niche Party Success. In: American Political Science Review 99 (2005), 347–359.
Meguid, Bonnie M.: Party Competition between Unequals. Strategies and Electoral Fortunes in Western Europe. Cambridge 2008.
Mudde, Cas: Populist Radical Right Parties in Europe. Cambridge 2007.

Interview mit Heinrich Zschokke

Daniel Kübler,
Thomas Pfisterer

Herr Zschokke,
wie geht es Ihnen?

Danke für die Nachfrage. Seit über 200 Jahren verharre ich als Denkmal in Aarau. Ich bin froh, einmal vom Sockel herunterzusteigen, mir die Füsse zu vertreten, umso mehr, als man mir den Blick auf meine geliebte «Blumenhalde» verbaut hat. Als ich 1795 beim Rheinfall Schweizer Boden betrat, träumte ich vom Land der Freiheit und der Demokratie. In Wirklichkeit traf ich auf weithin arme, unmündige Leute und eine Obrigkeitsherrschaft, selbst in den Landsgemeindekantonen. Also musste ich mich 50 Jahre lang für deren Befreiung einsetzen. Es interessiert mich brennend, was übriggeblieben ist.

1798 wurden Sie als Anhänger der Helvetischen Republik aus Ihrem Erziehungsinstitut Reichenau, das sie leiteten, verjagt. Wieso kamen Sie ausgerechnet nach Aarau? Wie wurden Sie als politischer Flüchtling hier aufgenommen?

Ich war Bündner und dann Bürger von Malans. Von dort aus schickten die Bündner Patrioten Johann Baptista von Tscharner und mich in die damalige helvetische Hauptstadt Aarau, um das Gesuch um Aufnahme des Bündnerlands in die Helvetische Republik zu stellen. Die helvetische Regierung, vorab Minister Philipp Albert Stapfer, wollten mich in Dienst nehmen – obwohl ich Sachse war und aus dem damals preussischen Magdeburg stammte. Das spielte nie eine Rolle. So amtete ich als Leiter des Büros für «Nationalkultur», dann als Regierungskommissär in Nidwalden, in der ganzen Innerschweiz, im Tessin und als Regierungsstatthalter in Basel.

Wie war damals die Stimmung in den aufständischen Distrikten wie Stans?

Ach, das ist eine lange und belastende Geschichte. Die bisherige Ordnung der Schweiz war an sich morsch; sie ist nicht nur wegen der Franzosen zusammengebrochen. Die helvetische Revolution brachte viele Vorteile: mehr Rechte für die Landbevölkerung, Gewerbe- und Niederlassungsfreiheit, Abschaffung der Zensur, mehr demokratische Institutionen und so weiter. Aber die Regierung machte den Fehler, dies alles zentral und über den Kopf der Menschen hinweg zu bestimmen. Ich versuchte auszugleichen, wo ich nur konnte. Dabei lernte ich, dass sich die Neuordnung nicht doktrinär, von oben herab, anordnen liess. Ich konnte sie nur festigen, wenn ich unten anpackte, die Bevölkerung dafür gewann und mich zum Fürsprecher der Armen sowie Benachteiligten wandelte. So machte ich mir auf allen Seiten Feinde. Die Regierung warf mir vor, eigenmächtig zu sein, war aber selbst unfähig, den Staat zu führen. So quittierte ich schliesslich meinen Dienst.

Wieso kamen Sie nach dem Zusammenbruch der Helvetik wieder nach Aarau?

Ich wollte eigentlich zurück nach Graubünden; diese Aussichten waren aber unsicher. Da kam es mir gerade recht, dass der Aarauer Seidenbandfabrikant und ehemalige Senator Johann Rudolf Meyer, ein guter Republikaner, mir eine Wohnung auf Schloss Biberstein bei Aarau anbot und mich einlud, die Chance zu nutzen und zum Aufbau einer neuen Ordnung im Aargau beizutragen. Hier seien Reformen eher realisierbar. Der Aargau könne der Schweiz als Beispiel vorangehen.

Sie machten ja dann im neu gegründeten Kanton Aargau auch eine schöne politische Karriere...

Ich wollte mich von der Politik zurückziehen, habe mich aber bewegen lassen, das Amt eines Oberforst- und Bergrats zu übernehmen, und zwar für ein Vierteljahrhundert. Ohne unbescheiden zu sein, kann ich sagen, dass ich die öffentlichen Wälder zu einem nachhaltigen und gewinnbringenden Unternehmen machte. Für das Oberforstamt bekam ich einen kleinen Lohn. Alle anderen Rollen übte ich unentgeltlich aus. Ab 1814 wirkte ich während 26 Jahren als Grossrat, stand wichtigen Kommissionen vor, vorab für Staatsrechnung und Jahresberichte, sodass ich freimütig kritisieren durfte. Ich trug bei, den Rat zu einem echten Parlament zu machen, gab entscheidende Impulse zu staatlichen Neuerungen, so zum Schulgesetz von 1835 sowie als Verfassungsrat zur Verfassung von 1831. In den Jahren 1833, 1834 und 1837 wurde ich zum aargauischen Gesandten für die eidgenössische Tagsatzung gewählt – eine Ehre, aber mit der Folge, dass ich jeweils einen ganzen Sommer lang meine geliebte Familie entbehren musste. Eine besondere Freude war es mir, in Schulbehörden aller Stufen mitzuarbeiten. Nach einem Sitz in der Regierung strebte ich nie, obwohl man es mir mehr als einmal anbot. Ich wollte für meine Schriftstellerei unabhängig bleiben.

Sie mischten im Aargau auch ausserhalb Ihrer Ämter in der «Kultur» stark mit. Was muss man sich darunter vorstellen?

Ja, immer wieder versuchte ich, die Brücke zwischen dem bisherigen Regierungssystem sowie der guten alten Geschichte und dem – aufklärerischen – Aufbruch in eine neue Zeit zu schlagen, für die Aarau damals stand und die auch Frankreich und Amerika geprägt hatte. Ich mischte mich ein, wo ich es als nötig empfand und wo man mich brauchte, immer in Distanz, auf der Seite des Volkes, ohne ihm nach dem Munde zu reden. Ich entwarf für Regenten strenge Pflichtenhefte, auf dass sie im Dienst des Volkes handelten. Für Aufgaben, für die der junge Kanton zu schwach war, organisierte ich Gesinnungsfreunde, um mit ihnen einzuspringen; all das nannten wir «Kultur». Unser Gefäss war zuerst die Gesellschaft für vaterländische Kultur mit ihren vielen Ablegern. Wir konnten zum Beispiel die Errichtung einer Ersparniskasse – die heutige Neue Aargauer Bank – oder der Hagel- und Viehversicherung in die Wege leiten und gründeten etwa Schulen für Mädchen und das Gewerbe. Ein Herzensanliegen meiner Frau

Nanny und mir war die Taubstummenanstalt «Landenhof». Diese Aktivitäten trugen dem Aargau den Ehrentitel des «Kulturkantons» ein, worauf ich ein klein wenig stolz bin.

Sogar in der Restaurationszeit, als in ganz Europa wieder der Adel herrschte, waren Sie in Amt und Würden. Hand aufs Herz, Herr Zschokke: Sind Sie ein Opportunist?

Das Gegenteil ist der Fall! Meinem Engagement ist es zum Beispiel zu verdanken, dass der Aargau trotz Wiederherstellung alter Zustände schon 1816 und dann trotz massivem Druck aus dem Ausland und freundeidgenössischer Regierungen bereits 1829 definitiv die Pressezensur abgeschafft hat. Ich gab lieber all meine Ämter ab, um meine vielgelesene Zeitung *Der aufrichtige und wohlerfahrene Schweizerbote* fortzusetzen. Ebenso bei der Verfassungserneuerung 1830/31: Ich hatte seit Jahren im *Schweizerboten* gewarnt, dass der Reformstau auf dem Lande zu Aufständen führen könne. So war ich ob des Freiämtersturms 1830 nicht erstaunt. Ich wurde als Wegbereiter der Erneuerung gefeiert und in den Verfassungsrat sowie, an der Seite von «General» Fischer, zu dessen Vizepräsidenten gewählt.

Sie haben sich bereits 1830 für die Stärkung der Volksrechte in der Aargauer Kantonsverfassung eingesetzt.

147 Was bedeutete das damals?

Ich verfocht meist eine repräsentative Demokratie: Das Volk wählt seine Vertreter aus, das Parlament, das die Regierung wählt und deren Tätigkeit überwacht. Ich war 1795 in Paris und hatte erlebt, wie entfesselte Volkswut und demagogische Verführung die Politik bestimmen können. Direkte Demokratie war in unserer Zeit nicht möglich. Demokratie lässt sich nicht erzwingen, indem man den König köpft oder eine Verfassung erlässt. Man muss sie von unten aufbauen, indem man die Bevölkerung zu Selbstverantwortung und Selbsthilfe führt.

Welches sind denn Ihrer Meinung nach die Voraussetzungen, damit die direkte Demokratie funktioniert?

«Volksbefreiung heisst Volksbildung»; diesen Leitspruch habe ich immer wieder verwendet. Seit meiner Ankunft in der Schweiz habe ich mich in Wort und Schrift dafür eingesetzt, dass aufgeklärte, mündige Bürger herangebildet werden, die ihre persönlichen und sozialen Pflichten verantwortungsvoll, umsichtig und klug verrichten. In unserem demokratischen Staat muss jeder Bürger früher oder später damit rechnen, in öffentliche Ämter gewählt zu werden. Ohne eine politische Bildung ist er nicht im Stande, seine Pflichten zu erfüllen. Ich habe in meinem *Kreisversammlungs-Katechismus* die Anforderungen an Formen der repräsentativen und der Landsgemeinde-Demokratie zusammengefasst. Die Gebildeten, auch die Wissenschaft, sind gemeinsam verpflichtet, das Volk zu beraten und politische Bildung zu ermöglichen.

Mit dem neuen Lehrplan wird im Kanton Aargau ab dem Schuljahr 2020/21 die politische Bildung für alle Schülerinnen und Schüler des dritten Oberstufenjahrs eingeführt. Das Fach ist mit einer Lektion pro Woche dotiert. Ist das nicht viel zu wenig?

Jawohl, das ist entschieden zu wenig! Die Jugendlichen müssen in Theorie und Praxis erfahren und in ihrem Alltagsleben in demokratische Prozesse einbezogen werden. Darum liess ich schon im Institut Reichenau die Schüler einmal wöchentlich eine «Schülerrepublik» bilden, um zu lernen, sich gegenseitig zuzuhören, miteinander zu diskutieren, Konflikte zu lösen, Entscheidungen zu treffen – und das alles ohne Leitung durch die Lehrer. Zeitlebens habe ich mich für die Bürgerbildung eingesetzt. Wir sind noch nicht am Ziel.

Bei Ihren Zeitgenossen waren Sie nicht nur für Ihre politische Volksschriftstellerei bekannt, sondern auch für Ihre Romane und Novellen. Ihre religiösen

149 Schriften fanden ebenso im ganzen deutschen Sprachraum und darüber hinaus viele begeisterte Leserinnen und Leser. Was ist aus Ihrer Sicht im Rückblick bedeutender: Ihr politisches oder Ihr literarisches Werk?

> Meine Dichtungen und Novellen schrieb ich teils zur Unterhaltung. Dass sie einen solchen Erfolg haben, eine Ausstrahlung nach Amerika und in den slawischen Raum, ist der Verdienst meines Verlegers und Freunds Heinrich Remigius Sauerländer. Goethe hat die ersten sechs Bände meiner *Ausgewählten Schriften* in einem Zug durchgelesen und sie in seinem Tagebuch mehrfach lobend erwähnt. Wichtiger waren für mich und die politische Bildung die Volksschriftstellerei, das heisst die historischen Schriften für Graubünden, die Innerschweiz oder die Schweiz im Allgemeinen, in die ich sehr viel Arbeit steckte, und die Volksromane wie das *Goldmacherdorf*, die ich als Aufklärungsschriften schrieb. Hervorzuheben sind dann die politischen Aufsätze, die ich für Zeitungen und Zeitschriften, namentlich den *Schweizerboten*, verfasste. Dass sie später als Bücher aufgelegt wurden, lag ebenfalls an Sauerländer.

Das Historische Lexikon der Schweiz bezeichnet Sie als «zentrale Figur des Übergangs von der alten Eidgenossenschaft zum Bundesstaat». Was würden Sie als Ihren wichtigsten Beitrag auf dem Weg zum modernen Schweizer Bundesstaat bezeichnen?

Ich hatte von Anfang an die ganze Schweiz und ihre Stellung in Europa und der Welt vor Augen. Ich habe früh nach einem starken Bundesstaat gerufen und mich am amerikanischen Vorbild orientiert: eine starke Regierung mit einer kraftvollen Armee, damit die kleine Schweiz und ihre Demokratie nicht zum Spielball der europäischen Grossmächte werden. Ich habe mich stets für den Zusammenhalt des Landes eingesetzt, im *Schweizerboten*, als Vermittler bei der Kantonstrennung von Basel oder als Tagsatzungsgesandter für den Aargau. Wenn ich wie viele andere den Weg zum liberalen Bundesstaat vorbereitet habe, freut mich das.

Ist etwas von Ihrem Werk geblieben?

Ja, ich kann getrost auf meinen Sockel zurückkehren. In den letzten 50 Jahren, in denen ich mitgestalten durfte, sind der Aargau und die Schweiz auf dem Weg zur Demokratie vorangekommen; das genügt. Als ich 1841 70 Jahre alt wurde, zog ich mich aus der Politik zurück und überliess die Verantwortung der jüngeren Generation. Meine Aufgabe war es höchstens noch, sie zu ermutigen, im *Schweizerboten* zu mahnen sowie in vielen Briefen zu unterstützen. Ich schrieb für die Zeitgenossen, nicht für das

Herr Zschokke, noch eine persönliche Frage. Exponentinnen und Exponenten des ZDA berufen sich immer wieder auf Sie und beschwören den «Geist Heinrich Zschokkes», um die Bedeutung ihrer Arbeit zu untermalen. Und das, ohne Sie je gefragt zu haben. Stört Sie das?

Büchergestell, für das Volk, wie es sich aus den Revolutionen erhoben hatte, nicht das Regentenpersonal.

Nein, im Gegenteil. Es freut mich, wenn in dem Haus, in dem ich 30 Jahre meines Lebens verbrachte und zusammen mit meiner wunderbaren Frau Nanny 13 Kinder aufgezogen und zur Hochschulreife geschult habe, noch etwas von uns, von meinem Wirken spürbar ist. Die «Blumenhalde» war für uns ein ideales Zuhause, nahe an der Bevölkerung, und dennoch weit genug weg vom kleinbürgerlichen Milieu, wie ich es zum Beispiel im *Hans Dampf in allen Gassen* geschildert habe. Die «Blumenhalde» soll ein Haus der geistigen Auseinandersetzung um die Demokratie bleiben. Das ist mein Wunsch. Ein Dankeschön an die Stadt Aarau!

Herzlichen Dank für dieses Gespräch!

Die Interviewfragen stellte Daniel Kübler, Abteilungsleiter am ZDA.
Die Antworten wurden von alt Gross-, Regierungs- und Ständerat
Thomas Pfisterer aus Schriften von sowie über Heinrich Zschokke zusammengestellt. Hauptsächlich wurden dafür die Publikationen *Heinrich Zschokke (1771–1848). Eine Biografie* (2013) und *Die Schülerrepublik im Schloss Reichenau. Ein pädagogisches Experiment* (2018) von Werner Ort verwendet, die beide auch Hinweise zu Zschokkes Werken enthalten.

Ölbild von Julius Schrader 1842. Stadtmuseum Aarau.

HEINRICH ZSCHOKKE

VON MAGDEBURG BIS IN DIE SCHWEIZ (1771–1795)

Geboren 1771 in Magdeburg, Studium der Theologie und der Philosophie, Dr. phil., Magister der schönen Künste, Prediger, Dozent in Frankfurt a. d. O., politisch unzuverlässig: Abschied nach Paris und in die Schweiz.

SCHULLEITER UND AUFBAUHILFE IN DER HELVETIK (1796–1801)

Schulleiter am Institut Reichenau (Graubünden), Fahrt nach Aarau, helvetischer Propaganda-Leiter für ein neues Nationalbewusstsein, Regierungskommissär und -statthalter, Hilfe an die Regierung und vorab die Bevölkerung zur Neuordnung.

MITARBEIT IN AARGAUISCHEN INSTITUTIONEN (1802–1829)

Oberforst- und Bergrat, 26 Jahre Grosser Rat, Verfassungsrat, Tagsatzungsgesandter, zahlreiche Schulbehörden.

AUFKLÄRER UND STAATSREFORMER, VOLKSBILDNER UND SCHRIFTSTELLER (1798–1848)

Vermittler zwischen der alten Eidgenossenschaft und dem modernen Bundesstaat sowie zwischen Volk und der helvetischen Regierung, politische Bildung durch Ausbildung und Schriftstellerei mit Wirkung über die Schweiz hinaus, umfangreiche Korrespondenz, Reisen und Empfänge im Wohnsitz Blumenhalde, Ehrenbürger von Magdeburg und zahlreiche weitere Ehrungen.

TODESTAG

27. Juni 1848, am Tag, an dem die Tagsatzung die neue Bundesverfassung annahm.

Das Thema Schweiz-Europa im kompetenzorientierten Unterricht vermitteln

Eine vergleichende Fallanalyse

Monika Waldis,
Jan Scheller[1]

Obwohl die schulische Vermittlung der Politischen Bildung in der Bevölkerung Rückhalt geniesst (GFS Bern, 2014), ist der Politikunterricht in der Schweiz institutionell schwach verankert. Da Politische Bildung kein eigenständiges Unterrichtsfach ist, werden deren Inhalte und Perspektiven mehrheitlich in den gesellschaftswissenschaftlichen Fächern in Form des fächerübergreifenden Unterrichts von fachfremd ausgebildeten Lehrpersonen vermittelt. Dieser Beitrag geht in einer vergleichenden Fallanalyse der Frage nach, wie Geschichtslehrpersonen das neue Lehrplanthema Schweiz-Europa im kompetenzorientierten Unterricht vermitteln und welche Herausforderungen sich bei der Umsetzung der politischen Perspektive stellen.

Ziele der Politischen Bildung

Zu den Bildungsaufgaben von Schule in einer Demokratie gehört es, Heranwachsende zur Teilhabe am öffentlichen Leben zu befähigen. Politische Bildung soll bei jungen Menschen die Fähigkeit fördern, sich in der Gesellschaft angemessen orientieren, auf einer demokratischen Grundlage politische Fragen und Probleme beurteilen und sich in öffentlichen Angelegenheiten engagieren zu können (GPJE, 2004). Dazu rückt Politische Bildung die Strukturen und Organisationsformen gesellschaftlichen Zusammenlebens in den Fokus und gibt Einblick in politische Aushandlungsprozesse und die daran beteiligten Akteure und Interessen. So zielt Politische Bildung einerseits auf die Teilhabe an einem Staat, wobei die vielfältigen Verflechtungen innerhalb und über die Ebenen hinweg (Gemeinde, Kanton, Nation, supranationale/internationale Organisationen) berücksichtigt werden müssen. Und andererseits geht es darum, der Teilhabe an der Zivilgesellschaft mit ihren unterschiedlichen Zusammenschlüssen, Organisationsformen und -partnern (z. B. Vereine, Interessengruppen) Rechnung zu tragen (Ziegler, Schneider und Sperisen 2015). Will Politische Bildung für eine ungewisse Zukunft vorbereiten – wie es Schule generell tut, wenn sie Bildungsprozesse von Kindern und Jugendlichen anstösst –, so darf sie nicht einfach nur einen Beitrag zur Reproduktion der Demokratie als einer mehr oder weniger idealen Staatsform leisten. Politische Bildung wird vielmehr «der Reproduktion des Demokratischen» dienen, das heisst in demokratische Grundprinzipien einführen und das Ringen um politische Selbstbestimmung und demokratische Grundwerte verdeutlichen. Daraus ergibt sich eine doppelte Zielbestimmung für die Politische Bildung. Sie macht erstens die nachwachsende Generation mit der bestehenden politischen Ordnung vertraut und integriert sie in diese. Unter anderem sollen Schülerinnen und Schüler das dazu notwendige Wissen über das politische System, dessen Akteure und Prozesse aufbauen. Durch Auseinandersetzung mit und Einsicht in die Bedeutung zentraler Werte wie Menschenrechte, Rechtsstaatlichkeit und Demokratie soll die bestehende Ordnung gesichert und legitimiert werden. Zweitens befähigt Politische Bildung Heranwachsende, selbständig und kritisch zu denken. Wobei «kritisch» hier an die Geistesgeschichte der Aufklärung und die Arbeiten der kritischen Gesellschaftstheorie anknüpft, die Herrschafts- und Machtverhältnisse wie rassistisch geprägte Geschlechter- oder Klassenverhältnisse sowie Strukturen sozialer Ungleichheit analysiert (Lösch und Rodrian-Pfennig 2013). Individuen sollen die sozialen Verhältnisse, in die sie eingebunden sind, verstehen und reflektieren können und gegebenenfalls Zumutungen und Handlungsaufforderungen als undemokratisch zurückweisen dürfen oder Handlungen zu deren Veränderung ergreifen können.

Gerade weil Politische Bildung zu eigenständigem und kritischem Denken hinführen und lebensweltliches Handeln ermöglichen soll, gilt es beim Unterrichten abzuwägen zwischen der Vermittlung von Fachgegenständen, Konzepten und theoretischen Perspektiven, die das Verstehen politischer Prozesse unterstützen, und der Förderung der Urteils- sowie der Kritik-, Konflikt- und Handlungsfähigkeit (Eis 2015, 135). Für die schulische Politische Bildung wurden dazu verschiedene Vorschläge zu Modellen politischer Kompetenz entwickelt (unter anderen Deutschland, Österreich, Schweiz, USA), welche Lernprozesse zu systematisieren suchen und die Überprüfung von Lernzielen leiten sollen. Lerngelegenheiten zur Förderung von Kompetenzen versetzen Lernende in die Lage, Begriffe und Konzepte des Politischen zu erschliessen und diese für die Analyse und Interpretation politischer Situationen und Prozesse zu nutzen (Sachkompetenz), politische Botschaften in Medien wahrzunehmen und kritisch zu überprüfen oder ein eigenes Anliegen zu kommunizieren (Methodenkompetenz), politische Urteile anderer einzuordnen, Kontroversen wahrzunehmen und selbst ein begründetes Urteil zu fällen (Urteilskompetenz), eigene Positionen zu artikulieren und Interessen und politische Positionen anderer wahrzunehmen sowie an der Lösung von Problemen mitzuwirken (Handlungskompetenz) (vgl. Kühberger 2009). Die Orientierung an den Kompetenzen der Lernenden in der Politischen Bildung bietet Chancen zur Unterrichtsentwicklung. Am jeweiligen Thema muss dabei herausgearbeitet werden, welche zentralen Fachkonzepte aufgebaut werden sollen und welche Lernaufgaben beziehungsweise -aktivitäten für die Kompetenzförderung geeignet sind.

Europabildung im kompetenzorientierten Unterricht

Die Schweiz liegt geografisch in der Mitte des europäischen Kontinents und die Schweizer Bevölkerung ist über vielfältige berufliche, familiäre oder freundschaftliche Kontakte mit Menschen in Europa verbunden. Aufgrund ihrer geografischen und kulturellen Nähe sowie der wirtschaftlichen Verflechtungen steht die Schweiz in einem regen Austausch mit den europäischen Staaten. Auf institutioneller Ebene ist die Schweiz unter anderem Mitglied im Europarat, welcher den sozialen und wirtschaftlichen Fortschritt zwischen den Mitgliedsstaaten fördern will, oder der Organisation für Sicherheit und Zusammenarbeit in Europa, die sich um die Sicherung des Friedens innerhalb Europas bemüht. Der Europäischen Union (EU) ist die Schweiz nicht beigetreten, sondern sie unterhält mit ihr bilaterale Abkommen. Allgemein wird in der schweizerischen Öffentlichkeit das Verhältnis der Schweiz zu Europa und im engeren Sinne zur EU kontrovers diskutiert.

Will man die schweizerische Aussenpolitik nachvollziehen können, so muss unter anderem das Verhältnis der Schweiz zu Europa und seinen verschiedenen Institutionen wie der EU verstanden werden. Generell geht es darum, Potenziale und Herausforderungen der bilateralen und internationalen Zusammenarbeit und der dabei notwendigen politischen Aushandlungsprozesse zwischen den beteiligten Akteuren im Unterricht aufzugreifen. Nebst dieser institutionell geprägten Sichtweise sind gesellschaftliche Entwicklungen und Fragen der Ausgestaltung demokratischen Zusammenlebens über die nationalstaatlich geprägten Partizipationsmöglichkeiten hinaus zu thematisieren.

Ein Verständnis der komplexen Europapolitik wird nicht beiläufig erworben, es macht intentionale politische Bildung notwendig.

Politische Bildung ist im Lehrplan 21 sowohl als fächerübergreifendes Prinzip als auch als selbständiger Unterrichtsgegenstand verankert. Eines der Themen auf Sekundarstufe I (Klassenstufen 7 bis 9) betrifft die Positionierung der Schweiz in Europa und der Welt. Zu diesem Kompetenzbereich ist auf untergeordneter Ebene festgehalten, dass die Lernenden (1) Ziele, Anliegen sowie Entwicklung einer internationalen Organisation, bei der die Schweiz Mitglied ist, beschreiben können, dass sie (2) unterschiedliche Phasen der europäischen Einigung und dabei die Position der Schweiz charakterisieren können sowie (3) unterschiedliche Positionen zum Verhältnis Schweiz-Europa skizzieren und selbst dazu Stellung nehmen können. Europabildung ist demzufolge im neuen Lehrplan verbindlich verankert. Allerdings wurde in der Lehrplandiskussion die Frage aufgeworfen, ob mit der gewählten Perspektive politisch gelernt werden könne (Ziegler 2015). Die Kritik richtete sich auf die Auseinandersetzung mit Europa aus ausschliesslich nationaler Perspektive. So werde die grundsätzliche Dichotomie zwischen Europa und der Schweiz, die den politischen Diskurs in der Schweiz seit Jahrzehnten präge, bestärkt. Ausgeblendet werde dabei, dass die Schweiz vielfältige wirtschaftliche, soziale, kulturelle und politische Beziehungen mit europäischen Ländern pflegt. Ebenso blieben die Position und die Spielräume der Schweiz in bilateralen und internationalen Aushandlungsprozessen unberücksichtigt.

Dass mit der Europabildung zahlreiche Herausforderungen verbunden sind, zeigt ein Blick in die deutschsprachige fachdidaktische Literatur, wobei diese in starkem Masse auf die EU-Bildung fokussiert. Grundlegende Schwierigkeiten bei der Vermittlung von Kenntnissen über die EU im Politikunterricht stellen deren begriffliche und organisatorisch-institutionelle Komplexität sowie die ausgeprägte Dynamik ihrer Entwicklung dar. Die Bezeichnungen der Institutionen, die Mitgliedsstaaten, aber auch Gesetzgebungsverfahren und Kompetenzen verändern sich laufend (Detjen 2004, Oberle 2015). Stellt Politik generell eine «fluide Angelegenheit» dar, so trifft dies auf die EU und die schweizerische Politik gegenüber der EU ganz besonders zu. Zudem lässt sich ein Verständnis nationaler politischer Strukturen und Entscheidungsprozesse nur beschränkt auf die EU als Staatenverbund übertragen (Schmuck 1991, 20), was das Verständnis dieser supranationalen Organisation erschwert. Eine weitere Schwierigkeit dürften die Alltagsferne der EU und deren wenig transparente

Rolle für konkrete Problemlösungen in der Schweiz darstellen. Die Komplexität des Gegenstands sowie Unsicherheiten der Lehrpersonen im Umgang mit politisch kontrovers diskutierten Sachverhalten und der eigenen Position im Unterricht (unter anderem neutrale Haltung vs. Sichtbarmachung politischer Kontroversen) können dazu führen, dass der Inhalt auf die Thematisierung der europäischen Verträge in historischer Perspektive sowie auf Institutionenkunde zur EU verengt und somit das Potenzial für den weiteren Kompetenzerwerb nicht ausgeschöpft wird (Waldis, Schneider, Hedinger und Thyroff 2017).

Um politische Lernprozesse der Schülerinnen und Schüler erfolgreich anzustossen und zu begleiten, benötigen Lehrpersonen fachwissenschaftliche und fachdidaktisch-methodische Kenntnisse. Ein blosses Schulbuchwissen reicht hierfür generell nicht aus. Allerdings besteht an den Schweizer Pädagogischen Hochschulen keine Tradition der Fachausbildung für Lehrpersonen der Politischen Bildung. Politikwissenschaftliches, soziologisches, wirtschaftliches, juristisches und philosophisches Grundlagenwissen ist kaum Studieninhalt und die zeitlichen Gefässe zum Erwerb politikdidaktischen Wissens sind eng begrenzt. In der Praxis sind es in der jetzigen Einführungsphase des Lehrplans 21 in der Regel Geschichts- und Geografielehrpersonen, die Politische Bildung unterrichten. Diesen wird im Rahmen von Weiterbildungen eine Einarbeitung in das neue Fachgebiet ermöglicht. Für Fachdidaktikerinnen und Fachdidaktiker stellt sich dabei die Frage, welches Grundlagenwissen und politikdidaktische Wissen in der kurzen, zur Verfügung stehenden Zeit effizient vermittelt werden und wie dessen Anwendung in der Praxis gelingen kann.

Ein Weiterbildungsmodell für Lehrpersonen der Politischen Bildung

Ein Modell für eine Weiterbildung von Lehrpersonen der Sekundarstufe I zu den beiden Lehrplanthemen «Menschenrechte» und «Schweiz-Europa» inklusive der Einführung in politikdidaktische Ansätze wurde im Rahmen des vom schweizerischen Nationalfond finanzierten Forschungsprojekts «Politische Bildung im fächerübergreifenden Unterricht mit Geschichte auf der Sekundarstufe I»[2] entwickelt und der damit realisierte Unterricht erforscht. Ausgehend von der Prämisse, dass geschichtsdidaktische Grundlagen bekannt sind, erhielten die Lehrpersonen eine Einführung zu Zielen, Kompetenzmodellen und didaktischen Prinzipien der Politischen Bildung sowie fachliche Hintergrundinformationen zu den beiden Themen. Dabei wurde auch thematisiert, was die genuin politische Perspektive auf einen Gegenstand charakterisiert und wo Überschneidungen mit Geschichte vorliegen. Auf der Basis dieser Informationen sichteten die Kursteilnehmenden Lernmaterialien und Lernaufgaben. In der Folge erarbeiteten sie Unterrichtsentwürfe und erprobten diese mit der eigenen Klasse. Die Durchführung von je zwei Doppellektionen pro teilnehmender Lehrperson wurde von Fachdidaktikerinnen durch ein fachspezifisch-pädagogisches Coaching (Staub 2014) begleitet. Im Rahmen der Coaching-Gespräche vor der Unterrichtsdurchführung wurden Lektionsziele, die Auswahl von Lernmaterialien und Lernaufgaben sowie methodische Entscheidungen gemeinsam besprochen. Im Anschluss daran videografierte das ZDA-Forschungsteam die Unterrichtsdurchführung mit dem Ziel, gelungene Sequenzen zu beiden Lehrplanthemen zu dokumentieren und die jeweiligen fachdidaktischen Herausforderungen in diesen Unterrichtslektionen genauer herauszuarbeiten.

Konzeptlernen zu Europa –
ein vergleichendes Fallbeispiel

Im Folgenden zeigen wir exemplarisch anhand von zwei videografierten Eingangslektionen zum Thema «Schweiz und Europa», wie Lehrpersonen zu Beginn des Unterrichts das Vorwissen der Schülerinnen und Schüler aktivieren und im Klassenzimmer zur Sichtbarkeit bringen. In einem zweiten Schritt fragen wir danach, welche Lernaktivitäten zur Erweiterung fachlicher Konzepte und des fachlichen Begriffsaufbaus initiiert und umgesetzt beziehungsweise welche weiteren Kompetenzaspekte angesprochen wurden. Die für die Datenauswertung herangezogenen Lektionen stammen aus dem Datenmaterial der Hauptstudie. Beide Lektionen wurden in 9. Klassen im Schultyp mit hohen Anforderungen unterrichtet. Beide Klassen entstammen einem ländlichen Umfeld. Sie können als mögliche «typische Fälle» des Unterrichts in dieser Lerngruppe verstanden werden, ihre Auswahl ist allerdings nicht repräsentativ. Aus sozialwissenschaftlicher Perspektive bedeutet dies, dass damit Hypothesen generiert werden können, die zu einem späteren Zeitpunkt in einem weiteren Datensatz zu überprüfen sind. Die hier präsentierte Datenauswertung folgte der Methode der «qualitativen Inhaltsanalyse» (Kuckartz 2016).

AKTIVIERUNG UND SICHTBARKEIT VON VORWISSEN

Lehrperson 4 (LP4) erwähnt zu Beginn und zum Einstieg ins neue Thema zuerst das eben abgeschlossene Thema «Zweiter Weltkrieg» und gibt die neuen Lernziele bekannt. Es geht zunächst um die Erarbeitung des europäischen Einigungsprozesses sowie um die Bewertung des damit einhergegangenen Wandels. Dabei nimmt die Lehrperson mit der Wahl des Verbs «profitieren» zumindest implizit ein Urteil vorweg.

> #00:00:46-1# LP4: (…) Europa ist zerstört, 8. Mai 1945, ehm, Kapitulation von Deutschland und die Frage, die sich stellt, wie geht das danach weiter?
>
> #00:01:17-1# LP4: Das heisst, hier haben jetzt noch bis im Juni Zeit, die Nachkriegsgeschichte, ehm, anzuschauen und einen Teil starten wir heute, ausgehend von der Frage, was ist Europa überhaupt? (…) Ich möchte weiter anschauen, wie hat sich Europa verändert seit dem Zweiten Weltkrieg? Und wie profitieren wir unter anderem auch von diesen Veränderungen, die sich da ergeben haben?

Lehrperson 7 (LP7) geht zu Beginn weniger strukturierend vor. Die Ankündigung bleibt auf die Frage «Was ist Europa?» beschränkt.

> #00:01:58-9# LP7: Gut, also auch meinerseits herzlich willkommen zur heutigen Stunde in diesem etwas speziellen Rahmen. Wir möchten uns in den nächsten zwei Doppelstunden (…) und zwar soll das Thema Europa sein.

Gemeinsam ist beiden Lehrpersonen, dass sie nach diesen ersten Ankündigungen zur Aktivierung des Vorwissens und Sichtbarmachung der Präkonzepte der Lernenden überleiten, indem sie die Schülerinnen und Schüler auffordern, sich in Partnerarbeit über ihr Vorwissen zum Thema Europa auszutauschen:

> #00:04:13-9# LP4: (…) Darf ich euch bitten, Aufgabe 1 für euch einmal durchzulesen? Ihr habt sie auf dem Blatt unter der Karikatur, av: (Aufgabe 1: Gestaltet eure Vorstellungen von Europa. In der Aufgabe geht es darum, sich vorzustellen, wie einem Ehepaar aus Nepal, das man auf einer Reise trifft, Europa erklären würde.).

#00:05:37-4# LP4: (...) Sammelt doch auf dem A4-Blatt Ideen. (...) Wir werden dann ganz am Schluss der Stunde schauen, wie unterscheiden sich die einzelnen Blätter.
#00:02:16-6# LP7: und zwar soll das Thema Europa sein. Ich möchte, dass ihr euch zu Beginn zu zweit kurz Gedanken macht, was aus eurer Sicht Europa ist. Das soll kurz dauern, zwei drei vier Minuten, und dann wählt ihr zwei Begriffe aus, die für euch Europa darstellen und ihr schreibt diese Begriffe auf zwei Zettel in grossen Lettern, damit wir sie nachher an die Wandtafel hängen können.

Obgleich die Arbeitsaufträge ähnlich zu sein scheinen, werden an die Schülerinnen und Schüler unterschiedliche Anforderungen gestellt. Im ersten Beispiel legt die Lehrperson (LP4) durch die Verwendung des Worts «Vorstellungen» den konstruktivistischen Charakter der Begriffsbestimmung offen. Die Betonung der subjektiven Vorstellungen erhält ein zusätzliches Gewicht, als gleich hier zu Beginn angekündigt wird, dass diese Vorstellungen zum Schluss der Stunde nochmals aufgegriffen werden. Die Wahl des fremden Blicks eines Ehepaars aus Nepal regt möglicherweise die Jugendlichen an, vorerst Selbstverständliches zur Sprache zu bringen. Der erste Auftrag von Lehrperson 7 ist ebenfalls sehr offen gehalten. Sie regt die Schülerinnen und Schüler an, ihre Vorstellungen zu zweit auszutauschen und zur Ergebnissicherung zwei Begriffe, die Europa umschreiben, auf Zetteln festzuhalten. Mit dem Austausch zu zweit geht auch hier die Möglichkeit der Konzepterweiterung einher.

AUSWERTUNG DER KONZEPTERARBEITUNGSPHASEN UND WEITERFÜHRENDE LERNAKTIVITÄTEN

Die von LP4 gestellte Frage wird in einer zehnminütigen Gruppenarbeit bearbeitet. Ziel ist es, ein Plakat mit wichtigen Informationen zu erstellen. Nebst Stichworten aus der Alltagswelt wie etwa Fussball oder typische Gerichte fallen die Begriffe Europäische Union, Euro und EU-Autokennzeichen. Sie werden in den Gesprächen jedoch nicht weiter vertieft. Die von den Lernenden genannten Begrifflichkeiten sind kaum zu übergreifenden politischen Konzepten verbunden (z. B. Wirtschafts- und Währungsunion, europäischer Binnenmarkt).

Die daran anschliessende Unterrichtssequenz widmet sich den Fragen: «Reisen und Tourismus vor 50 Jahren und heute – wie hat das ausgesehen? Was für Probleme könnte das gegeben haben?» Da-

163 bei wird unter anderem der vereinfachte Grenzübertritt im Schengen-Raum auf lebensweltliche Weise thematisiert:

> #01:31:10-6# LP4: Genau, habt ihr verstanden warum, dass das so ist? Nehmen wir mal an, die Schweiz wär nicht im Schengen-Raum dabei, was würde das für, beispielsweise asiatische Touristen bedeuten, die auf einer/die auf einem Trip quer durch Europa sind? (...) Was hätte das für Konsequenzen für die Schweiz?
> #01:31:30-1# S2: Das ist sehr umständlich in die Schweiz zu kommen, weil man muss wahrscheinlich sicher an der Grenze anstehen und man muss glaube ich auch noch so ein Visum beantragen.
> #01:31:37-6# LP4: Ja, Kursvisum. Sprich, diese Touristen würden?
> #01:31:42-0# S2: Gar nicht kommen.
> #01:31:42-5# LP4: Würden wahrscheinlich gar nicht kommen. Da wir ein Land sind, das gerne Touristen empfängt und viele Branchen auch profitieren vom Tourismus, ist das ein Grund mitzumachen. Ja. (...)

Im weiteren Gespräch werden billigere Flugreisen und Verbrechendatenbanken kurz angetippt. Unklar bleibt, worauf sich das «Mitmachen» bezieht. Da an dieser Stelle weder die Zusammenarbeit der EU-Staaten noch die bilateralen Abkommen der Schweiz mit der EU erklärt werden, die unter anderem die Teilnahme der Schweiz an der europäischen Sicherheits- und Asylzusammenarbeit regeln, verstreicht die Gelegenheit zur Erweiterung politischer Konzepte weitgehend ungenutzt. Dies ist insbesondere schade, als LP4 an zwei Stellen in der Lektion die Schülerinnen und Schüler explizit dazu auffordert, eventuell veränderte Vorstellungen zu Europa für sich zu notieren:

> #00:37:59-0# LP4: (...) jetzt haben wir noch fünf Minuten Zeit und jetzt möchte ich, dass ihr noch ein bisschen in die Reflexion geht. Ganz zum Schluss. Entweder macht ihr das ins Heft, oder ihr schnappt euch ein Blatt, ehm, schreibt für euch noch einmal auf, was ist Europa?
> #01:41:50-5# LP4: (...) Ehm, und gibt es irgendwelche neue Erkenntnisse, die ich gewonnen habe, zu Europa? Ihr habt Ende der ersten Lektion aufgeschrieben, was ist für mich Europa? Eventuell könnt ihr nach dem Interview euren eigenen Notizen, eurer Reflexion, noch etwas hinzufügen.

Die Vorgehensweise der LP4 verdeutlicht, wie Schülerinnen und Schüler bei der Ausbildung fachspezifischer Konzepte unterstützt werden könnten. Dafür reicht es nicht aus, die Vorstellungen am Stundenbeginn zu erheben. Idealerweise werden die Lernenden nach einer Lernphase dazu aufgefordert, ihren Erkenntnisgewinn entsprechend zu verarbeiten. Damit wird ihnen der eigene Konzepterwerb transparent und die Anschlussfähigkeit der bisherigen Unterrichtsinhalte wird deutlich. Allerdings müssen in den Phasen dazwischen tatsächlich auch Gelegenheiten zur fachlichen Konzepterweiterung geboten werden, was hier nur am Rand der Fall ist. Ein Blick auf die Folgelektion zeigt, dass die historische Perspektive überwiegt (Zeitzeugeninterviews zum Reisen in Europa vor 50 Jahren, Entwicklung Europas nach dem Zweiten Weltkrieg, Europarat und Europäische Menschenrechtskonvention). Auf das Schengen/Dublin-Übereinkommen wird nochmals eingegangen, die Europäische Union als Vertragspartnerin findet jedoch keine Erwähnung.

In der Klasse von LP7 hängt zum Abschluss der oben dargestellten Partnerarbeit die folgende Begriffssammlung an der Wandtafel: «EU / Kontinent / EU / Griechische Mythologie Figur / kleiner Kontinent / Bündnis / Zusammenarbeit / Nationenbund / Wirtschaftlich wichtige Länder / Kontinent / Kontinent / Kontinent / kleiner Kontinent / Zusammenschluss von Ländern / Verschiedene Gebiete / Bund vieler Länder / Kleiner Kontinent / Kontinent / Länderbund». LP7 nimmt schliesslich eine Strukturierung vor:

> #00:07:15-5# LP7: So, wenn wir schnell den Überblick uns verschaffen, dann finden wir mehr/eh Mehrfachnennungen. Wir haben hier eine politische Komponente (räuspern) mit der EU oder halt einem Nationenbund. Es gibt auch eh so eher geografische kon/eh Komponente der Begriff Kontinent ist gefallen. Ehm dann gibt's auch wirtschaftliche Aspekte. Ja hier wirtschaftlich wichtige Länder. Manche haben auch ne Wertung gemacht in Sachen klein oder gross (lachen) nicht wahr?

Die von den Schülerinnen und Schülern genannten Konzepte werden im Anschluss durch eine Präsentation der Lehrperson erweitert und ergänzt. Zu diesem Zweck präsentiert LP7 mithilfe von PowerPoint (PP) vier Personen, die mit ihrer Aussage zu Europa je unterschiedliche Perspektiven einnehmen.

> #00:08:18-4# C: (PP: Was ist Europa? «Europa ist auch heute noch ein Mythos von Schönheit, Freiheit und Edel-

165
    mut. Ein Mythos, der sich, wenn wir lange genug dran glauben, in eine Wirklichkeit verwandeln könnte.» Katharina Aroma, 27, Regisseurin)
#00:09:07-5# C: (PP: «Europa bedeutet für mich ein gemeinsames Wertefundament, auf das ich mein Leben in Freiheit und Sicherheit bauen darf.» Patrick Deufel, 25, Masterstudent in St. Gallen)
#00:09:19-3# C: (PP: «Die EU bedeutet für mich Frieden, Freiheit und die Aussicht, zu den Vereinigten Staaten von Europa zusammenzuwachsen.» Katharina Christ, 29, Literaturwissenschaftlerin)
#00:09:53-7# C: (PP: «Europa ist ein Staat, der aus mehreren Provinzen besteht.» Charles-Louis de Secondar, Baron de la Bréde de Montesquieu, 1689–1755, frz. Staatstheoretiker und Schriftsteller)

Mit den vorliegenden Aussagen werden eine kulturelle und eine politische Perspektive erwähnt. Angesprochen werden Mythos, gemeinsames Wertefundament, Freiheit und Frieden. Frieden und Sicherung von Wohlstand – treibende Gründe der Europapolitik nach dem Zweiten Weltkrieg – sind somit mehr implizit als explizit erwähnt. Zum Zitat der Literaturwissenschaftlerin macht die Lehrperson in ihrem Kommentar auf die Verengung des Begriffs Europa hin zu EU aufmerksam. Der Aussage von Montesquieu, die im Unterschied zu den anderen Aussagen zeitlich weit zurückliegt und einen Staatenbund vorwegnimmt, liegt ein Irritationspotenzial inne. Allerdings nutzt die Lehrperson dieses für den weiteren Lernverlauf nicht, sondern leitet zur nächsten Aufgabe über:

    #00:09:49-6# LP7: wie wir auch das aus der Klasse gehört haben nämlich so einen Nationenbund, oder? So ein Europa ist ein Staat, der aus mehreren Provinzen entsteht. Also irgendwie entste/ oder besteht diese Idee, dass Europa etwas Gemeinsames hat ehm schon länger und ehm eine wichtige / ja ein wichtiger Text ja ein wichtiger Moment für diese Idee, dass Europa irgendwie Gemeinsamkeiten hat, ist folgender Text und ich bitte euch den mal in Ruhe zuerst mal zu lesen.

Die Schülerinnen und Schüler erhalten den Auftrag, den *Vertrag über die Gründung der Europäischen Gemeinschaft für Kohle und Stahl* von 1951, die sogenannte Montanunion, zu lesen und zu erschliessen.

Die angesprochenen Konzepte zu Europa werden in der Doppellektion nicht mehr weiter elaboriert. Es folgt eine durch Aufgabenstellungen geleitete Erarbeitungsphase der europäischen Verträge ab 1951 sowie eine Partnerarbeit zu den Organen der EU. Die europäische Einigung wird in der Doppellektion als Vertragswerk und in institutioneller Perspektive vermittelt. Dabei traut die Lehrperson den Schülerinnen und Schülern zu, sich aufgrund von bereitgestellten Materialien selbständig über die Institutionen der EU zu informieren. Zum Abschluss versucht die Lehrperson, das neu erarbeitete Wissen zur EU zu sichern, indem sie einen Vergleich der Schweizer Organe mit den EU-Organen anregt. In der kurzen noch zur Verfügung stehenden Zeit kommt die Lehrperson zusammen mit einer Schülerin auf folgenden Schluss:

#01:35:04-6# LP7: Ehm ehm könnt ihr euch vorstellen welches / das ist das letzte/ die letzte Frage, welches dieser vier Organe insbesondere unter Beschuss steht? S5!

    #01:35:14-6# S5: Ehm der Rat der Europäischen Union
    #01:35:20-1# LP7(S5): also der da? (Zeigt auf PP-Grafik)
    #01:35:22-2# S5: mja
    #01:35:22-2# LP7(S5): warum wohl?
    #01:35:24-4# S5: ehm, weil er quasi die Legislative und die Exekutive ist
    #01:35:29-1# LP7(S5): und warum ist das ein Problem?
    #01:35:32-6# S5: ja weil es ja eigentlich n/ also es sollte ja nur etwas davon sein. Aber da es ja aus je einem Minister von einem Land besteht, ist es quasi/ also es ist schon die Legislative, aber es besteht aus Leuten von der Exekutive
    #01:35:47-0# LP7(S5): und das ist ne Vermischung oder? Ich mein, das hatten wir früher mit den Königen, die alles selber machten. Und deshalb/ das ist einer der Vorwürfe oder? Dass dieses Gebilde hier (zeigt auf Grafik) dieses Organ verschiedene Interessen vertritt. Man kann nicht gleichzeitig Gesetze machen oder mitbestimmen und dann irgendwie eh in der Exekutive sein.

Es ist unklar, inwiefern der Rest der Klasse am Ende der Lektion diesem Gedankengang noch folgt. Die Aufgabe ist insofern nicht ganz unproblematisch, als dass sie die Vergleichbarkeit nationaler Strukturen mit der supranationalen Organisation EU suggeriert. Zudem wird hier abschliessend und in Zeitnot ohne ausreichende Diskussion eine negative Beurteilung etabliert. Alternativ hätte der Befund «Demokratiedefizit» in der darauffolgenden Lektion mittels einer Aufgabe zur Urteilsbildung von den Schülerinnen und Schülern erarbeitet werden können.

Vorläufiges Fazit

Die beiden analysierten Doppellektionen geben exemplarische Einblicke in die Fachlichkeit politischer Bildung und den darin initiierten Kompetenz- und Konzepterwerb. Beide Lehrpersonen betonten in der abschliessenden Rückmeldung zum Projekt, dass die fachliche Einführung in Grundlagen der EU und der schweizerischen Europapolitik sowie die Coaching-Gespräche zu mehr Handlungssicherheit führten. Interessanterweise erhielten die Schülerinnen und Schüler in den Lektionen ganz unterschiedliche Lerngelegenheiten. Obschon beide Klassen über ähnlich bescheidene Vorkenntnisse verfügten, schätzten die Lehrpersonen die Lernpotenziale sehr unterschiedlich ein und entschieden sich dann auch für ganz verschiedene Wege, die Lernenden in das Thema einzuführen. So gewichtete die erste Lehrperson (LP4) den Lebensweltbezug deutlich höher als die Vermittlung von Grundlagenwissen zu Europa. Dabei entsteht gar der Eindruck, dass die Einführung von EU-bezogenen Fachbegriffen bewusst vermieden wird, was Zielen des Konzeptaufbaus zuwiderläuft. Die zweite Lehrperson (LP7) entschied sich für die Einführung in das komplexe Vertrags- und Institutionengefüge mit dem Ziel, grundlegendes Wissen zu vermitteln. In beiden Lektionen werden weder politische Gestaltungsfreiräume noch Aushandlungsprozesse sichtbar. Die beiden Urteile «Profit durch Mitmachen» und «Demokratiedefizit» werden von den Lehrpersonen federführend eingebracht. Die Förderung politischen Denkens müsste die Erarbeitung dieser Urteile den Schülerinnen und Schülern übertragen.

Es wird sich in der weiteren Analyse der Daten zeigen, wie der Konzepterwerb und die weitere Förderung von Kompetenzen in anderen Klassen umgesetzt wurden. Die Notwendigkeit der Erarbeitung von Grundlagenwissen ist unbestritten. Die Förderung politischen Denkens und Handelns erfordert jedoch mehr: Problemorientierung, die Kenntnisnahme verschiedener Perspektiven und Interessen sowie Einblicke in Gestaltungsmöglichkeiten. Dies kann im Unterricht von Politischer Bildung nur gelingen, wenn ab und an heikle Themen an-

gesprochen werden. Mit dem Rückzug in unproblematische Zonen, 168
wie sie die Vermittlung von Grundlagenwissen darstellt, können nur
Teilziele der politischen Bildung erreicht werden. Hier sind Lehrpersonen und Schulen herausgefordert, gleichzeitig muss ihnen auch
Freiraum für Schritte in diese Richtung zugebilligt werden. Darüber
hinaus verweisen unsere Daten auf eine zweite Herausforderung. An
der Weiterbildung haben ausschliesslich Lehrpersonen teilgenommen, die im Schultyp mit erweiterten oder hohen Anforderungen
unterrichten; Realschullehrpersonen fehlten. Dies mag Zufall sein,
allerdings wäre das Fehlen der Politischen Bildung in diesem Schultyp sowohl unter der Perspektive der Bildungsgerechtigkeit als auch
unter derjenigen der politischen Partizipation höchst bedauerlich. Die
Situation liefe auf eine Zementierung bisheriger Verhältnisse hinaus,
erwies sich doch schon der Bildungshintergrund des Elternhauses
als hochgradig bedeutsam für die Prädiktion des Politikwissens der
15-jährigen Jugendlichen in der Schweiz (Biedermann, Oser, Konstantinidou und Widorski, 2010). Daraus ergibt sich auch für das ZDA eine
Entwicklungsperspektive: Die Bereitstellung von Information und die
didaktische Strukturierung politischer Bildungsinhalte gerade auch
für leseschwächere Schülerinnen und Schüler und allenfalls Überzeugungsarbeit bei Realschullehrpersonen, dass Politische Bildung notwendig ist und Spass machen kann.

ANMERKUNGEN

1 Unter Mitarbeit der weiteren Teammitglieder des Forschungsprojekts «Politische Bildung im fächerübergreifenden Unterricht mit Geschichte auf der Sekundarstufe I»: Claudia Schneider, Julia Thyroff und Franziska Hedinger.
2 SNF-Projektnummer 100019_166004.

LITERATUR

Biedermann, Horst; Oser, Fritz; Konstantinidou, Liana; Widorski, Dagmar: Staatsbürgerinnen und Staatsbürger von morgen: Zur Wirksamkeit politischer Bildung in der Schweiz. Ein Vergleich mit 37 anderen Ländern. ICCS – International Civic and Citizenship Education Study. Fribourg 2010.

Detjen, Joachim: Europäische Unübersichtlichkeiten. In: Weißeno, Georg (Hg.): Europa verstehen lernen. Eine Aufgabe des Politikunterrichts. Schwalbach/Ts. 2004, 126–143.

Eis, Andreas: Europapolitische Kompetenzentwicklung zwischen Standardisierung und emanzipatorischer Demokratiebildung. In: Oberle, Monika (Hg.): Die Europäische Union erfolgreich vermitteln. Wiesbaden 2015, 133–146.

GFS Bern: Politische Bildungsoffensive für alle und mehr Schlagkraft für den Bundesrat. Schlussbericht Bausteine zur Stärkung des Schweizer Politsystems. Studie. Bern 2014.

GPJE: Nationale Bildungsstandards für den Fachunterricht in der Politischen Bildung an Schulen, Entwurf. Schwalbach/Ts. 2004.

Kuckartz, Udo: Qualitative Inhaltsanalyse. Methoden, Praxis, Computerunterstützung. Weinheim 2016.

Kühberger, Christoph: Kompetenzorientiertes historisches und politisches Lernen. Innsbruck/Wien/Bozen 2009.

Lösch, Bettina; Rodrian-Pfennig, Margit: Kritische Demokratiebildung unter Bedingungen globaler Transformationsprozesse. In: Eis, Andreas; Salomon, David (Hg.): Gesellschaftliche Umbrüche gestalten – Transformationen in der politischen Bildung. Schwalbach/Ts. 2013, 28–57.

Oberle, Monika (Hg.): Die Europäische Union erfolgreich vermitteln. Wiesbaden 2015.

Schmuck, Otto: Die europäische Einigung als Herausforderung der Politischen Bildung. In: Cremer, Will; Schmuck, Otto (Hg.): Die europäische Dimension in der politischen Bildung der zwölf EG-Staaten. Bonn 1991, 11–23.

Staub, Fritz C.: Fachunterrichtscoaching auf der Grundlage des Content-Focused Coaching. In: Hirt, Ueli; Mattern, Kirsten (Hg.): Coaching im Fachunterricht – Wie Unterrichtsentwicklung gelingt. Weinheim 2014, 39–52.

Waldis, Monika; Schneider, Claudia; Hedinger, Franziska; Thyroff, Julia: Europa – eine Fallanalyse zur Umsetzung der politischen Perspektive im fächerübergreifenden Unterricht mit Geschichte. In: Mittnik, Philipp (Hg.): Empirische Einsichten in der Politischen Bildung. Innsbruck 2017, 39–54.

Ziegler, Béatrice: «European Citizenship» in der Schweiz. In: Oberle, Monika (Hg.): Die europäische Union erfolgreich vermitteln. Perspektiven der politischen EU-Bildung heute. Wiesbaden 2015, 147–160.

Ziegler, Béatrice; Schneider, Claudia; Sperisen, Vera: Auf reichlich undefiniertem Terrain – ein Kompetenzraster Politische Bildung. In: Weißeno, Georg; Schelle, Carla (Hg.): Empirische Forschung in gesellschaftswissenschaftlichen Fachdidaktiken. Wiesbaden 2015, 211–224.

Die Entwicklung der geschichtsdidaktischen Forschung am ZDA und ihr Beitrag zur Politischen Bildung

Martin Nitsche

Sobald Menschen in Gesellschaften Politik machen, also darüber verhandeln, wie sie ihr Leben gemeinsam gestalten wollen, kommt vermutlich Geschichte ins Spiel. Unabhängig davon, ob ein öffentlicher Platz umgestaltet, das Verhältnis zwischen Institutionen wie Gemeinden oder Staaten geklärt oder über die Zugehörigkeit von Menschen zur Gemeinschaft gestritten wird, basieren die Zukunftsvorstellungen der Beteiligten auf ihren vergangenen Erfahrungen, falls sie sich nicht an Prinzipien wie den Menschenrechten oder wirtschaftlichen Konzepten wie den Marktgesetzen orientieren. Es scheint daher auf der Hand zu liegen, dass historische Bildung politische Überlegungen beeinflusst. Bis in die 1970er-Jahre hinein war dieser Zusammenhang kaum umstritten. Deutschsprachige Autorinnen und Autoren sind sich jedoch inzwischen einig, dass es in der Schule darum gehen soll, die politischen (z. B. politisch urteilen) und historischen Betrachtungsweisen (z. B. historische Quellen untersuchen) auch eigenständig zu erlernen, um am gesellschaftlichen Diskurs zur politischen Gestaltung oder zur historischen Verständigung teilzunehmen (z. B. Lange 2004, Ziegler 2018). Mit der Einführung des Lehrplans 21 in fast allen Deutschschweizer Kantonen und der Verortung von Geschichte und Politischer Bildung auf der Sekundarstufe I im Fächerverbund «Räume, Zeiten, Gesellschaften» (RZG) gewinnt die Frage nach dem Verhältnis von historischer und politischer Herangehensweise im schulischen Kontext indes erneut an Bedeutung. Auch in der Fachliteratur wird die Politische Bildung an Deutschschweizer Schulen häufig im Kontext des Geschichtsunterrichts thematisiert. Die Verbindung zwischen den beiden Fächern wurde bisher aber nur selten hergestellt (z. B. Waldis, Schneider, Hedinger und Thyroff 2017). Vor diesem Hintergrund skizziere ich, worin sich Politische Bildung und geschichtsdidaktische Konzepte unterscheiden und welche Resultate der geschichtsbezogenen Studien, die am Zentrum Politische Bildung und Geschichtsdidaktik des Zentrums für Demokratie Aarau (ZDA) entstanden sind, Ableitungen zum Stand der Politischen Bildung in der Schweiz zulassen.

    Zunächst verdeutliche ich, wie politische und historische Bildung verstanden werden kann, bevor in einem zweiten Schritt zentrale empirische Studienresultate dargestellt werden. Ich beginne mit Erkenntnissen zur Politischen Bildung im Geschichtsunterricht und stelle daraufhin die Befunde hinsichtlich der Kenntnisse und Fähigkeiten von Schülerinnen und Schülern sowie von angehenden und erfahrenen Geschichtslehrpersonen vor. Abschliessend verdichte ich die Resultate zu einem Gesamtbild und werfe offene Fragen auf.

Politische und historische Bildung

Um politische und historische Perspektiven zu verbinden, schlägt Lange (2004) einen Ansatz vor, bei dem betont wird, worin eigenständige historische und politische Denkweisen bestehen und an welchen Stellen Verbindungen existieren. Dabei geht der Autor davon aus, dass sich historische und politische Sichtweisen überschneiden, ohne sich gegenseitig aufzulösen, da historische Zugriffe nicht zwangsläufig gesellschaftliche Aushandlungen betreffen, während politische Betrachtungen nicht immer Bezüge zu vergangenen politischen Ereignissen herstellen. Vielmehr spielen bei der Begründung politischer Positionen und Entscheidungen auch wirtschaftliche (z. B. Marktmodelle), gesellschaftliche (z. B. Ideologien) oder normative Ansätze (z. B. Gesetze) eine Rolle.

Insgesamt werden unterschiedliche Ziele der Politischen Bildung diskutiert. Einigkeit besteht jedoch weitgehend darin, dass es nicht nur darum geht, Fakten über Politisches zu vermitteln, sondern auch Prozeduren und Konzepte, die Menschen helfen, sich gesellschaftlich zu orientieren. Dazu zielt Politische Bildung auf die Vermittlung von Kenntnissen und Einsichten in Regeln und Prozesse des sozialen (z. B. ethische Normen), gesellschaftlichen (z. B. Teilnahme an Gruppenprozessen), staatlichen (z. B. Staatsformen und Gesetzgebung) sowie wirtschaftlichen (z. B. Marktmechanismen) Zusammenlebens von Menschen auf der Grundlage eines demokratischen Verständnisses. Darüber hinaus sollen bei jungen Menschen Fähigkeiten angebahnt werden, die sie brauchen, um begründete Urteile hinsichtlich sozialer (z. B. Zusammenleben zwischen Menschen verschiedener Herkunft), politischer (z. B. politische Gestaltung der Zukunft), rechtlicher (z. B. Einhaltung der Menschenrechte) oder wirtschaftlicher (z. B. Regulierung der Wirtschaft) Herausforderungen zu entwickeln und sich an gesellschaftlichen Prozessen zu beteiligen. Konkret geht es um die Ausbildung von Methoden, die Personen helfen, die Plausibilität von Informationen (z. B. Urheberschaft, Adressatinnen und Adressaten, Belege, Intentionen) zu prüfen. Ausserdem ist es notwendig, Strategien zu vermitteln (z. B. Argumentieren), die dazu dienen, Urteile zu begründen. Schliesslich müssen Personen damit vertraut gemacht werden, wie sie ihre Interessen im Rahmen demokratischer Aushandlungsprozesse vertreten können. Dabei sollen die dazu nötigen Konzepte (z. B. Macht, Herrschaftssystem) ausgebildet und erweitert werden (z. B. Waldis et al. 2017).[1]

Anders als im Kontext der Politischen Bildung wird in Geschichte der Begriff Bildung inzwischen eher selten verwendet (Schönemann 2002). Seit dem Aufkommen der Kompetenzorientierung zu Beginn der 2000er-Jahre sind die Überlegungen geschichtsdidaktischer Autorinnen und Autoren eher auf die Relevanz der Beschäftigung mit Vergangenem für das Leben der Menschen gerichtet. Eine so verstandene historische Bildung bedeutet daher weniger die ganzheitliche Selbstbildung des Menschen. Stattdessen zielen die geschichtsdidaktischen Überlegungen häufig darauf, historisches Denken zu erlernen, um Handlungsmöglichkeiten für gegenwärtige und zukünftige Herausforderungen zu entwerfen. Dazu beschreiben Geschichtsdidaktikerinnen und Geschichtsdidaktiker Denkoperationen oder Kompetenzen, die Menschen dabei helfen können, historisches Denken für Problemlösungen anzuwenden (z. B. Umgang mit politischen Umbrüchen), indem sie Erfahrungen der Vergangenheit als Orientierungsrahmen gebrauchen. Trotz allen Unterschieden in den Ansätzen lässt sich zusammenfassend feststellen, dass es in Geschichte darum geht, die Operationen historischen Denkens – historische Fragen stellen und erkennen, Quellen und Geschichten analysieren, die erarbeiteten Informationen nutzen, um eigene historische Darstellungen zu entwerfen – zu erlernen, um die Zukunft planen und sich orientieren zu können. Dazu ist es weiterhin notwendig, dass Menschen gesellschaftlich relevante Geschichte(n) (z. B. Schweizer Neutralität, globale Migration) kennen, historische Begriffe (z. B. Revolution) sowie notwendige Deutungsmuster (z.B. Dauer und Wandel) erlernen und Einsichten in geschichtstheoretische Konzepte (z. B. Geschichte als menschliche Erzählung über Vergangenes) gewinnen (z. B. Nitsche und Waldis 2016).

Insgesamt zielen die Überlegungen beider Disziplinen im deutschsprachigen Kontext darauf, Menschen für das Leben in den jeweiligen demokratischen Gesellschaften zu befähigen. Dazu sind in beiden Feldern gemeinsame Fähigkeiten wie die kritische Analyse von Medien oder die Begründung von Aussagen notwendig. Allerdings werden im Kontext der Politischen Bildung die Prozesse der Aushandlung und des Zusammenlebens deutlicher in den Blick genommen als in Geschichte. Ausserdem hat die Befähigung zur Teilhabe an Gesellschaft in der Politischen Bildung eine zentralere Bedeutung als in geschichtsdidaktischen Ansätzen.[2] In Geschichte ist der Blick hingegen auf vergangene Ereignisse und Personen, deren Entwicklung oder deren heutige und zukünftige Bedeutung gerichtet. Überschneidungen sind dort zu konstatieren, wo historische Ansätze verwendet werden, um politische Interessen zu klären (z. B. Wie war die Macht zwischen den Kantonen und dem Bund in der Schweiz im 20. Jahrhundert verteilt und wie sollte sie im 21. Jahrhundert organisiert werden?), oder wo politische Konzepte zur Beantwortung historischer Fragen (z. B. Wie war das Verhältnis zwischen den Kantonen und dem Bund im Verlauf des 19. Jahrhunderts organisiert?) herangezogen werden. In solchen Fällen profitieren vermutlich Personen, die in beiden Domänen kompetent sind, von ihren Fähigkeiten und Kenntnissen im jeweils anderen Feld.

Politische Bildung im Geschichtsunterricht

In der ersten (Video-)Studie «Geschichte und Politik im Unterricht», die an der Abteilung Politische Bildung und Geschichtsdidaktik (PBGD) in der zweiten Hälfte der 2000er-Jahre entstanden ist, wurde die Qualität des Geschichtsunterrichts in den Kantonen Aargau, Bern und Zürich auf der 9. Klassenstufe untersucht. Die analysierten Lektionen waren eher lehrzentriert und durch kurzzeitige Wechsel zwischen verschiedenen Unterrichtsphasen (z. B. Erarbeitung, Auswertung) geprägt. Ausserdem fiel die Bearbeitungszeit von Aufgaben für die Schülerinnen und Schülern eher gering aus (Hodel und Waldis 2007). Diese zielten ausserdem eher auf die «Reproduktion und Festigung von Wissen» (Waldis, Hodel und Fink 2012, 153). Politisches (z. B. Aushandlungsprozesse) hatte durchaus Platz, wurde jedoch überwiegend anhand historischer Perspektiven (z. B. Charakter der NS-Herrschaft) fokussiert. Fähigkeiten wie die argumentative Absicherung politischer Meinungen wurde den Jugendlichen zudem nicht vermittelt (Bürgler und Hodel 2010).

Die Resultate einer Pilotstudie der seit 2016 vom Schweizerischen Nationalfonds (SNF) geförderten Untersuchung «Politische Bildung im fächerübergreifenden Unterricht mit Geschichte auf der

Sekundarstufe I» verdeutlichen in ähnlicher Weise, dass didaktische Potenziale zur Thematisierung von Aushandlungsprozessen im Unterricht selten genutzt werden (Waldis et al. 2017). In den vorliegenden Studien deutet sich an, dass der Unterricht durch die Dominanz der Lehrpersonen und die Reproduktion von Wissen gekennzeichnet ist. Dadurch scheint für eigenständige Überlegungen der Lernenden kaum Platz zu sein. Auch wenn weitere Schweizer Studien zum regulären Unterricht in Politischer Bildung fehlen,[3] verweisen die bisher am ZDA entstandenen Analysen darauf, dass es fraglich ist, ob es im Unterricht auf der Sekundarstufe I gelingt, die oben skizzierten Ziele der Politischen Bildung zu adressieren.

WISSEN UND FÄHIGKEITEN VON SCHÜLERINNEN UND SCHÜLERN
Im Projekt «Geschichte und Politik im Unterricht» wurde ebenfalls das Wissen von Deutschschweizer Schülerinnen und Schülern auf der 9. Schulstufe aller Anforderungsniveaus abgefragt. Dazu erfassten die Forschenden historisches (z. B. Begriffsdefinitionen, Umgangsweisen mit historischen Medien) und politisches (z. B. Bezeichnung der drei Gewalten des Bundes, Volksrechte in der Schweiz) Wissen mittels Multiple-Choice-Fragebögen. Es zeigte sich etwa, dass die Lernenden über einige historische Begriffe (z. B. Reformation) verfügten, jedoch Schwierigkeiten hatten, historische Medien (Textquelle und Karikatur) angemessen zu bearbeiten. Möglicherweise lässt sich dieser Befund durch die angesprochene Gestaltung der Aufgaben in den Lektionen erklären, die auf Inhaltserarbeitung fokussierten. Dadurch dürfte der Geschichtsunterricht kaum dazu beitragen, Fähigkeiten (z. B. Medienanalyse) zu fördern, die für die Politische Bildung wichtig sind. Hinsichtlich der politischen Kenntnisse hatten die meisten Jugendlichen Schwierigkeiten, Fragen zum Ablauf politischer Prozesse, etwa zu Volksinitiativen, richtig zu beantworten. Lernenden auf höheren Anforderungsniveaus (z. B. Bezirksschule vs. Sekundarschule) fiel es ausserdem leichter, die Fragen zu bearbeiten (Moser und Wiher 2007). Auch wenn die Resultate mit seitdem erschienenen Studien übereinstimmen (z. B. Biedermann, Oser, Konstantinidou und Widorski 2010), liegen bisher kaum Ergebnisse hinsichtlich der Fähigkeiten der Jugendlichen im Kontext der Politischen Bildung vor.

Zwischen 2012 und 2015 war die Abteilung PBGD nahezu zeitgleich an zwei Projekten zur Erfassung der historischen Kompetenzen von Jugendlichen beteiligt. Dazu wurden zwei unterschiedliche Herangehensweisen gewählt. Im Rahmen der internationalen Studie «HiTCH – Historical Thinking Competencies in History», die vom deutschen Bundesministerium für Bildung und Forschung gefördert wurde und an der etwa 3000 Lernende auf der Sekundarstufe I aus Österreich, Deutschland und der Deutschschweiz teilnahmen, konnte ein Test entwickelt werden, bei dem – ähnlich wie in der PISA-Studie für andere Fächer – historische Kompetenzen (z. B. historische Fragen erkennen, Medien analysieren) mittels geschlossener Aufgaben erfasst werden. Aussagen hinsichtlich der fachlichen Fähigkeiten der Lernenden sind anhand der Untersuchung bisher nicht möglich, da das Projekt auf die Validierung der Testfragen zielte (Trautwein et al. 2017).

Solche Einblicke ermöglicht die parallel durchgeführte Untersuchung «narratio», an der 193 deutsche und deutschschweizerische Schülerinnen und Schüler der Klassenstufen 9 bis 11 auf gymnasialem Niveau teilnahmen. Anders als in der HiTCH-Studie erhielten die Lernenden drei offene Arbeitsaufträge. Sie sollten anhand von Materialien (z. B. Foto, Gemälde, Textquellen, historische Darstellungen von Forschenden) entweder einen Beitrag zur Vorbereitung einer Diskussion, einen Blogeintrag für das Internet oder einen Artikel für die Schulzeitung schreiben. Die Hälfte der Beteiligten bearbeitete das lehrplannahe Thema «Nationalsozialismus», während sich die anderen Befragten mit der lehrplanfernen «Japanischen Geschichte» auseinandersetzten. Beim NS-Thema fiel es den Befragten schwerer, sich auf die angebotenen Medien zu beziehen, als bei der Aufgabe zur japanischen Geschichte. Ausserdem machten die Befragten, die den Nationalsozialismus bearbeiteten, häufiger bewertende Aussagen, während hinsichtlich der Japanischen Geschichte sachliche Überlegungen dominierten. Die Forschenden erklären dieses Resultat etwa durch die gesellschaftliche Bedeutung des NS-Themas vor allem in Deutschland. Davon ausgehend fällt es Jugendlichen vermutlich ebenfalls schwer, sachbezogen über Fragen nachzudenken, die gesellschaftlich kontrovers diskutiert werden (z. B. Welche Personen sollten zukünftig im Land aufgenommen werden?) und für die Politische Bildung bedeutsam sind. Weiterhin bezogen die Lernenden generell eher Texte als Bilder in ihre Aufgabenbearbeitung ein. Dies kann als Hinweis für die Wirkung unterschiedlicher Aufgabenstellungen gedeutet werden (Hodel, Waldis, Zülsdorf-Kersting und Thünemann 2013) und bietet weiterhin die Möglichkeit, Jugendliche mithilfe von Aufgaben dabei zu unterstützen, ihre Fähigkeiten zu verbessern.

Seit 2016 wird weiter die Interventionsstudie «Schülerinnen und Schüler schreiben Geschichte» zur Förderung historischen Argumentierens durch Schreiben, die vom SNF gefördert wird, in der Jahrgangsstufe 10 und 11 durchgeführt. Eine erste Pilotstudie zur Aufgabenentwicklung illustriert, wie Lernende dabei unterstützt werden können, ihre (historischen) Positionen zu begründen. So argumentierten Lernende angemessener, wenn sie in der Aufgabenstellung Hinweise zur Strukturierung ihrer Texte erhielten (Marti und Waldis 2017). Darauf aufbauend wurde im Rahmen der Hauptstudie die Wirkung von Massnahmen zur Förderung historischen Argumentierens durch Schreiben geprüft, durch die die Jugendlichen schrittweise lernen sollten, wie sie ihre Sicht auf Vergangenes durch mediengestützte Argumente begründen können (vgl. Abbildung 1). An der Umsetzung waren vierzehn Lehrpersonen und ihre Klassen beteiligt, während sieben Lehrkräfte mit ihren Schülerinnen und Schülern als Kontrollgruppe teilnahmen. Erste Ergebnisse verdeutlichen, dass solche Klassen, die am Schreibtraining partizipierten, bessere historische Argumentationen schrieben. Zusammenfassend entsprachen die Ergebnisse der Lernenden in den Untersuchungen den Erwartungen. Zugleich hatten sie jedoch Schwierigkeiten damit, (historische) Medien angemessen zu analysieren. Gerade dieser Befund scheint im heutigen Medienzeitalter für das Feld der Politischen Bildung bedeutsam. Im Unterricht kann reagiert werden, indem die Lernenden mittels Aufgaben, die Hilfestellungen enthalten, unterstützt werden – wie die genannten ersten Interventionsversuche andeuten.

KENNTNISSE UND FÄHIGKEITEN VON LEHRPERSONEN

Aufbauend auf der Videostudie «Geschichte und Politik im Unterricht» fand zwischen 2007 und 2009 eine Weiterbildungsstudie zur Professionalisierung von Geschichtslehrpersonen statt, die vom SNF gefördert wurde. Daran nahmen acht Lehrpersonen teil. Nach der Veranstaltung berichteten fast alle Lehrkräfte von Veränderungen ihrer Praxis. Gleichzeitig gelang es ihnen kaum, eine Vorstellung zum Unterrichtsvorgehen bei der historischen Medienanalyse zu entwickeln (Waldis und Wyss 2014). Dies dürfte etwa dadurch erklärbar sein, dass die Beteiligten überwiegend noch vor der Tertiärisierung der Ausbildung ihr Lehrdiplom erwarben, die akademische Fachdidaktik spielte damals kaum eine Rolle (Criblez 2010).

DIE ENTWICKLUNG DER GESCHICHTSDIDAKTISCHEN FORSCHUNG AM ZENTRUM FÜR DEMOKRATIE AARAU UND IHR BEITRAG ZUR POLITISCHEN BILDUNG

	VORERHEBUNGEN/ PILOTIERUNG Aug 2016– Aug. 2017	PRE-TEST Sept./Okt. 2017	INTERVENTION Okt. 2017– Feb. 2018	POST-TEST Jan./Feb. 2018
Schreib-förderung	Entwicklung der Intervention und der Schreibplattform sowie Testung mit einzelnen Schüler/-innen		1. Schreibintervention auf der Schreibplattform entlang von Lernaufgaben 2. Lehrerweiterbildung Förderstrategien material-gestützten Schreibens, Textbeurteilungskriterien und Feedback	
Wiss. Erhebung Schülerinnen und Schüler	Entwicklung Schreibtest und Testung der Aufgaben in Cognitive Labs	Schreib- und Kompetenztest Geschichte, Interesse und Motivation an Geschichte	Rückmeldungen zu Lernaufgaben: – Klarheit Aufgabenstellung – Persönliche Einschätzung Aufgabenschwierigkeit – Situationales Interesse/Motivation	Schreibtest und Kompetenztest Geschichte, Interesse und Motivation an Geschichte, Wahrnehmung Schreibintervention
Wiss. Erhebung Lehrpersonen	Interviews zur derzeitigen Schreibpraxis	Einstellungen zum Schreiben und Schreibförderung im Unterricht, Umgang mit Textbeurteilungskriterien	Rückmeldungen zu Lernaufgaben; Beobachtungen zur Schreibintervention	Rückblickende Beurteilung Schreibintervention, Umgang mit Textbeurteilungskriterien

Abb. 1
Vorgehen zur Förderung historischen Argumentierens im Projekt «Schülerinnen und Schüler schreiben Geschichte».

Im Anschluss wurde zwischen 2012 und 2013 eine Online-Befragung pilotiert und von 54 angehenden Geschichtslehrpersonen an zwei Pädagogischen Hochschulen der Deutschschweiz erprobt. Dabei ging es unter anderem darum, erste Einblicke in die fachdidaktischen Kenntnisse und Fähigkeiten der Studierenden zu gewinnen. Insgesamt gelang es etwa einem Drittel der Beteiligten, Aspekte des fachlichen Lernens der Schülerinnen und Schüler wie den Umgang mit Medien zu reflektieren. Allerdings überwogen fachunspezifische Kommentare zur Organisation des Unterrichts (Waldis, Nitsche, Marti, Hodel und Wyss 2014).

Davon ausgehend wurde zwischen 2013 und 2016 die vom SNF geförderte Untersuchung «Ausprägung und Genese professionellen Wissens von Geschichtslehrpersonen. Eine empirische Untersuchung auf der Grundlage eines Videosurveys (VisuHist)» durchgeführt. Untersucht wurde etwa, inwiefern es im Verlauf des Studiums von Geschichtslehrpersonen gelingt, sowohl die historischen (z. B. Umgang mit historischen Medien) als auch die geschichtsdidaktischen Fähigkeiten der Studierenden (z. B. den Umgang der Lernenden mit historischen Medien fördern) anzubahnen. Insgesamt nahmen über 130 Studierende von sechs Deutschschweizer Hochschulen an den Längsschnitterhebungen teil. Die Entwicklung der historischen Fähigkeiten wurde mittels einer materialbasierten Schreibaufgabe untersucht. Es gelang den Studierenden gegen Ende ihrer fachdidaktischen Ausbildung zwar eher als zu Beginn, sich wissenschaftsförmig auf historische Medien zu beziehen. Sie hatten allerdings weiterhin Schwierigkeiten, ihre Überlegungen in den zeitlichen Zusammenhang einzuordnen, während fachübergreifende Aspekte wie der logische Textaufbau besser ausfielen (Waldis, Marti und Nitsche 2015).[4] Der Wandel der fachdidaktischen Fähigkeiten im Verlauf des Studiums wurde mittels Online-Erhebung anhand von Unterrichtsvideos untersucht. Unter anderem gelang es den Studierenden am Ende ihrer Ausbildung etwas besser, über das fachspezifische Lernen der Schülerinnen und Schüler nachzudenken. Gleichzeitig spielten fachliche Aspekte wie der Umgang mit Medien oder historischen Themen eine geringere Rolle als allgemeine Überlegungen zur Unterrichtsgestaltung. Auch wenn dieses Resultat durch den Entwicklungsstatus der Erhebungsverfahren beeinflusst sein kann, weisen die Ergebnisse darauf hin, dass es angehenden Lehrpersonen schwer fällt, im Verlauf der Ausbildung fachdidaktische Kenntnisse und Fähigkeiten auszubilden

(Waldis, Nitsche und Wyss 2019). Schliesslich wurde in einer vertiefenden Fallanalyse mit zwei erfahrenen Lehrpersonen deutlich, wie herausfordernd es ist, fachliche Vorstellungen in Unterrichtsarrangements zu übertragen, wenn die nötigen Kenntnisse zu geeigneten Unterrichtsmethoden fehlen (Nitsche 2018).

Resümierend scheint es den untersuchten angehenden und erfahrenen Geschichtslehrpersonen schwer zu fallen, fachliche Fähigkeiten etwa hinsichtlich der Medienanalyse zu entwickeln, die auch für die Politische Bildung notwendig sind, und diese in fachdidaktischer Absicht auf den Unterricht zu beziehen. Diese Befunde könnten zudem einen Erklärungsansatz für die obigen Ergebnisse hinsichtlich der Gestaltung des Unterrichts sowie der Kenntnisse und Fähigkeiten der Lernenden darstellen. Ausserdem illustrieren die Resultate, wie herausfordernd es im Kontext der Aus- und Weiterbildung von Lehrpersonen ist, Aspekte zu fördern, die in heutigen Zeiten wichtig erscheinen.

Zusammenfassung und Diskussion

Historische Bildung soll Menschen befähigen, vergangene Phänomene zu ergründen und ihre Bedeutung für heutige und zukünftige Entwicklungsmöglichkeiten der Gesellschaften zu verstehen. Politische Bildung zielt darauf, ein Verständnis für politische Aushandlungsprozesse und soziale Regeln zu vermitteln und zur gesellschaftlichen Teilhabe beizutragen. Beide Ansätze sollten im Schulkontext dann eigenständig berücksichtigt werden, wenn die jeweils spezifischen Fähigkeiten ausgebildet werden sollen oder explizit historische oder politische Fragen zu klären sind. Dazu werden unterschiedliche Fachkonzepte genutzt (z. B. Dauer und Wandel vs. Macht und Herrschaft), die dazu dienen, historische oder politische Prozesse zu verstehen, und die wiederum eigenständig erlernt werden müssen. Für beide Domänen ist es indes wichtig, Kenntnisse und Fähigkeiten zu adressieren, die dazu beitragen, Positionen begründet und medienbasiert zu entwickeln sowie die Zukunft zu gestalten.

Die vorgestellten Unterrichtsanalysen verdeutlichen eine Dominanz der Lehrkräfte sowie eine Ausrichtung auf die Inhaltserschliessung im Geschichtsunterricht. Zudem scheint die Politische Bildung im Geschichtsunterricht der Deutschschweiz nur eine untergeordnete Rolle zu spielen. Eine offene Forschungsfrage ist bisher, ob

181 diese Merkmale des Unterrichts die Leistungen der Schülerinnen und Schüler erklären können. Zudem bedarf es weiterer Untersuchungen, in denen historische und politische Kenntnisse und Fähigkeiten in den Blick genommen sowie mögliche Verbindungen analysiert werden. Erste Unterrichtsversuche in Geschichte deuten an, wie Lernende mittels geeigneter Aufgabenstellungen und Lehrstrategien bei der Ausbildung ihrer Fähigkeit unterstützt werden können. Solche Massnahmen dürften auch in der Politischen Bildung fruchtbar sein, wie erste Arbeiten am ZDA andeuten (vgl. S. 184, «Politiksimulationen zur Vermittlung von politischen Kompetenzen» von Patrik Zamora und Stefan Walter).

Die Forschungsresultate zu Geschichtslehrpersonen und Studierenden werfen die Frage auf, inwiefern ihre historischen und fachdidaktischen Kenntnisse und Fähigkeiten mit der beschriebenen Unterrichtsgestaltung sowie den Leistungen der Lernenden zusammenhängen, da weitere Studien ausserhalb des Schweizer Kontexts solche Verbindungen andeuten (zusammenfassend Weißeno, Weschenfelder und Oberle 2015). Insgesamt erweist es sich als gewinnbringend, geschichtsspezifische Studien hinsichtlich möglicher Ableitungen für die Politische Bildung in der Schweiz zu befragen, da diese nicht selten im Geschichtsunterricht verortet ist. Daher hat es sich bisher als günstig erwiesen, dass Geschichtsdidaktikerinnen und Politische Bildner am ZDA gemeinsam forschen.

DIE ENTWICKLUNG DER GESCHICHTSDIDAKTISCHEN FORSCHUNG AM ZENTRUM FÜR DEMOKRATIE AARAU UND IHR BEITRAG ZUR POLITISCHEN BILDUNG

ANMERKUNGEN

1 Insgesamt stellt sich die Diskussion um Ziele in der Politischen Bildung komplexer dar, als hier thematisiert werden kann (z. B. Ziegler, Schneider und Sperisen 2015).
2 Einige Ausnahmen könnten genannt werden (siehe z. B. Schönemann 2002).
3 Hingegen liegt eine ZDA-Studie zum «Klassenrat» vor, in der jedoch reguläre Lektionen in Politischer Bildung nicht untersucht wurden (z. B. Wyss und Lötscher 2012).
4 Indes ist einschränkend zu betonen, dass sich das Erhebungsverfahren noch in der Entwicklung befand. Daher konnte nur ein kleiner Teil des Datensatzes im Längsschnitt verglichen werden.

LITERATUR

Biedermann, Horst; Oser, Fritz; Konstantinidou, Liana; Widorski, Dagmar: Staatsbürgerinnen und Staatsbürger von morgen: Zur Wirksamkeit politischer Bildung in der Schweiz. Ein Vergleich mit 37 anderen Ländern. ICCS – International Civic and Citizenship Education Study. Fribourg 2010.

Bürgler, Beatrice; Hodel, Jan: «Political Perspectives» in the Classroom – Results of Video Analyses in History and Civic Education. In: Journal of Social Science Education 9/3 (2010), 26–34.

Criblez, Lucien: Die Reform der Lehrerinnen- und Lehrerbildung in der Schweiz seit 1990: Reformprozesse, erste Bilanz und Desiderata. In: Ambühl, Hans; Stadelmann, Willi (Hg.): Tertiarisierung der Lehrerinnen- und Lehrerbildung. Bern 2010, 22–58.

Hodel, Jan; Waldis, Monika; Zülsdorf-Kersting, Meik; Thünemann, Holger: Schülernarrationen als Ausdruck historischer Kompetenz. In: Zeitschrift für Didaktik der Gesellschaftswissenschaften 4/2 (2013), 121–145.

Hodel, Jan: Waldis, Monika: Sichtstrukturen im Geschichtsunterricht – die Ergebnisse der Videoanalyse. In: Gautschi, Peter; Moser, Daniel V.; Reusser, Kurt; Wiher, Pit (Hg.): Geschichtsunterricht heute. Eine empirische Analyse ausgewählter Aspekte. Bern 2007, 91–142.

Lange, Dirk: Historisch-politische Didaktik. Zur Begründung historisch-politischen Lernens. Schwalbach/Ts. 2004.

Marti, Philipp; Waldis, Monika: Zur Entwicklung und Bewertung von offenen Aufgabenformaten für den Geschichtsunterricht. In: Erziehung und Unterricht. Österreichische Pädagogische Zeitschrift 167/9–10 (2017), 963–972.

Moser, Daniel V.; Wiher, Pit: Historisches und politisches Wissen von Jugendlichen – am Ende der obligatorischen Schulzeit. In: Gautschi, Peter; Moser, Daniel V.; Reusser, Kurt; Wiher, Pit (Hg.): Geschichtsunterricht heute. Eine empirische Analyse ausgewählter Aspekte. Bern 2007, 211–262.

Nitsche, Martin: Beliefs von Geschichtslehrpersonen – eine Triangulationsstudie. Universität Basel/Aarau 2018.

Nitsche, Martin; Waldis, Monika: Narrative Kompetenz von Studierenden erfassen. Zur Annäherung an formative und summative Vorgehensweisen im Fach Geschichte. In: Zeitschrift für Didaktik der Gesellschaftswissenschaften 7/1 (2016), 17–35.

Schönemann, Bernd: Geschichtskultur als Forschungskonzept der Geschichtsdidaktik. In: Schönemann, Bernd; Schreiber, Waltraud; Voit, Hartmut (Hg.): Grundfragen – Forschungsergebnisse – Perspektiven. Jahresband der Zeitschrift für Geschichtsdidaktik. Schwalbach/Ts. 2002, 78–86.

Trautwein, Ulrich et al.: Kompetenzen historischen Denkens erfassen. Konzeption, Operationalisierung und Befunde des Projekts «Historical Thinking Competencies in History (HiTCH)». Münster 2017.

Waldis, Monika; Nitsche, Martin; Wyss, Corinne: Assessing Pre-Service Teachers' Professional Vision with a Video Survey Using Open-Ended Writing Assignments and Closed-Ended Rating Items: An Approach to the Pedagogical Content Knowledge (PCK) of History Teachers. In: History Education Research Journal 16/1 (2019), 112–126.

Waldis, Monika; Schneider, Claudia; Hedinger, Franziska; Thyroff, Julia: Europa – eine Fallanalyse zur Umsetzung der politischen Perspektive im fächerübergreifenden Unterricht mit Geschichte. In: Mittnik, Philipp (Hg.): Empirische Einsichten in der Politischen Bildung. Innsbruck 2017, 39–54).

Waldis, Monika; Marti, Philipp; Nitsche, Martin: Angehende Geschichtslehrpersonen schreiben Geschichte(n). Zur Kontextabhängigkeit historischer Narrationen. In: Zeitschrift für Geschichtsdidaktik 14 (2015), 63–86.

Waldis, Monika; Nitsche, Martin; Marti, Philipp; Hodel, Jan; Wyss, Corinne: «Der

Unterricht wird fachlich korrekt geleitet». Theoretische Grundlagen, Entwicklung der Instrumente und empirische Erkundungen zur videobasierten Unterrichtsreflexion angehender Geschichtslehrpersonen. In: Zeitschrift für Geschichtsdidaktik 13 (2014), 32–49.

Waldis, Monika; Wyss, Corinne: Förderung historischer Kompetenzen im Geschichtsunterricht – Erfahrungen einer videogestützten Lehrpersonenweiterbildung. In: Beiträge zur Lehrerinnen- und Lehrerbildung 32/2 (2014), 221–234.

Waldis, Monika; Hodel, Jan; Fink, Nadine: Lernaufgaben im Geschichtsunterricht und ihr Potential zur Förderung historischer Kompetenzen. In: Zeitschrift für Didaktik der Gesellschaftswissenschaften 3/1 (2012), 142–157.

Weißeno, Georg; Weschenfelder, Eva; Oberle, Monika: Überzeugungen, Fachinteresse und professionelles Wissen von Studierenden des Lehramts Politik. In: Weißeno, Georg; Schelle, Carla (Hg.): Empirische Forschung in gesellschaftswissenschaftlichen Fachdidaktiken. Wiesbaden 2015, 139–154.

Wyss, Corinne; Lötscher, Andreas; Class Councils in Switzerland: Citizenship Education in Classroom Communities? In: Journal of Social Science Education 11/3 (2012), 43–63.

Ziegler, Béatrice: Politische Bildung im fächerübergreifenden Unterricht. In: Manzel, Sabine; Oberle, Monika (Hg.): Kompetenzorientierung: Potenziale zur Professionalisierung der Politischen Bildung. Wiesbaden 2018, 35–46.

Ziegler, Béatrice; Schneider, Claudia; Sperisen, Vera: Auf reichlich undefiniertem Terrain – ein Kompetenzraster Politische Bildung. In: Weißeno, Georg; Schelle, Carla (Hg.): Empirische Forschung in gesellschaftswissenschaftlichen Fachdidaktiken. Wiesbaden 2015, 211–224.

Politik-simulationen zur Vermittlung von politischen Kompetenzen

Patrik Zamora,
Stefan Walter

185 Vorentwurf, Vernehmlassung, Botschaft und Differenzbereinigung sind wichtige Stationen im schweizerischen Gesetzgebungsverfahren. Es kann jedoch die Annahme gewagt werden, dass nur ein Bruchteil der schweizerischen Bevölkerung diese Begriffe kennt, geschweige denn erklären könnte. Wenn über das politische System der Schweiz diskutiert wird, werden vornehmlich die direktdemokratischen Elemente – also die Möglichkeit des Volkes, mittels Initiativen und Referenden auf die Gesetzgebung Einfluss zu nehmen – hervorgehoben. In der Tat findet sich in jedem Schullehrbuch zu Politik in der Schweiz ein Abschnitt zur direkten Demokratie, in dem Wissen über Volksinitiativen und Referenden vermittelt wird. Man sucht indes meistens vergebens nach Informationen zu den Stationen, die die Gesetzgebung auf dem parlamentarischen Weg durchläuft, oder darüber, was nach der Eingabe einer Volksinitiative im Parlament geschieht. Die Gefahr, dass Fehlkonzeptionen entstehen, wenn der Fokus nur auf direktdemokratische Instrumente gelegt wird, ist jedoch gross. Die überwiegende Mehrheit der verabschiedeten Gesetze in der Schweiz unterliegt nämlich keinem Referendum und der Anteil von Gesetzen, die aufgrund einer angenommenen Initiative zustande kommen, ist verschwindend klein.

Entsprechend ist ein gewisses Basiswissen über den Gesetzgebungsprozess elementarer Bestandteil von politischer Kompetenz. Gesetzgebungsverfahren sind jedoch hoch komplex und werden von verschiedensten politischen und gesellschaftlichen Akteuren beeinflusst. Es scheint schwierig, diese Prozesse als abstrakte Lerninhalte einzig über ein Lehrbuch zu vermitteln. In den meisten Fällen führt dies lediglich zu einem Auswendiglernen der Begriffe, ohne dass deren Funktionen verarbeitet und diese miteinander in einen grösseren Zusammenhang gestellt werden. Eine praxisorientierte Herangehensweise an die Vermittlung solcher komplexen Inhalte und deren Zusammenspiel stellen Simulations- beziehungsweise Planspiele dar. Diese haben den Anspruch, die Realität von (politischen) Prozessen abzubilden und erlebbar zu machen. Das Ziel solcher Simulationen ist nicht nur eine Vermittlung von reinem Wissen zu einem Themenbereich, sondern auch die Ausbildung und Förderung von spezifischen Kompetenzen. Am Zentrum für Demokratie Aarau (ZDA) werden seit 2014 erfolgreich politische Simulationsspiele entwickelt und durchgeführt. Diese haben den Anspruch, die Vorgänge des Gesetzgebungsprozesses in einen grösseren Zusammenhang zu stellen und durch eine alternative, praxis-

orientierte Lernmethode für die Jugendlichen zugänglich zu machen.
Dieser Artikel gibt einen Überblick zu diesen Simulationen. In einem
ersten Teil wird dabei aufgezeigt, wieso Simulationsspiele ein geeignetes Werkzeug zur Erlangung von Politikkompetenzen sind. In einem
zweiten Teil werden zwei konkrete Beispiele von Politiksimulationen
zur parlamentarischen Gesetzgebung (ZDA Planspiel «Politik.Macht.
Gesetz») und zur Gesetzgebung mittels Volksinitiative (ZDA Planspiel «Schulen nach Bern») vorgestellt. In einem dritten Teil werden
abschliessend Erfahrungswerte und limitierende Faktoren diskutiert.

Politische Simulationsspiele

Politische Simulationen sind pädagogisch angeleitete Aktivitäten,
welche Ereignisse, Prozesse oder Phänomene der realen Welt simulieren (Wright-Maley 2015). Dabei werden grundsätzlich die methodischen Elemente des Rollenspiels und der Simulation kombiniert. Typischerweise übernehmen die Teilnehmenden an Simulationen einen
aktiven Part im Geschehen, indem sie für die Dauer der Simulation in
die Rollen von politischen Akteuren schlüpfen. Ihr Handlungsspielraum wird dabei von Regeln beschränkt, welche ähnlich dem realen
Prozess sind, welcher simuliert wird. Das Rollenspiel ist dabei für die
soziale Interaktion und Kommunikation wichtig; die Simulation für
die Abbildung einer realen Begebenheit (Raiser und Warkalla 2017).

Es gibt mittlerweile eine ganze Reihe von Politiksimulationen,
die nach unterschiedlichen Logiken funktionieren und unterschiedliche Prozesse simulieren. Bei den meisten ist es jedoch so, dass die
Erarbeitung einer bestimmten Gesetzesvorlage durch ein Parlament
auf nationaler oder supranationaler Ebene simuliert wird. Die Teilnehmenden übernehmen dann zumeist die Rolle von Parlamentarierinnen
oder Parlamentariern. Jedoch gibt es Simulationen, bei welchen auch
die Rollen von Journalisten, Lobbyistinnen oder juristischen Fachpersonen besetzt werden.

Die Jugendlichen sind bei der Simulation aktiv am Prozess beteiligt und können diesen mit ihren Handlungen beeinflussen. Simulationen sind deshalb ergebnisoffen. Obwohl die Teilnehmenden in den
meisten Simulationen Vorgaben haben, welche Interessen sie in ihren
Rollen vertreten müssen und welches politische Resultat sie anstreben
sollen, lenken diese Vorgaben das Geschehen während der Simulation

nur oberflächlich. Je nach Verhandlungsgeschick, Einsatz und politischem Gespür für den Prozess liegt es in der Hand der Teilnehmenden, das Ergebnis entscheidend zu beeinflussen.

SIMULATIONEN ALS LERNMETHODE

Die letzten Jahre haben gezeigt, dass Simulationsspiele in der Politischen Bildung immer häufiger eingesetzt werden (Oberle und Leunig 2018). Einerseits hängt dies mit der zunehmenden Bedeutung der Politischen Bildung zusammen, andererseits aber auch mit der Erwartung an die Schule, alternative Lehrmethoden einzusetzen. Der aktive Part, welchen die Teilnehmenden während einer Politiksimulation einnehmen, ist für den Lernprozess von elementarer Bedeutung. In der Wissenschaft hat sich die Erkenntnis durchgesetzt, dass Lernen kein passiver Prozess ist, bei dem Wissen von einer Person oder einem Lehrmittel auf eine andere übertragen wird. Stattdessen ist Lernen ein aktiver Prozess, bei dem die Lernenden aktiv neues Wissen mit bestehenden Erfahrungen verknüpfen. Infolgedessen wurden auch Lernmethoden entwickelt, welche diesem Umstand Rechnung tragen. Solche Lernmethoden sind zum Beispiel das *exemplarische Lernen* und das *problembasierte Lernen*. Unter einer exemplarischen Lernmethode versteht man dabei das Lernen an exemplarischen Gegenständen, zum Beispiel tagesaktuellen Fragen und Konflikten, mit denen sich die Jugendlichen identifizieren können. Es ist also eine gründliche Bearbeitung von ausgewählten thematischen Inhalten, die eine vertiefte Einsicht ermöglicht. Das problembasierte Lernen oder «Problemlösen» gilt generell als eine der wichtigsten kognitiven Aktivitäten im Alltag. Um solche Aufgaben zu meistern, reicht die reine Anwendung von erlernten Wissensinhalten nicht aus. Beim «Problemlösen» unterscheiden sich Experten von Novizen in der Reichhaltigkeit der Repräsentation von Problemen und möglichen Lösungsstrategien. Um sich solche Repräsentationen anzueignen, muss man direkt mit spezifischen Problemstellungen arbeiten.

Politische Simulationen als Lernmethode schliessen die Elemente des exemplarischen und problembasierten Lernens mit ein. In der Literatur werden zudem mindestens drei Funktionen von Simulationen hervorgehoben, welche diese für die Politische Bildung interessant machen: Sie reduzieren (a) die Komplexität von politischen Vorgängen, sie bieten (b) einen Zugang zu fremden Lebenswelten und haben den Anspruch (c), die Motivation für das Politische zu steigern.

Komplexitätsreduktion

Komplexität entsteht erstens aus der Vielschichtigkeit des Gesetzgebungsprozesses selbst, aber auch durch die Entscheidungen, welche getroffen werden müssen. Simulationen schwächen beides ab. Sie modellieren und entflechten einen Prozess. Sofern die Simulation inhaltlich sinnvoll aufgebaut, klar strukturiert und verständlich angeleitet ist, sind sich die Teilnehmenden jederzeit bewusst, in welcher Phase des Prozesses sie sich befinden, was der Zweck dieser Phase ist und welche Handlungsoptionen sie haben. Ein auf dem Papier abstraktes Verfahren wie der Gesetzgebungsprozess wird dadurch weniger komplex und verständlich.

Die Komplexität von Entscheidungen ergibt sich aus der Tatsache, dass politische Entscheidungen Auswirkungen nach sich ziehen, welche nicht im Voraus abgeschätzt werden können. Dies kann einerseits die Sache selbst und andererseits auch die Akteure betreffen. Wird zum Beispiel im Parlament über die zukünftige Ausrichtung des Strommarkts in der Schweiz verhandelt, kann man nur grob abschätzen, wie sich dies auf die Preise von Strom für die Endverbraucher und die Wirtschaft auswirkt, zumal auch ungewiss ist, ob künftige technische Innovationen die Möglichkeiten in diesem Bereich erweitern. Solche Entscheidungen können sich auch auf die Akteure auswirken. Um beim Beispiel des Strommarkts zu bleiben: Es wäre denkbar, dass eine Parlamentarierin sich öffentlich für einen Ausbau von Windenergie ausspricht, dies von der Wählerschaft aber nicht goutiert wird. Dadurch könnte ihre Wiederwahl gefährdet sein. Solche Dynamiken sind schwierig in Lehrbüchern zu behandeln. In Simulationen können diese Dynamiken mit den Teilnehmenden besprochen werden, um Unklarheiten aus dem Weg zu räumen. Ausserdem müssen sich die Teilnehmenden im Gegensatz zur Realität auch nicht vor möglichen negativen Konsequenzen fürchten. Entsprechend können verschiedene Strategien ohne Risiko ausprobiert werden.

Zugang zu fremden Lebenswelten

Indem Simulationen Jugendliche zu einem Teil des politischen Prozesses machen, sind sie ein hervorragendes Mittel, um ihnen die politische Welt näherzubringen. Dies ist eine Herausforderung für die Politische Bildung, da die politische Sphäre in vielen Fällen weit entfernt von der Lebenswelt der Jugendlichen ist. Eine Einbindung in diesen Prozess geschieht dabei, weil politische Simulationen eine politische

Umwelt nachahmen und somit die Teilnehmenden als aktive Akteure dieser Umwelt aussetzen; sie werden also Teil des politischen Prozesses. Durch die Rollensituation legen die Teilnehmenden für die Dauer der Simulation ihre eigene Persönlichkeit so weit als möglich ab. Für diese Dauer sind die Teilnehmenden also keine Jugendlichen, welche mit Politik wenig am Hut haben, sondern ernstzunehmende Akteure des politischen Prozesses, welche keine passive Rolle als Beobachter haben, sondern einen wichtigen Part in der Gesetzgebung übernehmen. Diese Immersion, also das Eintauchen in fremde Lebenswelten, ist ein wichtiger Bestandteil jeder politischen Simulation.

Motivation durch Spielelemente
Die Politische Bildung fungiert tief in der schulischen Fächerhierarchie. So müssen Jugendliche kaum befürchten, dass ein negativer Entscheid auf eine Bewerbung für eine Lehrstelle damit begründet wird, dass die Leistungen in der Politischen Bildung nicht genügend sind. Gleiches gilt für Jugendliche, welche sich für die Weiterführung ihrer Schulkarriere entscheiden. Auch beim Übertritt ans Gymnasium werden in aller Regel nur Leistungen in den Kernfächern Mathematik und Sprachen berücksichtigt – und nicht etwa in der Politischen Bildung. Dies kann zu tiefer Motivation führen, da Jugendliche ihre Zeit bevorzugt für andere Fächer einsetzen, welche eine grössere Auswirkung auf ihre spätere Laufbahn haben.

Neben Interesse ist Motivation allerdings eine fundamentale Voraussetzung für erfolgreiches Lernen (Garris, Ahlers und Driskell 2002). Sie geht dem Interesse sogar voran, denn motivierte Lernende haben Interesse und Freude am Lernprozess und engagieren sich mit mehr Durchhaltewillen. Dies wiederum führt dazu, dass mehr Zeit für ein bestimmtes Fach eingesetzt wird, was den Lernerfolg günstig beeinflusst. Eine der meistgenannten positiven Eigenschaften von Simulationen ist, dass sie ein ideales Mittel sind, um die Motivation der Teilnehmenden zu steigern. Die motivationsfördernden Wirkungen von Simulationen haben vor allem damit zu tun, dass sie meist als Planspiele angelegt sind. Spiele verbinden im allgemeinen verschiedene Eigenschaften, welche mit erfolgreichem Lernen in Verbindung gebracht werden. Ähnlich wie Simulationen sind Spiele künstlich konstruierte Aktivitäten, welche einen kompetitiven Charakter haben und über ein genau definiertes Regelwerk verfügen.

In der Tat sind die Grenzen zwischen Spielen und Simulationen fliessend. Simulationen werden deshalb oft als Untergruppe von «Game Based Learning» verstanden. In den letzten Jahren ist das Interesse für spielerisches Lernen in die Höhe geschnellt. Dieses Phänomen ist als Edutainment bekannt, ein Wort, welches aus den englischen Begriffen für Bildung («education») und Unterhaltung («entertainment») zusammengesetzt ist. Die Grundannahme von Edutainment ist, dass Lernen und Spielen kombiniert werden kann, sodass dieser Lernprozess Spass macht und gar Vergnügen bereitet. In der Tat ist Spielen als Tätigkeit geprägt von Vergnügen, Leidenschaft und einem Gefühl von Selbstwirksamkeit (Gilmore 1971).

Entsprechend ist eine der meistgenannten Vorteile von «Game Based Learning», dass Spiele motivierender sind als traditionelle Lernumgebungen (Denham et al. 2016). Einerseits verlangen Spiele eine aktive Teilhabe am Geschehen. So werden die Teilnehmenden konstant vor neue Aufgaben gestellt, auf welche sie aktiv reagieren müssen. Dies ist ein dynamischer Prozess, da die Spielenden unverzüglich ein Feedback auf ihre Handlungen erhalten und entsprechend wieder reagieren müssen. Dies führt zu einem «Spielzyklus», der sich selbst aufrecht hält und den Teilnehmenden die Möglichkeit gibt, verschiedene Lösungsstrategien anzuwenden und diese gleich auf ihren Erfolg hin zu evaluieren. Andererseits haben Spiele eine soziale Komponente, welche es den Spielenden ermöglicht, ohne Risiko und Druck zu agieren. Und: gute Spiele machen Spass!

Planspiele zum Gesetzgebungsprozess: «Politik.Macht.Gesetz» und «Schulen nach Bern»

«POLITIK.MACHT.GESETZ»

«Politik.Macht.Gesetz» (P.M.G.) ist eine pädagogisch aufgearbeitete politische Simulation, welche den schweizerischen Gesetzgebungsprozess im Parlament nachstellt. Das Simulationsspiel wurde zwischen 2012 und 2014 am ZDA konzipiert und seither unzählige Male an Schulen und Universitäten in der Deutschschweiz durchgeführt.

«Politik.Macht.Gesetz» ist für die Sekundarstufen I und II konzipiert, wird aber regelmässig auch mit Studierenden von Universitäten und Pädagogischen Hochschulen durchgeführt. Die Simulation soll einerseits Wissen zu Politik im Allgemeinen und insbesondere

Mithilfe des angeleiteten Planspiels «Politik.Macht.Gesetz» werden Schülerinnen und Schüler der Sekundarstufen I und II mit dem Gesetzgebungsprozess auf Bundesebene vertraut gemacht. Foto: Adrian Ritter.

zum Gesetzgebungsprozess vermitteln. Neben dem Fachwissen ist aber vor allem von Bedeutung, dass über diese Simulation versucht wird, den Jugendlichen Berührungsängste mit Politik zu nehmen und im Rahmen einer interessanten Veranstaltung die Teilnehmenden für Politik und politische Prozesse zu begeistern.

Um die Simulation möglichst realitätsgetreu zu gestalten, wird bei «Politik.Macht.Gesetz» jeweils mit einer politischen Vorlage gearbeitet, welche tatsächlich im Parlament behandelt wurde. Bisher waren dies das «Hooligangesetz», welches vor der Fussball-Europameisterschaft 2008 behandelt wurde, als auch das «Rauchverbot» von 2007, welches dazu führte, dass in den meisten Bars und Restaurants nicht mehr geraucht werden darf. Ab dem Jahr 2019 wird zusätzlich das Thema «Energiegesetz» angeboten, welches die verschiedenen Massnahmenpakete zur zukünftigen Gestaltung des Energiesektors behandelt, die 2016 vom Parlament und 2017 vom Volk (Referendum «Energiestrategie 2050») angenommen wurden.

Die Jugendlichen übernehmen während der eintägigen Simulation verschiedene Rollen der am Gesetzgebungsprozess beteiligten Akteure aus Politik, der Wirtschaft, Vereinen und Verbänden. Die Rollenprofile geben den Teilnehmenden vor, was für eine Person sie während der Simulation verkörpern, welche politischen Ziele sie haben, und bieten inhaltliche Argumentationshilfen, welche den Jugendlichen das Debattieren vereinfachen. Die Rollenprofile sind wiederum an reale Akteure angelehnt, welche bei der jeweiligen Vorlage involviert waren. Die Argumente und Denkanstösse auf den Rollenprofilen wurden dabei aus Protokollen von Nationalratssitzungen, Interviews in den Medien und Stellungnahmen von Organisationen entnommen. Während der Simulation dürfen die Teilnehmenden selbstverständlich eigene Argumente und Vorschläge anbringen, sind dabei aber angehalten, möglichst im Sinn ihrer Rolle zu agieren. Dies hilft den Jugendlichen, sich in ihre Rolle zu versetzen und als politische Akteure zu denken und handeln.

«Politik.Macht.Gesetz» findet an einem Schultag von etwa 8 bis 16 Uhr statt. An einer Simulation können zwischen 40 und 80 Schülerinnen und Schüler gleichzeitig mitmachen. Die Simulation ist so konzipiert, dass das Spiel das Gesetzgebungsverfahren von der Vernehmlassungsphase bis hin zur Schlussabstimmung im Parlament möglichst detailgetreu simuliert. Nach der Begrüssung durch die Spielleitung werden der Ablauf der Simulation sowie die Rollen und deren Möglichkeiten kurz erläutert. Danach startet die Simulation mit der Vernehmlassungsphase und der anschliessenden Kommissionsphase. Nach der Mittagspause wird am Nachmittag die Debatte im National- und Ständerat simuliert. Abschliessend folgt die Evaluation, in welcher die wichtigsten Aspekte des Geschehens nochmals aufgegriffen werden.

Politische Bildung soll vornehmlich das Interesse an der Politik wecken und politische Handlungsfähigkeit fördern. Dazu braucht es ein politisches Grundwissen sowie Analyse- und Urteilskompetenzen, um gesellschaftliche Zustände einordnen und hinterfragen zu können, sowie Verständnis für gesellschaftliche Grundwerte, welche politischen Debatten zugrunde liegen. Die politische Handlungskompetenz ermöglicht zudem die politische Kommunikation.

Die «Politik.Macht.Gesetz» zugrundeliegende Planspielmethode erlaubt es, all diese Kompetenzen gleichzeitig zu fördern. Die Jugendlichen erwerben fachliches Wissen zum Gesetzgebungsprozess, müssen politische Abläufe analysieren und beurteilen, welche Überzeugungen verschiedenen Meinungen zugrunde liegen. Während des Planspiels müssen die Jugendlichen laufend mit politischen Gegnerinnen, Kollegen und den Medien kommunizieren. Dies stärkt ihre politische Handlungskompetenz.

«SCHULEN NACH BERN»

«Schulen nach Bern» ist ebenfalls ein pädagogisch aufgearbeitetes Planspiel. Zwar wurde es nicht am ZDA entwickelt, es wird aber vom ZDA geleitet, durchgeführt und wissenschaftlich begleitet. Durch die Teilnahme an dieser politisch unabhängigen Projektwoche soll bei den Jugendlichen vor allem Interesse geweckt werden: Interesse für die direkte Demokratie – und die Motivation, diese Demokratie aktiv mitzugestalten. Im Gegensatz zu «Politik.Macht.Gesetz» spielen die Jugendlichen bei «Schulen nach Bern» den schweizerischen Gesetzgebungsprozess anhand einer Volksinitiative. Es ist für die Sekundarstufe I konzipiert und lässt die Jugendlichen das nötige Fachwissen zu den Abläufen, Akteuren und politischen Instrumenten erleben. Am Planspiel können gleichzeitig vier bis fünf Klassen teilnehmen. Ein spezieller Bestandteil ist dabei die Mehrsprachigkeit, das heisst, die Projektwochen werden immer zweisprachig geführt (Deutsch/Französisch oder Deutsch/Italienisch).

Das Kernstück von «Schulen nach Bern» ist eine Projektwoche in Bern. Bereits ein halbes Jahr vorher beginnen die Vorbereitungen für die teilnehmenden Klassen. Die Jugendlichen übernehmen am Anfang die Rolle von Bürgerinnen und Bürgern. In dieser Rolle entwerfen sie gemeinsam eine Volksinitiative. Diese Initiative reichen sie auf einem Onlineportal zur Prüfung ein. Während sie auf den Entscheid warten, gründen sie als Klassenverband eine Partei. Der Partei geben sie einen eigenen Namen, definieren eine Beschreibung und Parteiziele – die Partei ist dabei frei erfunden. Ebenso halten sie erste Wahlen ab und bestimmen eine Parteileitung (Präsidium und Vizepräsidium).

Etwa drei Monate vor der Projektwoche erhalten die Klassen die Bestätigung ihrer Initiative und das Formular zur Unterschriftensammlung. Bis zur Projektwoche müssen dabei ungefähr 70 Unterschriften zusammenkommen. Die Regelungen für Alter und Nationalität werden dabei gelockert, die Abweichung zur Realität aber im Klassenverband diskutiert. Im gleichen Zeitraum erhält jedes Mitglied einer Klasse eine Zusammenstellung der Initiativen aller teilnehmenden Klassen der Projektwoche mit der dazugehörenden Botschaft des Bundesrats. Sie bestimmen ebenso Kandidatinnen und Kandidaten für ein mögliches Präsidium und Vizepräsidium des Nationalrats. In der Vorbereitung ist der Fokus also stark auf das direktdemokratische Element der Volksinitiative gerichtet.

Nach diesen Vorbereitungsarbeiten beginnt die Projektwoche in Bern. Die Jugendlichen übernehmen während dieser Woche die Rolle als Nationalrätin oder Nationalrat. In dieser Rolle agieren sie auch als Kommissions- und Fraktionsmitglied. Darüber hinaus wählen sie zu Beginn der Woche das Nationalratspräsidium aus den eigenen Reihen. Während der verschiedenen Fraktions- und Kommissionssitzungen werden die von den Klassen selbst eingegebenen Initiativen analysiert, diskutiert und es werden Empfehlungen und/oder Gegenvorschläge entworfen. Als Höhepunkt findet eine Nationalratssitzung im Nationalratssaal des Bundeshauses statt während der die Initiativen zur Schlussabstimmung kommen. Die Nationalratssitzung wird dabei vollständig durch die Jugendlichen geleitet und durchgeführt. Einzig die Rolle der Vertretung des Bundesrats wird durch ein ehemaliges Mitglied des Bundesrats oder des Nationalrats übernommen. Die Projektwoche selbst legt also den Fokus auf die parlamentarischen Prozesse.

Neben diesen Programmpunkten zum Planspiel finden verschiedene Exkursionen in Bern statt. Die Klassen erhalten dabei eine politische Stadtführung, die eigens für «Schulen nach Bern» ent-

195 wickelt wurde, sie erforschen das Bundeshaus und diskutieren ihre Volksinitiative und ihre Anliegen mit einer Parlamentarierin oder einem Parlamentarier ihres Heimatkantons, und sie besuchen eine Botschaft eines anderen Landes, um einen Vergleich zwischen dem politischen System der Schweiz und einem anderen politischen System ziehen zu können.

Auch bei «Schulen nach Bern» verknüpfen die Schülerinnen und Schüler somit aktive Kommunikations- und Handlungsprozesse mit theoretischem Wissen. Die positive Wirkung auf Motivation und Lerneffekt steht auch hier im Vordergrund. Die Erfahrungen, die die Schülerinnen und Schüler dabei machen, sollen ihnen helfen, das Konzept und die Regeln der demokratischen Staatsordnung und des Rechtsstaates zu verstehen. Sie sollen auch Entscheidungen und Vorgehensweise von politischen Parteien, Politikerinnen und Politikern oder Interessengruppen besser einordnen können. Zudem lernen sie, Verhandlungs- oder Argumentationsmuster zu erkennen und einzuordnen (vgl. Raiser et al. 2015). Begleitend zur Simulation wurde ein eigenes Lehrmittel entwickelt, an dem sich die Lehrpersonen, aber auch die Schülerinnen und Schüler orientieren können. Es soll dabei vor allem in der Vor- und Nachbereitung der Projektwoche im Einsatz stehen.

Erfahrungswerte in der Durchführung von Simulationen

In den nun über vier Jahren, seitdem das ZDA politische Simulationen durchführt, haben mehrere tausend Jugendliche und junge Erwachsene an den verschiedenen Simulationen teilgenommen. Der Ablauf der Simulationen wurde in dieser Zeit konstant verbessert. Grössenteils sind die Rückmeldungen der Jugendlichen als auch der involvierten Lehrkräfte sehr positiv. Dies zeigt sich auch daran, dass die meisten Schulen, welche eine Simulation durchgeführt haben, in den Folgejahren die Übung wiederholen wollten.

KOMMUNIKATIONSKOMPETENZEN ALS GRUNDBEDINGUNG

Die Erfahrung zeigt jedoch, dass für eine erfolgreiche Durchführung einer Simulation gewisse Grundbedingungen erfüllt sein müssen. Simulationen hängen von der Eigeninitiative der Jugendlichen ab, da

POLITIKSIMULATIONEN ZUR VERMITTLUNG
VON POLITISCHEN KOMPETENZEN

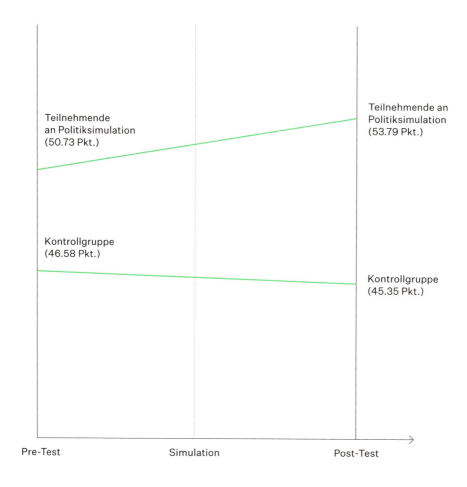

Abb. 1
Entwicklung der Schülerleistungen in Wissensfragen vor und nach dem Simulationsspiel.

das Simulationsgeschehen von den Handlungen der Jugendlichen beeinflusst wird. Daher ist es elementar, dass die Teilnehmenden bereits über gewisse Grundkompetenzen verfügen. Dazu zählen insbesondere Kommunikationsfähigkeiten. So sollten die Teilnehmenden in der Lage sein, vor anderen Personen zu sprechen und auf Argumente anderer zeitnah zu reagieren und einzugehen. Häufig sind diese Kompetenzen vorhanden, jedoch bedarf es ein paar mutiger Vorreiter, welche das Eis brechen, damit sich eine grössere Anzahl Teilnehmender traut, zum Simulationsgeschehen beizutragen. Falls man schon abschätzen kann, dass die Kommunikationsfähigkeiten vieler Teilnehmenden zu tief sind, lohnt es sich, vor der Simulation Zeit zu investieren, um die Jugendlichen mit spezifischen Übungen auf die für sie ungewohnte Situation vorzubereiten. Dies setzt jedoch voraus, dass die Simulationsleitung über eine gewisse Erfahrung im Umgang mit Jugendlichen hat und im Bedarfsfall das Niveau der Simulation anpassen kann und adressatengerecht durch den Tag führt.

MANGELNDE FINANZIELLE RESSOURCEN
Simulationen sind kostenintensive Lehrveranstaltungen. Allein die Konzeption der Themen und das Erstellen von Rollenprofilen, Handbüchern und anderen Materialien ist enorm zeitaufwendig, was sich wiederum bei den benötigten finanziellen Ressourcen bemerkbar macht. Hinzu kommt der Organisationsaufwand, um Räume zu buchen, Materialien zu drucken und Unklarheiten bei allen Beteiligten zu klären. Zudem werden Simulationen im Regelfall nicht von den Lehrpersonen durchgeführt, sondern von einer spezifisch dafür ausgebildeten Simulationsleitung. Je nach Grösse der Gruppe sind dafür zwei bis drei Personen nötig, die selbstverständlich für ihren Aufwand entschädigt werden müssen, was einen erheblichen Kostenfaktor darstellt. Die Kosten, welche insgesamt anfallen, übersteigen oftmals die finanziellen Möglichkeiten von Schulen, weshalb man auf externe Sponsoren angewiesen ist. Dies benötigt wiederum zeitliche Ressourcen. Da das Zielpublikum der Simulationen zumeist Schülerinnen und Schüler der Volksschule sind, können externe Mittel zudem nur von Organisationen stammen, welche nicht den Anschein erwecken, politische oder wirtschaftliche Ziele zu verfolgen. Die Ausbildung in der Volksschule hat politisch neutral zu sein und die Bundesverfassung hält fest, dass der Staat eine ausreichende und unentgeltliche Grundschulbildung finanziert. Dies macht privatwirtschaftliches Sponsoring

korrekterweise rechtlich schwierig und ethisch fragwürdig. Es führt
jedoch auch dazu, dass die Finanzierung von Veranstaltungen wie Simulationen oftmals verunmöglicht wird. In der Tat ist es wiederholt
vorgekommen, dass an interessierten Schulen ein Simulationsvorhaben aufgrund mangelnder finanzieller Ressourcen nicht umgesetzt
werden konnte.

EFFEKTE VON SIMULATIONEN
Ob und in welchem Ausmass Simulationen die gewünschten Effekte erzielen, ist bisher wenig erforscht. Um diese Forschungslücke zu
schliessen, wurden die Effekte von «Politik.Macht.Gesetz» auf das politische Wissen von Jugendlichen wissenschaftlich analysiert (Zamora 2017). Jugendliche der Alten Kantonsschule Aarau mussten dazu
einen eigens konstruierten Test zu zwei verschiedenen Zeitpunkten
lösen. Kurz nach dem ersten Testzeitpunkt durften die etwa 350 Jugendlichen der dritten Gymnasialstufe an einer Simulation teilnehmen. Drei Monate später mussten die teilnehmenden Jugendlichen
den gleichen Test ein zweites Mal lösen. Der Vergleich der Resultate
dieser zwei Testinstanzen ermöglicht es zu analysieren, ob bei den
Jugendlichen ein Lernzuwachs festzustellen ist. Um auszuschliessen,
dass etwaige andere Faktoren zu höherem politischem Wissen geführt
haben, wurde zudem eine sogenannte Kontrollgruppe in die Analyse
integriert. Diese Gruppe weist bezüglich Alter, Schulerfahrung und
soziokulturellem Hintergrund eine ähnliche Durchmischung auf wie
die Gruppe von Jugendlichen, die bei der Simulation mitgemacht hat.
Die Kontrollgruppe musste im gleichen Abstand wie die Experimentalgruppe ebenfalls zu zwei verschiedenen Zeitpunkten den Wissenstest ausfüllen. Jedoch nahmen die Jugendlichen in der Kontrollgruppe
nicht an einer Simulation teil. Die Annahme ist, dass die Leistung der
Kontrollgruppe konstant bleiben müsste, also kein Lernzuwachs feststellbar ist. Hingegen sollte bei der Experimentalgruppe ein Effekt
nachweisbar sein. In diesem Fall könnte man festhalten, dass «Politik.Macht.Gesetz» zu einem positiven Wissenszuwachs führt.

    Diese Annahmen zeigen sich in Abbildung 1 bestätigt. Die Jugendlichen, die an der Simulation teilgenommen haben, zeigen tatsächlich eine verbesserte Leistung in den Wissensfragen nach der
Simulation. Für die Kontrollgruppe zeigt sich sogar, dass die durchschnittliche Testleistung abnimmt – was oft der Fall ist, da sich beim
zweiten Test häufig die Testmotivation verringert. Dies lässt den

Schluss zu, dass Politiksimulationen in der Tat positive Effekte auf das politische Wissen von Jugendlichen haben können und dass «Politik. Macht.Gesetz» erfolgreich eingesetzt werden kann, um die politischen Kompetenzen von Jugendlichen zu fördern. Neben einem Wissenszuwachs konnte ebenfalls festgestellt werden, dass die Simulationen auch positive Effekte auf das politische Interesse und die Motivation von Jugendlichen hatten, später selbst politisch aktiv zu werden. Zudem bewerteten die meisten Jugendlichen die Lernerfahrung als positiv (siehe auch Zamora 2017).

Fazit

Die Politische Bildung in den Schweizer Schulen steckt noch in den Kinderschuhen. Der Lehrplan 21, welcher voraussichtlich in der gesamten Deutschschweiz eingeführt wird, führt nun dazu, dass das Fach eine grössere Beachtung findet. Im Zuge dessen sind in den letzten Jahren verschiedene neue Schulmedien erschienen, welche für den Unterricht der Politischen Bildung verwendet werden können. Als Ergänzung zu den Lehrmitteln braucht es aber auch andere, innovative methodische Zugänge zur Politischen Bildung. Eine solche, vielversprechende Methode sind Politiksimulationen.

Die bisherigen Erfahrungen mit politischen Simulationen am ZDA sind fast durchwegs positiv. Abgesehen von den Lerneffekten, welche erzielt werden können, gilt es vor allem herauszustreichen, dass die meisten Jugendlichen die Teilnahme an den vom ZDA angebotenen Simulationen als bereichernd und interessant bewerten. Dies ist ein wichtiger Aspekt, da Jugendliche politische Themen oft als eher trocken und zu einem gewissen Grad auch langweilig wahrnehmen. Simulationen haben die Eigenschaft, dass sie den Jugendlichen eine Abwechslung zum Schulalltag bieten und ihnen die Möglichkeit geben, auf eine ungewohnte Weise neue Fähigkeiten zu erlangen.

LITERATUR

Denham, André R.; Mayben, Robert; Boman, Terri: Integrating Game-Based Learning Initiative: Increasing the Usage of Game-Based Learning Within K-12 Classrooms Through Professional Learning Groups. In: TechTrends 60 (2016), 70–76.

Garris, Rosemary; Ahlers, Robert; Driskell, James A.: A Research and Practice Model. In: Simulation & Gaming 33 (2002), 441–467.

Gilmore, J. Bernard: Play: A Special Behavior. In: Herron, R. E.; Sutton Smith, B. (Hg.): Child's Play. Wiley/New York (1971), 343–355.

Oberle, Monika; Leunig, Johanna: Wirkungen politischer Planspiele auf Einstellungen, Motivationen und Kenntnisse von Schülerinnen und Schülern zur Europäischen Union. In: Ziegler, Béatrice; Waldis, Monika (Hg.): Politische Bildung in der Demokratie: Interdisziplinäre Perspektiven. Wiesbaden 2018, 213–237.

Raiser, Simon; Warkalla, Björn: Planspiele zur internationalen und globalen Politik. In: Petrik, Andreas; Rappenglück, Stefan (Hg.): Handbuch Planspiele in der politischen Bildung, Politik und Bildung. Schwalbach/Ts. 2017, 137–145.

Raiser, Simon; Schneider, Annegret; Warkalla, Björn: Simulating Europe: Choosing the Right Learning Objectives for Simulation Games. In: European Political Science 14/3 (2015), 228–240.

Wright-Maley, Cory: On «Stepping Back and Letting Go»: The Role of Control in the Success or Failure of Social Studies Simulations. In: Theory & Research in Social Education 43 (2015), 206–243.

Zamora, Patrik: Political Simulation Games in Civic Education. Dissertation Universität Zürich, 2017.

Testen Sie Ihr Wissen: Fragen aus dem Einbürgerungstest des Kantons Aargau

Um die Schweizer Staatsbürgerschaft zu erlangen, müssen verschiedene Bedingungen erfüllt werden. Zusätzlich zu den Grundvoraussetzungen wie Niederlassungsbewilligung und Aufenthaltsdauer muss der Nachweis erbracht werden, über genügend sprachliche und staatsbürgerliche Kenntnisse zu verfügen. Neben einer mündlichen Prüfung auf Gemeindeebene, beinhaltet das Verfahren um ordentliche Einbürgerung im Kanton Aargau einen schriftlichen Staatsbürgerlichen Test. Diese standardarisierte Prüfung folgt der Multiple-Choice-Methode und deckt verschiedene politische Themenbereiche ab: a) Demokratie, Rechtsstaat und Föderalismus, b) Sozialstaat und Zivilgesellschaft, c) Geschichte. Insgesamt besteht der Fragekatalog aus gut 330 Fragen. Davon müssen 45 Fragen, welche von einem Zufallsgenerator gestellt werden, beantwortet werden. Der gesamte Fragekatalog kann online eingesehen werden. Dies ermöglicht eine faire Vorbereitung auf die Prüfung.

Die Fragen für den Staatsbürgerlichen Test wurden am Zentrum für Demokratie erarbeitet und nach wissenschaftlichen Kriterien an über 400 Berufsschülerinnen und Berufsschülern getestet.

FRAGEN AUS DEM EINBÜRGERUNGSTEST DES KANTONS AARGAU

1 Was ist die Zauberformel?
- A eine Vereinbarung über die Vertretung der vier grössten Parteien im Bundesrat
- B eine Vereinbarung über die Mindestanzahl von Frauen im Bundesrat
- C ein Verfahren zur Verteilung der Parlamentssitze auf die Parteien
- D eine Festlegung zur Reihenfolge der Rednerinnen und Redner im Parlament

2 Wann gilt eine Initiative als angenommen?
- A bei Ständemehr
- B bei Volksmehr
- C bei Volks- und Ständemehr
- D bei Volksmehr sowie mindestens einem Drittel der Stände

3 Was versteht man unter «Föderalismus»?
- A Gemeinden, Kantone und Bund übernehmen die gleichen Aufgaben.
- B Die Kantone fördern und helfen sich gegenseitig.
- C Alle Staatsaufgaben übernehmen die Kantone und sprechen sich untereinander ab.
- D Die Kantone sind souverän, soweit ihre Hoheit nicht durch die Bundesverfassung beschränkt ist.

4 Was ist die Funktion des nationalen Finanzausgleichs?
- A Der Transfer von Steuergeldern von Kantonen mit hohen Steuersätzen zu Kantonen mit tiefen
- B Die Milderung der Unterschiede bei der finanziellen Leistungsfähigkeit der einzelnen Kantone
- C Der Ausgleich der Steuerlast zwischen dem Bund, den Kantonen und den Gemeinden
- D Die Transferzahlungen an die Nationalbank

5 Können Entscheide des Bundesgerichts angefochten werden?
- A Nein. Das Bundesgericht ist in jedem Fall die oberste Instanz für Gerichtsurteile.
- B Ja. Kantonale Gerichte können Entscheide des Bundesgerichts rückgängig machen.
- C Zum Teil. Entscheide zu Menschenrechtsverletzungen können am Europäischen Gerichtshof für Menschenrechte beurteilt werden.
- D Ja. Die meisten Entscheide können am Europäischen Gerichtshof in Brüssel beurteilt werden.

6 Was ist der Unterschied zwischen einer Gemeindeversammlung und einem Einwohnerrat?

A Der Einwohnerrat ist die Judikative einer Gemeinde und der Einwohnerrat ist die Legislative.
B Der Einwohnerrat ist die Exekutive einer Gemeinde und die Gemeindeversammlung die Legislative.
C Der Einwohnerrat ist das Parlament einer grösseren Gemeinde und die Gemeindeversammlung gibt es in kleinen Gemeinden.
D Es gibt keinen Unterschied. Es handelt sich um das Gleiche.

7 Ab wann ist man in der Schweiz steuerpflichtig?
A mit 20 Jahren – da dann im Normalfall die Lehre abgeschlossen ist
B mit 18 Jahren – da man in der Schweiz dann als volljährig gilt
C von Geburt an – im Normalfall aber bei ersten Einkünften aus einer Erwerbstätigkeit
D beim Abschluss der Lehre oder Ausbildung – da man in die Arbeitswelt eintritt

8 Ab wann muss ein Kind in der Schweiz eine Krankenversicherung haben?
A ab spätestens einem Jahr nach der Geburt
B ab Schuleintritt
C ab spätestens drei Monaten nach der Geburt
D ein Kind brauch keine eigene Krankenversicherung

9 Wo liegt das ordentliche Rentenalter der Schweiz?
A 64 Jahre bei Frauen und Männern
B 65 Jahre bei Frauen und Männern
C 64 Jahre bei Frauen und 65 Jahre bei Männern
D 63 Jahre bei Frauen und 64 Jahre bei Männern

10 Welche Aussage zum Mutterschaftsurlaub in der Schweiz ist FALSCH?
A Der Mutterschaftsurlaub beträgt 14 Wochen.
B Normale Ferien dürfen vom Arbeitgebenden nicht vom Mutterschaftsurlaub abgezogen werden.
C Der Mutterschaftsurlaub kann nur im Alter zwischen 20 und 50 Jahren bezogen werden.
D Jede erwerbstätige Frau hat Anrecht auf Mutterschaftsurlaub.

11 Womit wurden die Grundlagen der heutigen Beziehungen der Schweiz zur EU gelegt?
A mit der Zustimmung des Stimmvolkes zu den Bilate-

ralen Verträgen I im Jahr 2000

B mit der Ablehnung des EWR-Beitritts durch die Volksabstimmung im Jahr 1992

C mit dem Rückzug des Gesuchs für einen EU-Beitritt der Schweiz im Jahr 2016

D mit dem UNO-Beitritt der Schweiz im Jahr 2002

12 Was stellt die Grundlage für die Gleichstellung der Frauen mit den Männern in der Schweiz dar?

A die Wahl Elisabeth Kopps 1984 zur ersten Bundesrätin

B der Verfassungsartikel von 1981 zur Gleichheit von Männern und Frauen vor dem Gesetz

C die Aufhebung des Nachtarbeitsverbots für Frauen im Jahr 2000

D die Einführung der Fristenregelung für Abtreibungen durch Volksentscheid 2002

13 Weshalb musste das Schweizer Stimmvolk 1978 über die Schaffung eines neuen Kantons abstimmen?

A weil sich die anderen Kantone nicht einigen konnten

B weil die Schaffung eines neuen Kantons eine Änderung der Bundesverfassung verlangt

C weil der Kanton Bern nur noch deutschsprachige Bewohnerinnen und Bewohner wollte

D weil die Schweizer Regierung darüber keinen Entscheid fällen konnte

14 Die Filme «Die Schweizermacher» und «Die Reise der Hoffnung» behandeln Themen der ...

A Migrationspolitik.
B Verkehrspolitik.
C Gesundheitspolitik.
D Bildungspolitik.

15 Die Schweiz vertritt bei Konflikten zwischen Staaten deren Interessen und leistet so ...

A eine Mediation.
B Gute Dienste.
C Nothilfe.
D politische Unterstützung.

16 Wie viele Prozent der Schweizer Wohnbevölkerung wohnt in Städten?

A 55 %
B 84 %
C 23 %
D 58 %

Richtige Antworten
1A, 2C, 3D, 4B, 5C, 6C, 7C, 8C, 9C, 10C, 11A, 12B, 13B, 14A, 15B, 16B

Schweizer Gemeindedemokratie zwischen Gemeinschaft und Wettbewerb

Philippe E. Rochat,
Oliver Dlabac

207 Die Schweiz verfügt traditionell über eine kleinräumige Gemeindelandschaft, wobei die politischen Gemeinden unabhängig von ihrer Grösse weitreichende Kompetenzen und Aufgaben übernehmen. Darunter fallen die Bestimmung des Steuersatzes, die politische und administrative Organisation, das Schulwesen, die Sozialhilfe, die öffentliche Sicherheit, die Raumplanung und die öffentliche Infrastruktur. Um diese Fülle an Aufgaben zu bewältigen, stellen die meisten Gemeinden seit jeher auf das Milizprinzip ab. Während grosse Gemeinden oftmals über hauptamtliche Exekutivmitglieder und ausgebaute Verwaltungsapparate verfügen, wird die kommunale Selbstverwaltung in kleinen und mittelgrossen Gemeinden zu einem guten Teil durch die Bürgerinnen und Bürger selbst erbracht. Diese engagieren sich neben ihrem Beruf ehrenamtlich in der Gemeindeexekutive und in verschiedenen Kommissionen (Schule, Finanzen, Bau, Soziales) und entlasten damit die Gemeindeverwaltung. Auch in der politischen Organisation unterscheiden sich grössere von kleineren Gemeinden. Grössere Gemeinden und Städte verfügen eher über Gemeindeparlamente und ausgebaute lokale Parteistrukturen, während die Legislative insbesondere in kleineren Gemeinden der Deutschschweiz grossmehrheitlich durch die versammelte Bürgerschaft, die Gemeindeversammlung, wahrgenommen wird und lokale Parteistrukturen oftmals gänzlich fehlen.

Können wir angesichts dieser Unterschiede in der Organisationsform Schlüsse ziehen zur Qualität der Demokratie in kleineren und grösseren Gemeinden? Sicherlich können wir festhalten, dass die Strukturen in kleinen Gemeinden auf eine starke direkte Bürgerbeteiligung angewiesen sind und eine unmittelbare Debatte zwischen Bürgerinnen und Bürgern begünstigen, während die Strukturen insbesondere in Städten stärker auf die Repräsentation der Stimmbevölkerung abstellen – wobei im Schweizer Kontext auch hier auf die vorhandenen direktdemokratischen Mitwirkungsmöglichkeiten (Initiativen, Referenden) hingewiesen werden muss. Allerdings kann eine Beurteilung der Demokratiequalität keinesfalls nur auf den institutionellen Möglichkeiten zur Mitwirkung und Repräsentation beruhen. Noch wichtiger ist die Frage, inwieweit diese Möglichkeiten auch effektiv genutzt werden.

Tatsächlich wird in der internationalen Forschung davon ausgegangen, dass die Demokratiequalität wesentlich von der Gemeindegrösse abhängig ist. Dabei werden aber konträre Thesen vertreten.

Sidney Verba und seine Co-Autoren (Verba und Nie 1972, Verba et al. 1978) fassen diese als Zerfalls- und Mobilisierungsthese zusammen. Die Zerfallsthese geht davon aus, dass sich die Grösse einer Gemeinschaft negativ auf die Demokratie einer Gemeinde auswirkt, weil die in kleinen Gemeinden vorgefundene politische Gemeinschaftlichkeit mit zunehmender Gemeindegrösse zerfällt. Kleinere Gemeinden in ländlicheren Gebieten verfügen über eine homogenere Bevölkerungsstruktur, die Menschen kennen einander, sind besser informiert über die Politik ihrer Gemeinde, haben persönlichen Kontakt zu politischen Amtsträgern und weisen insgesamt einen stärkeren sozialen Zusammenhalt auf. Die Kleinheit der Gemeinde wirkt sich dementsprechend positiv auf die Bereitschaft zum politischen Engagement aus. Kritiker dieser These bemängeln, dass in kleineren, intimen Gemeinden die Gefahr besteht, dass Neuzugezogene oder Outsider an den Rand gedrängt werden und dass es eine stärkere soziale Kontrolle und sozialen Druck gibt. Somit liesse sich für kleinere Gemeinden eine stärkere Beteiligung an der Gemeindepolitik vorhersagen, bei allfälliger Beeinträchtigung der politischen Repräsentation und der politischen Debatte.

Demgegenüber betont die Mobilisierungsthese die positiven Effekte der zunehmenden Bevölkerungsgrösse auf die Demokratie in der Gemeinde. In grösseren, oft städtischen Gemeinden gibt es eine verstärkte – auch mediale – politische Kommunikation, mehr unterschiedliche Personen mit unterschiedlichen Interessen und mehr politische Gruppierungen, bei denen die einzelnen Bürgerinnen und Bürger Unterstützung durch Gleichgesinnte finden. Dies schafft ein mobilisierendes Umfeld und politischen Wettbewerb. Andererseits sind die Bindungen zur Gemeinde schwächer, die Anonymität ist grösser und es gibt mehr Misstrauen und Konflikte. Entsprechend kann für grössere Gemeinden zwar nicht zwingend von einer breiten politischen Beteiligung für kommunale Anliegen ausgegangen werden, jedoch dürften politische Diskussionen intensiver ausfallen und die politische Repräsentation dürfte auf einem stärkeren politischen Wettbewerb zwischen einer Vielzahl von Bürgergruppierungen und Parteien basieren.

Stehen sich also einerseits kleine ländliche Gemeinden mit einer engagierten politischen Gemeinschaft und andererseits grosse städtische Gemeinden mit lebhafter politischer Debatte und politischem Wettbewerb gegenüber? Kann das für die Schweiz so pauschal gesagt werden und wie positioniert sich dann die Vielzahl mittelgrosser Gemeinden, die weder als ganz städtisch noch als ganz ländlich bezeichnet werden können? Wie präsentieren sich die politische Beteiligung und Debatte, wenn grössere Gemeinden auf das Versammlungssystem setzen? Welche Rolle spielen neue, alternative Partizipationsverfahren? Wie steht es um das gesellschaftliche Engagement in kleinen, ländlichen Gemeinden, wenn es um die Besetzung der politischen Ämter geht? Was geschieht mit der Beteiligung und Repräsentation, wenn sich eine Gemeinde durch eine Fusion auf einen Schlag vergrössert?

Diesen Fragen wollen wir im vorliegenden Beitrag nachgehen, indem wir Bezug nehmen auf Studien des Zentrums für Demokratie Aarau (ZDA), das sich neben vielen anderen lebensweltlichen Fragen zur Demokratie mit der Untersuchung unserer ausgebauten, etablierten Gemeindedemokratien beschäftigt. Unser Beitrag ist in drei Blöcke aufgeteilt: Zunächst präsentieren wir die Befunde zur Beteiligung und Diskussion an Gemeindeversammlungen in städtischen und dörflichen Gemeinden. Im zweiten Teil beleuchten wir die Beteiligung und den politischen Wettbewerb bei der Besetzung der Gemeindeexekutiven am Beispiel des Kantons Aargau. Der dritte Teil schliesslich widmet sich Gemeindefusionen und deren Folgen für die lokale Demokratie, bevor wir abschliessend ein Fazit zum heutigen Zustand der Demokratie in dörflichen und städtischen Kontexten ziehen.

Bürgerbeteiligung und Diskussion an Gemeindeversammlungen

Die Schweizer Gemeinden kennen im Prinzip zwei Formen zur demokratischen Organisation ihrer Gemeinschaft: die Gemeindeversammlung und das Gemeindeparlament.[1] Vor allem in der Deutschschweiz steht es den meisten Gemeinden frei, ob sie sich gemäss dem Versammlungs- oder dem Parlamentsmodell organisieren wollen. In der Tendenz kann gesagt werden, dass mittlere und kleinere Gemeinden auf das Versammlungssystem vertrauen, wobei es auch relativ grosse Versammlungsgemeinden mit über 20 000 Einwohnerinnen und Einwohnern gibt.

Das Versammlungssystem wird vor allem deshalb hochgeschätzt, weil es eine aktive Teilnahme über die reine Stimmabgabe hinaus erlaubt. Denn anders als zum Beispiel an der Urne können die versammelten Stimmberechtigten nicht nur «Ja» oder «Nein» zu einem Antrag sagen. Stattdessen können vorgelegte Anträge auch diskutiert, abgeändert, erweitert oder zur grundlegenden Überarbeitung zurückgewiesen werden. Auf Kritik stösst das Versammlungssystem demgegenüber in erster Linie wegen der tiefen Beteiligung. So zeigen zwei Studien des ZDA, dass die durchschnittliche Beteiligung im Kanton Aargau bei nur rund neun Prozent (Rochat 2018) und im Kanton Zürich bei nur rund fünf Prozent (Kübler und Rochat 2009) liegt. Tatsächlich entscheidet also jeweils nur eine Minderheit der Stimmberechtigten über Dinge, die für die ganze Gemeinschaft verbindlich sind.

Die durchschnittlichen Teilnahmequoten, aber auch die aktive Teilnahme in den Versammlungen, unterscheiden sich systematisch zwischen den Gemeinden. Dörfliche, parteipolitisch homogene Gemeinden mit einer eher lokalen Wirtschaft weisen signifikant höhere durchschnittliche Teilnahmequoten auf als städtische Gemeinden mit einer grösseren parteipolitischen Vielfalt und einer eher überlokalen Wirtschaftsstruktur. Eindrücklich zeigt sich dies, wenn die durchschnittliche Beteiligung der Bevölkerungsgrösse gegenübergestellt wird (Abbildung 1, linke Seite).

Der genau gegenteilige Effekt wird ersichtlich, wenn nicht einfach nur auf den Anteil anwesender Stimmberechtigter, sondern auf die aktive Teilnahme in den Versammlungen Bezug genommen wird. Tatsächlich werden in dörflichen, homogenen Gemeinden mit einer lokalen Wirtschaft weniger Anträge zur Sache (Abänderungs- und Ergänzungsanträge) eingereicht als in urbanen Gemeinden mit ihrer heterogenen Bevölkerung und ihrer parteipolitischen Vielfalt. In diesen Gemeinden treffen vermehrt unterschiedliche Interessen aufeinander und es besteht eher das Bedürfnis, die verschiedenen Meinungen in den Prozess der Entscheidungsfindung einzubringen. Dies zeigt sich nicht zuletzt in der Gegenüberstellung der durchschnittlichen Anzahl eingereichter Anträge mit der Bevölkerungsgrösse (Abbildung 1, rechte Seite). Der Besuch der Gemeindeversammlung hat in dörflichen Gemeinden somit verstärkt die Bedeutung einer gesellschaftlichen Zusammenkunft. Demgegenüber nehmen in grossen, urbanen Gemeinden zwar weniger Personen teil, jedoch fördern die unterschiedlichen Interessen die aktive Debatte und das Einreichen von Anträgen.

211　Insgesamt können die Behörden nur in beschränktem Ausmass aktiv zu einer höheren Beteiligung beitragen. Ein Experiment des ZDA in Richterswil (ZH) (Haus et al. 2016, Rochat 2018) zeigt, dass weder die Verschiebung des Versammlungstags auf das Wochenende noch Innovationen in der Vorabinformation oder der Wechsel von der offenen zur geheimen Stimmabgabe zu einer signifikant höheren individuellen Teilnahmewahrscheinlichkeit führen. Ebenso lassen sich die Stimmberechtigten nicht durch das Verteilen eines Geschenks ködern. Im Gegenteil hat dies sogar negative Folgen, weil die regelmässig Teilnehmenden in diesem Fall vermehrt fernbleiben. Wo die Behörden aber einen gewissen Spielraum haben, ist bei der Dauer der Versammlung. Denn die zeitlichen Kosten des Versammlungsbesuchs erscheinen als einer der Hauptgründe für die Nicht-Teilnahme. Die Behörden können versuchen, auf eine möglichst kurze Versammlung hinzuwirken. Dies darf aber nicht auf Kosten notwendiger Debatten gehen. Doch nicht nur die Behörden, sondern auch die Stimmberechtigten selbst können zu einer höheren Teilnahme beitragen. Das Experiment zeigt nämlich, dass sich nie oder nur selten Teilnehmende durch Personen aus ihrem nahen sozialen Umfeld zur Teilnahme motivieren lassen. Die Stimmberechtigten sind also aufgerufen, ihre nicht-teilnehmenden Familienangehörigen, Freunde und Bekannten zum gemeinsamen Versammlungsbesuch aufzufordern.

Insgesamt muss die tiefe Beteiligung nicht grundsätzlich ein Problem sein. Nicht nur steigt die Teilnahme bei besonders konfliktreichen Themen signifikant an (Rochat 2018), sondern die getroffenen Entscheidungen geniessen meist auch grosse Akzeptanz. Dies zeigt sich daran, dass in beiden Kantonen bei weniger als einem Prozent der gefassten Beschlüsse eine nachträgliche Urnenabstimmung verlangt wird. Als wichtiger Grund hierfür erscheint eben gerade die Möglichkeit der aktiven Teilnahme. Denn der direkte Austausch schafft Empathie und ein Verständnis für die verschiedenen in der Bevölkerung vorhandenen Meinungen. Damit können gemeinsame Lösungen erarbeitet werden, die mehr sind als die Summe von Einzelinteressen. Doch diese Funktion ist nicht alleine auf die Gemeindeversammlung beschränkt.

Die Untersuchungen des ZDA zeigen nämlich, dass neue Formen der Bürgerbeteiligung – sogenannte Mini-Publics wie Nachbarschaftsräte, Begleitgruppen, Quartierstammtische oder Diskussions- und Nutzerforen – in etablierten Demokratien wie der Schweiz ebenfalls ein Forum des aktiven Austauschs bieten, das zur Erarbei-

SCHWEIZER GEMEINDEDEMOKRATIE ZWISCHEN
GEMEINSCHAFT UND WETTBEWERB

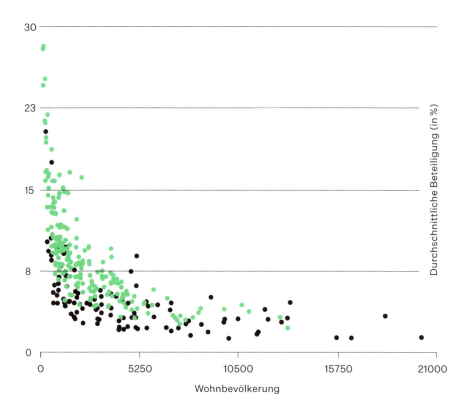

Abb. 1
Teilnahme und aktive Partizipation nach
Gemeindegrösse und Kanton.

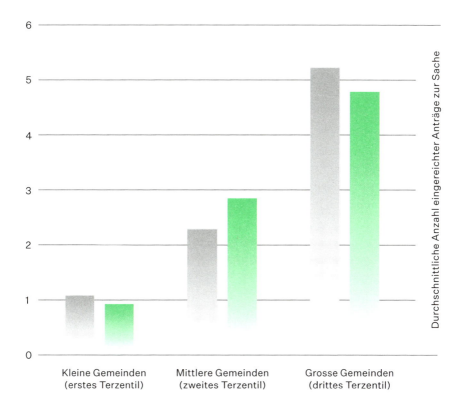

tung breit abgestützter und akzeptierter gemeinsamer Lösungen beiträgt (Kübler et al. 2015, Kübler et al. 2019). Mini-Publics sind denn auch weniger eine Reaktion auf Demokratiedefizite oder die wahrgenommene «Krise der Demokratie» – wie dies die internationale Literatur glauben macht –, sondern vielmehr pragmatische Instrumente zur Lösung von Problemen der Regierbarkeit. Damit stellen sie in der Schweiz nicht etwa eine Alternative, sondern eine Ergänzung zu den etablierten direktdemokratischen Instrumenten dar.

Bezeichnenderweise zeigen die Analysen, dass Mini-Publics vor allem in Gemeinden ohne Gemeindeversammlung eingeführt werden. Doch auch in Versammlungsgemeinden können Mini-Publics mithelfen bei der Suche nach der gemeinsamen Lösung. Sie bieten ein Diskussionsforum, das im Gegensatz zur Gemeindeversammlung auf ein einzelnes Thema beschränkt ist und in dem mehr Raum und Zeit für die Diskussion vorhanden ist. Mehr noch muss das Mini-Public keinen verbindlichen Entscheid treffen, womit der befürchtete soziale Druck der Versammlung aussen vor bleibt.

Herausforderungen an die politische Repräsentation

Unabhängig von der Frage, ob eine Gemeinde als Versammlungs- oder Parlamentsgemeinde organisiert ist, stellt die Wahl der Gemeindeexekutive ein zentrales Element der lokalen Demokratie dar. Sie bereitet die Sachgeschäfte vor, leitet die Gemeindeverwaltung und vertritt die Gemeinde nach aussen. Gerade in Versammlungsgemeinden ohne Parlament kommt der Gemeindeexekutive auch eine wichtige Repräsentationsfunktion zu. Die Wahl soll deshalb sicherstellen, dass das Stimmvolk angemessen vertreten ist.

Ähnlich wie Gemeindeversammlungen wegen ihrer tiefen Beteiligungsquoten immer wieder in der Kritik stehen, werden gelegentlich die niedrige Beteiligung an Wahlen oder die zunehmend unumstrittenen oder gar stillen Wahlen auf Gemeindeebene beklagt. Auch die neuste Gemeindeschreiberbefragung aus dem Jahr 2017 bestätigt den Befund, wonach in der Schweiz rund jede zweite Gemeinde Schwierigkeiten bekundet, geeignete Kandidatinnen und Kandidaten für die Gemeindeexekutive zu finden. Dabei wird das abnehmende Bürgerengagement mit einer Reihe gesellschaftlicher Entwicklungen in Verbindung gebracht: erhöhte Mobilität, abnehmende Identifikation mit der Gemeinde, gesteigerte Erwartungen im Beruf und in der Familie sowie eine höhere Gewichtung der individuellen Freizeit. Gleichzeitig wird auch auf den zunehmenden zeitlichen Aufwand sowie die zunehmende Komplexität der kommunalen Sachgeschäfte verwiesen, welche sich aus kantonalen und nationalen Vorgaben ergeben.

Während die Mobilisierungsthese einen ausgeprägten politischen Wettbewerb in Städten erwarten lässt, wäre in Dörfern von einer hohen Wahlbeteiligung im Sinn eines gemeinschaftlichen Akts auszugehen. Die skizzierten gesellschaftlichen Entwicklungen lassen aber eine solche einfache Gegenüberstellung als fragwürdig erscheinen. Hat das politische Engagement und damit auch die Wahlbeteiligung und der Wahlwettbewerb generell abgenommen, oder sind hiervon insbesondere Städte oder insbesondere Dörfer betroffen? Lässt sich möglicherweise eine Annäherung zwischen Städten und Dörfern feststellen, oder deuten die Entwicklungen vielmehr auf eine Verfestigung der Unterschiede hin?

Um die Entwicklungen rund um die kommunalen Wahlen objektiv erfassen zu können, wurde das ZDA mit einer Studie zum Kanton Aargau beauftragt (Dlabac et al. 2014). Im Gegensatz zu kantonalen und nationalen Wahlen sind – wie in den meisten Kantonen – zur Gemeindeebene keine zentral gelagerten Wahlergebnisse verfügbar. Auf der Grundlage von aufwendig erhobenen Wahlprotokollen von 1970 bis 2014 lassen sich die Wahlbeteiligung sowie umstrittene Gemeinderatswahlen über die Zeit nachzeichnen.

Es zeigt sich (Abbildung 2), dass die Wahlbeteiligung sowohl in städtischen Gemeinden (Zentren, suburbane Gemeinden) als auch in ländlich geprägten Gemeinden (Pendlergemeinden, agrar-gemischte Gemeinden) mit der Einführung des Frauenstimmrechts 1971 im Kanton Aargau drastisch abgenommen hat, was auf die Verdoppelung des Stimmvolkes sowie auf die Enthaltung von Frauen und Männern zurückzuführen sein dürfte. Ein weiterer leichter Rückgang setzte dann zunächst in den Zentren und suburbanen Gemeinden ein, erfasste dann aber auch die Gemeinden an den Rändern der Agglomerationen (periurbane Gemeinden, Pendlergemeinden), um sich dann aber unabhängig vom Gemeindetyp bei einer durchschnittlichen Beteiligung von 50 Prozent einzupendeln.

Deutliche Unterschiede und gegenläufige Trends zwischen Zentren und ländlichen Gemeinden im Kanton Aargau zeigen sich hinsichtlich des Wahlwettbewerbs (Abbildung 3). Waren unumstrittene Wahlen

SCHWEIZER GEMEINDEDEMOKRATIE ZWISCHEN GEMEINSCHAFT UND WETTBEWERB

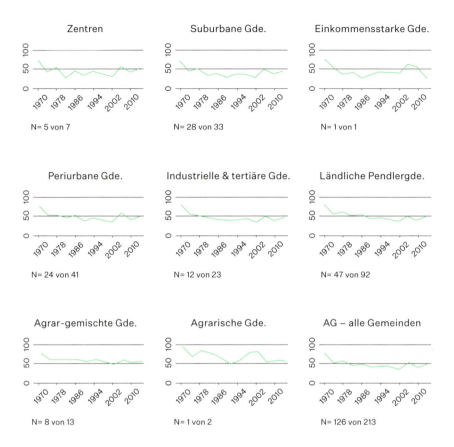

Abb. 2
Entwicklung der Wahlbeteiligung an Gemeinderatswahlen im Kanton Aargau, nach Gemeindetyp.

Abb. 3
Entwicklung des Gemeindeanteils mit unumstrittenen Gemeinderatswahlen im Kanton Aargau, nach Gemeindetyp.

in Zentren früher durchaus verbreitet, kam es 2014 in sämtlichen untersuchten Zentrumsgemeinden zu umstrittenen Wahlen. Umgekehrt beobachten wir an den Agglomerationsrändern (periurbane Gemeinden) und auf dem Land (Pendlergemeinden, agrar-gemischte Gemeinden) einen steilen Trend hin zu unumstrittenen Wahlen. In neun von zehn Wahlen in diesen Gemeinden fanden sich in den Wahlen von 2014 gerade mal so viele Kandidierende, wie Sitze zu vergeben waren. Das bedeutet auch, dass die Bürgerinnen und Bürger in den meisten ländlichen Gemeinden gar keine eigentliche Auswahl mehr haben, und dies zunehmend über mehrere Legislaturperioden hinweg. In städtischen Vorortgemeinden (suburbane Gemeinden) hingegen bleibt jede zweite Wahl umstritten, und zwar relativ konstant seit Anfang der 1980er-Jahre.

Für die abnehmende Bereitschaft, sich in ländlichen Gebieten für ein politisches Amt zur Verfügung zu stellen, ist eine Reihe von Faktoren von Bedeutung. Die Analyse zeigt, dass sich Gemeinden mit wiederholt unumstrittenen Wahlen durch besonders kleine Verwaltungsapparate und durch niedrige Entschädigungen an die ehrenamtlichen Amtsträger auszeichnen (Dlabac et al. 2015). Ganz besonders von Rekrutierungsproblemen betroffen sind nachweislich jene Gemeinden, welche an einer stark milizförmigen Gemeindeverwaltung festhalten und auf jegliche Verwaltungsreformen verzichtet haben. Dies gilt für die Besetzung der Gemeindeexekutive, aber auch für das gegebenenfalls stark ausgedehnte Kommissionswesen (Dlabac 2016). Hinzu kommt aber auch die abnehmende Bedeutung lokaler Parteistrukturen, was sich auch in der steigenden Anzahl parteiloser Mandatsträger zeigt (Dlabac et al. 2014).

Die Ergebnisse könnte man also dahingehend interpretieren, dass allgemeine Zerfallserscheinungen des politischen Engagements auch vor kleinen, ländlichen Gemeinden nicht Halt machen, hier aber die politische Repräsentation durch die gegebenen milizförmigen Strukturen stärker herausgefordert ist. Als Lösung für diese Gemeinden zeichnet sich die Einführung angemessen entschädigter Teilämter ab, kombiniert mit einer stärkeren Entlastung der Milizgremien durch eine Geschäftsleitung und durch die Gemeindeverwaltung – ein Modell, wie es im Kanton Luzern erprobt und in verschiedenen Kantonen nachgeahmt wird (Dlabac et al. 2015). Ein ähnlicher Effekt auf die Repräsentation kann aber auch durch die Zusammenlegung von Gemeinden und deren Verwaltungsapparaten erreicht werden, wie auch aus dem nachfolgenden Abschnitt hervorgehen wird.

219 Folgen von Fusionen für die lokale Demokratie

Der Effekt der Grösse einer Gemeinde auf die lokale Demokratie lässt sich nirgends direkter beobachten als bei einer Gemeindefusion. Im Zuge einer Fusion verändert sich die Grösse einer Gemeinde auf einen Schlag und eine neue Verwaltung wird aktiv. Die Stimmberechtigten haben sich nach der Fusion neu zu orientieren, es kommen neue politische Akteure hinzu und es ist nicht mehr klar, bei wem man seine Anliegen deponieren kann. Davon kurz- und mittelfristig nicht betroffen sind demgegenüber die sozialen Beziehungen zwischen den Stimmberechtigten (Koch und Rohner 2015).

Welchen Einfluss Fusionen auf die lokale Demokratie haben, ist am ZDA für den Kanton Tessin untersucht worden. Wie die Analyse der Gemeindewahlen von 1996 bis 2012 zeigt, hat die Teilnahme in fusionierten Gemeinden stärker abgenommen als in nicht fusionierten Gemeinden (Koch und Rochat 2017). Der Zusammenschluss zwischen einer kleinen und einer grossen Gemeinde geht vor allem für den kleinen Fusionspartner mit sehr vielen Veränderungen einher. Entsprechend kann in der kleinen Gemeinde nach einer Fusion eine signifikant stärkere Abnahme in der Wahlbeteiligung beobachtet werden. Dieser Effekt ist aber zeitlich beschränkt. Bereits bei der übernächsten Wahl erscheint das fusionierte System nicht mehr als neu und es können keine signifikanten Unterschiede mehr entdeckt werden.

Die Gemeindefusion beeinflusst aber nicht nur die Teilnahme, sondern auch das lokale Parteiensystem. Koch und Rohner (2015) verglichen deshalb die Tessiner Kommunalwahlen der Jahre 2000 und 2012 und fanden heraus, dass Gemeindefusionen zu einer Delokalisierung des Parteiensystems führen. Die Tessiner Gemeinden verfügen oftmals über ein eher lokales, gemeindespezifisches Parteiensystem mit unterschiedlichen kommunalen Parteigruppierungen und Listen sowie parteilosen Gemeinderätinnen und Gemeinderäten. Die Fusion mit einer anderen Gemeinde führt nun aber vermehrt dazu, dass diese lokalen Parteigruppen verschwinden.

Dabei ist zu beachten, dass das Ausmass der Delokalisierung des Parteiensystems stark mit der Bevölkerungsgrösse zusammenhängt. Je kleiner nämlich eine Gemeinde im Verhältnis zu den anderen, mit ihr fusionierten Gemeinden ist, desto einschneidender sind die Konsequenzen der Fusion auf das Parteiensystem. Zwicky und Kübler (2016) illustrieren dies in ihrem ZDA-Studienbericht zur

Fusion von Aarau und Rohr. Die Autoren halten fest, dass sich das Parteiensystem durch die Fusion lediglich für Rohr verändert hat, indem die stark vertretenen Parteilosen durch die etablierten Parteien verdrängt worden sind. Aus Sicht von Aarau sind demgegenüber keine politischen Gruppierungen verschwunden oder neu dazugekommen.

Zusammenfassend kann gesagt werden, dass die Fusionseffekte sowohl im Hinblick auf das Parteisystem als auch auf die Beteiligung insbesondere auf dem Gebiet der kleinen fusionierten Gemeinden spürbar sind. Indes ist der negative Effekt auf die Wahlbeteiligung zeitlich beschränkt. Zudem muss betont werden, dass es nach einer Fusion weniger stille Wahlen gibt. Die Stimmberechtigten haben also häufiger eine tatsächliche Auswahl, da sich mehrere Kandidatinnen und Kandidaten um ein öffentliches Amt bewerben. Diese grössere Auswahl geht allerdings auf Kosten lokalisierter Parteistrukturen, welche sich in grösseren, fusionierten Gemeinden weniger gut aufrechterhalten lassen.

Eine Massnahme, um die unerwünschten politischen Folgen einer Fusion abzufedern, besteht in der Einführung von Wahlkreisen. Zwicky und Kübler (2016) äussern sich dahingehend in ihrem ZDA-Studienbericht. Wahlkreise garantieren den neu dazugekommenen, kleineren Gemeinden eine gewisse Anzahl Sitze und damit eine angemessene Vertretung. Andererseits befürchten die Parteien vermehrte Rekrutierungsprobleme, da es schwierig sein dürfte, in allen Wahlkreisen genügend Personen zu einer Kandidatur zu motivieren. Auch ist mit höheren Kosten für politische Werbung zu rechnen. Es kommt hinzu, dass kleine Wahlkreise mit wenigen Sitzen die Repräsentation kleiner politischer Gruppierungen erschweren, womit wiederum die angestrebte Vielfalt der vertretenen politischen Strömungen beeinträchtigt wird. Gleichwohl ist die Einführung von Wahlkreisen zumindest für eine gewisse Übergangsfrist eine diskutierbare Massnahme. Die von Zwicky und Kübler (2016) interviewten Personen äussern sich denn auch positiv über ihre Erfahrungen im Umfeld der Gesamterneuerungswahlen 2009, als das Aarauer Stadtgebiet im Hinblick auf die beschlossene Fusion in zwei Wahlkreise aufgeteilt wurde. Bereits bei den nächsten Wahlen wurden die Wahlkreise wieder aufgelöst, was von den interviewten Personen als richtig erachtet wird.

Fazit

Die umfassende Beleuchtung der demokratischen Prozesse in Städten und Dörfern ermöglicht nun ein Fazit zum heutigen Zustand der lokalen Demokratie in der Schweiz. Es zeigt sich, dass sich nicht nur politische Strukturen, sondern auch die demokratische Praxis in Dörfern und Städten stark unterscheiden und in unterschiedlichem Ausmass von generellen gesellschaftlichen Entwicklungen betroffen sind. Gemeindeversammlungen bleiben in kleinen, ländlichen Gemeinden relativ gut besucht, wenn auch die politische Diskussion zu wünschen übrig lässt. In grösseren, städtischeren Gemeinden verhält es sich genau umgekehrt: tiefe Beteiligung, dafür lebhafte politische Diskussionen.

Während bezüglich der Wahlbeteiligung weder für Städte noch für Dörfer von einer Krise gesprochen werden kann, so leidet doch die politische Repräsentation in ländlichen Gemeinden überdurchschnittlich an der abnehmenden Bereitschaft von Bürgerinnen und Bürgern, sich in die lokalen Milizstrukturen einbinden zu lassen. Die Wahlbeteiligung ist denn auch bei Gemeindefusionen nur kurzfristig ein Thema, wohingegen der grösseren parteipolitischen Auswahl in der fusionierten Gemeinde die Verdrängung von stärker lokal verankerten Bürgergruppierungen entgegensteht. Insgesamt gibt es also mehr politische Gemeinschaft in Dörfern, andererseits mehr politischen Wettbewerb in Städten, wobei sich mittelgrosse Agglomerationsgemeinden bezüglich Gemeinschaft und Wettbewerb zwischen diesen beiden Polen positionieren.

Gleichzeitig zeigen die Befunde, dass Gemeinden bezüglich direkter Bürgerbeteiligung, politischer Diskussion und Wahlwettbewerb keineswegs dem Schicksal ausgeliefert sind. Neue Formen der Bürgerbeteiligung können in Ergänzung zur Gemeindeversammlung in Dörfern oder zu den direktdemokratischen und repräsentativen Institutionen in Städten eingesetzt werden. Milizstrukturen in kleinen ländlichen Gemeinden können gestrafft und administrativ entlastet werden. Und auch bei Gemeindefusionen kann die gesellschaftliche Verankerung vorübergehend durch Wahlkreise oder längerfristig durch Einbindung lokaler Kräfte in die etablierten Parteien sichergestellt werden.

ANMERKUNGEN

1 Lediglich in den Kantonen Appenzell Innerrhoden, Appenzell Ausserrhoden und Luzern gibt es Gemeinden, die weder über eine Versammlung noch über ein Parlament verfügen. Daneben haben einige Gemeinden im Kanton Graubünden sowohl ein Parlament als auch eine Gemeindeversammlung.

LITERATUR

Dlabac, Oliver: Lokale Autonomie und Milizprinzip unter veränderten Vorzeichen – Neue Modelle der Gemeinde- und Schulorganisation. In: Hangartner, Judith; Heinzer, Markus (Hg.): Gemeinden in der Schul-Governance der Schweiz – Steuerungskultur im Umbruch. Wiesbaden 2016, 125–145.

Dlabac, Oliver; Rohner, Andreas; Zenger, Thomas; Kübler, Daniel: Probleme der Milizorganisation der Gemeindeexekutiven im Kanton Aargau. In: Kübler, Daniel; Dlabac, Oliver (Hg.): Demokratie in der Gemeinde. Herausforderungen und mögliche Reformen. Zürich/Basel/Genf 2015, 35–57.

Dlabac, Oliver; Rohner, Andreas; Zenger, Thomas; Kübler, Daniel: Die Milizorganisation der Gemeindeexekutiven im Kanton Aargau. Rekrutierungsprobleme und Reformvorschläge. Studienberichte des Zentrums für Demokratie Aarau, Nr. 4. Aarau 2014.

Haus, Alexander; Rochat, Philippe E.; Kübler, Daniel: Die Beteiligung an Gemeindeversammlungen. Ergebnisse einer repräsentativen Befragung von Stimmberechtigten in der Gemeinde Richterswil (ZH). Studienberichte des Zentrums für Demokratie Aarau, Nr. 8. Aarau 2016.

Koch, Philippe; Rochat, Philippe E.: The Effects of Local Government Consolidation on Turnout: Evidence from a Quasi-Experiment in Switzerland. In: Swiss Political Science Review 23 (2017), 215–230.

Koch, Philippe; Rohner, Andreas: Der Effekt von Gemeindefusionen auf die lokale Demokratie. In: Kübler, Daniel; Dlabac, Oliver (Hg.): Demokratie in der Gemeinde. Herausforderungen und mögliche Reformen. Zürich/Basel/Genf 2015, 133–154.

Kübler, Daniel; Rochat, Philippe E.; Woo, Su Yun; van der Heiden, Nico: Strengthen Governability rather than Deepen Democracy: Why Local Governments Introduce Participatory Governance. In: International Review of Administrative Sciences (2019), First published online, January 22, 2019.

Kübler, Daniel; Rochat, Philippe E.; Koch, Philippe; van der Heiden, Nico: Vertiefung der Demokratie? Warum Schweizer Gemeinden neue Formen der Bürgerbeteiligung einführen. In: Kübler, Daniel; Dlabac, Oliver (Hg.): Demokratie in der Gemeinde. Herausforderungen und mögliche Reformen. Zürich/Basel/Genf 2015, 93–111.

Kübler, Daniel; Rochat, Philippe E.: Sind Gemeindeversammlungen noch zeitgemäss? Überlegungen anhand einer Umfrage im Kanton Zürich. In: statistik.info 15 (2009), 1–17.

Rochat, Philippe E.: Versammlungsdemokratie realistisch betrachtet: Die Gemeindeversammlungen in der Schweiz. Dissertation Universität Zürich, 2018.

Verba, Sidney; Nie, Norman H.; Kim, Jae-on: Participation and Political Equality. A Seven-Nation Comparison. Chicago/London 1978.

Verba, Sidney; Nie, Norman H.: Participation in America. Political Democracy and Social Equality. Chicago/London 1972.

Zwicky, Roman; Kübler, Daniel: Demokratie nach Gemeindefusionen. Eine Fallstudie in der Stadt Aarau. Studienberichte des Zentrums für Demokratie Aarau, Nr. 6. Aarau 2016.

Autorinnen und Autoren

Tarik Abou-Chadi ist Assistenzprofessor für Direkte Demokratie und Politische Partizipation in der Abteilung Allgemeine Demokratieforschung am ZDA und am Institut für Politikwissenschaft der Universität Zürich. Er studierte Sozialwissenschaften an der Humboldt-Universität zu Berlin sowie der Université Libre de Bruxelles und der New York University. An der Humboldt-Universität promovierte er in Politikwissenschaft zum Einfluss von politischem Wettbewerb auf den politischen Wandel. Seine aktuelle Forschung konzentriert sich auf die Veränderung der Parteienpolitik in Westeuropa und dabei vor allem auf den Aufstieg populistischer Parteien sowie die Krise etablierter Parteien.

Corsin Bisaz ist wissenschaftlicher Mitarbeiter am Centre for Research on Direct Democracy (c2d) am ZDA und Lehrbeauftragter an der FernUni Schweiz. Er hat an der Universität Zürich Politik- und Rechtswissenschaft studiert und im Bereich des Völkerrechts promoviert. In seiner Habilitationsschrift untersucht er die Regelungen direktdemokratischer Verfahren in der Schweiz und entwickelt einen neuen Ansatz zu deren rechtswissenschaftlicher Erfassung. Zu seinen aktuellen Forschungsinteressen gehören neben den politischen Rechten auch Fragen des Sprachenrechts und des Öffentlichen Verfahrensrechts.

Nadja Braun Binder ist Assistenzprofessorin für Öffentliches Recht unter besonderer Berücksichtigung europäischer Demokratiefragen in der Abteilung c2d am ZDA und an der Rechtswissenschaftlichen Fakultät der Universität Zürich. Sie hat Rechtswissenschaft an der Universität Bern studiert und ebendort promoviert. Sie habilitierte sich 2017 an der Deutschen Universität für Verwaltungswissenschaften Speyer und erhielt die Lehrbefähigung für die Fächer Öffentliches Recht, Europarecht, Finanz- und Steuerrecht sowie Verwaltungswissenschaft. Sie ist Schriftleiterin des Jahrbuchs für direkte Demokratie, das im Nomos Verlag erscheint. Zu ihren aktuellen Forschungsschwerpunkten zählen Rechtsfragen in Zusammenhang mit direkter Demokratie und Populismus sowie die Digitalisierung in Staat und Verwaltung.

Oliver Dlabac ist wissenschaftlicher Projektleiter in der Abteilung Allgemeine Demokratieforschung am ZDA und Lehrbeauftragter an der Universität Zürich. Er hat an der Universität Zürich Politikwissenschaft studiert und an der Universität Bern in Politikwissenschaft promoviert. Seine aktuellen Forschungsthemen umfassen neben den Schweizer lokalen Milizbehörden auch die städtische und metropolitane Gouvernanz in Bezug auf Fragen der räumlichen sozialen Gerechtigkeit (Stadtplanung, Wohnbauförderung, Durchmischung an Schulen) im nationalen und internationalen Vergleich.

Sarah Engler ist wissenschaftliche Projektleiterin in der Abteilung Allgemeine Demokratieforschung am ZDA und Oberassistentin am Institut für Politikwissenschaft der Universität Zürich. Sie hat an der Universität Bern im Fach Politikwissenschaft zum Thema neue Parteien in Osteuropa promoviert. Ihre aktuelle Forschung widmet sich dem Zusammenspiel von Populismus, politischen Diskursen und liberaler Demokratie.

Corina Fuhrer war bis Juli 2018 als Doktorandin und stellvertretende Leiterin der Abteilung c2d am ZDA tätig. Sie hat an der Universität Zürich Rechtswissenschaft studiert und im Rahmen eines SNF-Forschungsprojekts zur Umsetzung kantonaler Volksinitiativen promoviert.

Katja Gfeller ist wissenschaftliche Mitarbeiterin und Doktorandin in der Abteilung c2d am ZDA. Sie hat an der Universität Zürich Rechtswissenschaft studiert und schreibt ihre Dissertation im zürcherischen Staatsorganisationsrecht. Dabei untersucht sie insbesondere die Justizfunktion der Zürcher Bezirksräte. Auf Projektebene befasst sie sich aktuell vor allem mit den rechtlichen Aspekten der elektronischen Verwaltung.

Jasmin Gisiger hat an der Universität Zürich und an der ETH Zürich Politikwissenschaft studiert. Sie hat während des Studiums und darüber hinaus in der Abteilung Allgemeine Demokratieforschung am ZDA gearbeitet und ist aktuell in einem Forschungs- und Beratungsunternehmen tätig.

Andreas Glaser ist Vorsitzender der Direktion des ZDA und Abteilungsleiter c2d. Ausserdem ist er Professor für Staats-, Verwaltungs- und Europarecht unter besonderer Berücksichtigung von Demokratiefragen an der Universität Zürich. Er hat an der Universität Giessen Rechtswissenschaft studiert und wurde an der Universität Bayreuth promoviert. Er habilitierte sich an der Universität Heidelberg. Seine aktuelle Forschung widmet sich den politischen Rechten in der Schweiz, der Digitalisierung des Verwaltungsrechts und den Beziehungen Schweiz-EU.

Birte Gundelach ist wissenschaftliche Projektleiterin in der Abteilung Allgemeine Demokratieforschung am ZDA und Lehrbeauftragte an der Universität Zürich. Sie hat an der Universität Konstanz Politik- und Verwaltungswissenschaft studiert und am Institut für Politikwissenschaft der Universität Bern promoviert. Ihre aktuelle Forschung beschäftigt sich mit nicht-institutionalisierten Formen der politischen Partizipation mit einem besonderen Fokus auf den politischen Konsum.

Deborah Kalte ist Doktorandin in der Abteilung Allgemeine Demokratieforschung am ZDA und wissenschaftliche Mitarbeiterin in einem Forschungsprojekt zum politischen Konsum. Sie erwarb ihren Bachelorabschluss in Internationale Beziehungen an der Universität Genf und schloss ihr Masterstudium in Politikwissenschaft an der Universität Zürich ab. In ihrer Doktorarbeit beschäftigt sie sich mit dem Veganismus, der als eine ausgeprägte Form des politischen Konsums gilt.

Daniel Kübler ist Professor für Politikwissenschaft an der Universität Zürich und leitet die Abteilung für Allgemeine Demokratieforschung am ZDA. Er studierte und promovierte in Politikwissenschaft an der Universität Lausanne und reichte seine Habilitation an der Universität Zürich ein. Forschungsaufenthalte verbrachte er an der Universität Montpellier, der Universität Konstanz, der University of New South Wales sowie bei Sciences Po Paris. Von 2012 bis 2018 war er akademischer Direktor des Nationalen Forschungsschwerpunkts «NCCR Democracy». In seiner Forschung beschäftigt er sich mit Politik und Demokratie in Mehr-Ebenen-Systemen, mit der Analyse und Evaluation von öffentlichen Politiken sowie mit sozio-kultureller Diversität in öffentlichen Verwaltungen.

Thomas Milic ist wissenschaftlicher Projektleiter in der Abteilung Allgemeine Demokratieforschung am ZDA und Lehrbeauftragter für Methoden am Institut für Politikwissenschaft der Universität Zürich. Er hat an der Universität Zürich Politikwissenschaft studiert und dort zum Thema «Ideologie und Stimmverhalten» promoviert. Er ist mitverantwortlich für die VOTO- und FOKUS-Abstimmungsstudien und beschäftigt sich vornehmlich mit Abstimmungs- und Wahlverhalten.

Nagihan Musliu war bis Juli 2018 als Doktorandin und wissenschaftliche Mitarbeiterin in der Abteilung c2d am ZDA tätig. Sie hat an der Universität Zürich Rechtswissenschaft studiert und im Rahmen eines SNF-Forschungsprojekts zur Umsetzung kantonaler Volksinitiativen promoviert.

Martin Nitsche ist wissenschaftlicher Mitarbeiter in der Abteilung Politische Bildung und Geschichtsdidaktik am ZDA. Er hat an den Universitäten Greifswald und Vilnius (Litauen) Geschichte, Germanistik und Pädagogik studiert, das Referendariat mit dem 2. Staatsexamen beendet, als Lehrer an unterschiedlichen Schulen in Greifswald und Stralsund sowie als wissenschaftlicher Mitarbeiter an der Universität Greifswald gearbeitet. An der Universität Basel promovierte er mit einer Arbeit zu Ansichten von Geschichtslehrpersonen. In seiner aktuellen Forschung widmet er sich unter anderem der Förderung historischen Schreibens von Lernenden im Rahmen einer Interventionsstudie auf der Sekundarstufe II.

Thomas Pfisterer ist alt Ständerat und Regierungsrat des Kantons Aargau und ehemaliger Richter am Aargauer Ober- und Verwaltungsgericht und am Bundesgericht. Er ist aufgewachsen in Baden und Aarau und hat an den Universitäten Basel, Bern und Yale Rechtswissenschaft studiert. Heute setzt er sich in verschiedenen Nicht-Regierungsorganisationen national und international für Föderalismus, Demokratie und Naturschutz ein.

Philippe E. Rochat ist Postdoc in der Abteilung Allgemeine Demokratieforschung am ZDA. Er hat an der Universität Zürich Politikwissenschaft studiert und am Zentrum für Demokratie Aarau und an der Universität Zürich in Politikwissenschaft promoviert. Seine aktuelle Forschung widmet sich der Versammlungsdemokratie auf kommunaler Ebene sowie den Effekten des lokalen Kontexts auf die politische Partizipation.

Jan Scheller ist wissenschaftlicher Assistent in der Abteilung Politische Bildung und Geschichtsdidaktik am ZDA. Er ist ausgebildeter Geschichts- und Geografielehrer und arbeitet seit 2015 als Geschichtsdidaktiker an der Universität Greifswald. Aktuell forscht er zur Umsetzung von Politischer Bildung im fächerübergreifenden Unterricht in der Nordwestschweiz sowie zu Ausprägungen historischer Denkoperationen bei Schülerinnen und Schülern sowie Studierenden.

Uwe Serdült ist wissenschaftlicher Mitarbeiter in der Abteilung c2d am ZDA und Professor an der Ritsumeikan University in Japan. Er hat an den Universitäten Genf und Zürich Geschichte studiert und dann in Zürich in Politikwissenschaft promoviert. Seine aktuelle Forschung widmet sich neben der direkten Demokratie vor allem der Frage, wie Digitalisierung die Demokratie verändert.

Monika Waldis ist Leiterin der Abteilung Politische Bildung und Geschichtsdidaktik am ZDA. Sie lehrt und forscht zu Lehr- und Lernprozessen in Geschichte und Politischer Bildung mit den Schwerpunkten Unterrichtsentwicklung, videobasierte Unterrichtsforschung, Kompetenzmessung und Professionalisierungsprozesse von Lehrpersonen. Am Institut für Bildungswissenschaften (Universität Basel/PH FHNW) leitet sie die Ausbildung im Bereich Geschichtsdidaktik und Politische Bildung auf Masterstufe.

Stefan Walter ist wissenschaftlicher Mitarbeiter in der Abteilung Politische Bildung und Geschichtsdidaktik am ZDA. Er hat an der Universität Zürich Psychologie und Politikwissenschaft studiert und an der Universität Bern im Bereich Gedächtnispsychologie promoviert. Seine aktuellen Forschungsinteressen fokussieren auf die Entwicklung, Durchführung und Evaluation eines Planspiels auf Sekundarstufe I sowie auf die Entschlüsselung von Kompetenzen in der politischen Bildung und deren Messbarkeit.

Patrik Zamora ist wissenschaftlicher Mitarbeiter in der Abteilung Politische Bildung und Geschichtsdidaktik am ZDA. Zudem ist er Geschäftsführer der Etharion GmbH, einer Spin-off-Firma des ZDA, welche sich auf die Konzeption und Durchführung von Politiksimulationen und andere innovative Lehrmethoden im Bereich der politischen Bildung spezialisiert hat. Er hat Politikwissenschaft an der Universität Zürich und Finance an der SOAS University of London studiert. Seine Promotion in Politikwissenschaft erlangte er 2018 an der Universität Zürich mit einer Arbeit zur Wirkung von Politiksimulationen auf das politische Wissen von Jugendlichen.

Béatrice Ziegler ist die ehemalige Leiterin der Abteilung Politische Bildung und Geschichtsdidaktik der PH FHNW am ZDA. Sie ist Titularprofessorin für Allgemeine und Schweizer Geschichte der Neuzeit an der Universität Zürich. Aktuelle Forschungen betreffen die kompetenzorientierte Geschichtsdidaktik, die Theorie der Politischen Bildung, die Geschichtskultur sowie die Geschichte der Schweiz im 20. Jahrhundert.

Der Verlag Hier und Jetzt wird vom Bundesamt für Kultur mit einem Strukturbeitrag für die Jahre 2016–2020 unterstützt.

Mit weiteren Beiträgen haben das Buchprojekt unterstützt:
Hans und Lina Blattner Stiftung Aarau
NAB-Kulturstiftung
SWISSLOS
Kanton Aargau
Verein Freunde des ZDA

Dieses Buch ist nach den aktuellen Rechtschreibregeln verfasst. Quellenzitate werden jedoch in originaler Schreibweise wiedergegeben. Hinzufügungen sind in [eckigen Klammern] eingeschlossen, Auslassungen mit […] gekennzeichnet.

Umschlag: Projektwoche «Schulen nach Bern» (heute: «SpielPolitik!») 2017. Foto: Lukas Buser
Lektorat: Stephanie Mohler, Hier und Jetzt
Gestaltung und Satz: Simone Farner, Naima Schalcher, Zürich
Bildbearbeitung: Benjamin Roffler, Hier und Jetzt
Druck und Bindung: Beltz Grafische Betriebe GmbH, Bad Langensalza

© 2019 Hier und Jetzt, Verlag für Kultur und Geschichte GmbH, Baden, Schweiz
www.hierundjetzt.ch
ISBN 978-3-03919-474-2